SAINT-CAST.

MÉDAILLE

COMMÉMORATIVE DE LA BATAILLE

DE

SAINT - CAST

SAINT-CAST.

RECUEIL

DE PIÈCES OFFICIELLES

ET DE

DOCUMENTS CONTEMPORAINS

RELATIFS

AU COMBAT DU 11 SEPTEMBRE 1758

Publié par la Société Archéologique et Historique
des Côtes-du-Nord.

SAINT-BRIEUC,

L. PRUD'HOMME, IMPRIMEUR-LIBRAIRE.

1858.

PRÉFACE.

La bataille de Saint-Cast compte parmi les plus glorieux faits d’armes que l’histoire ait enregistrés et qu’elle ait transmis à la postérité avec la pompe surhumaine de l’épopée. Ce n’est ni au nombre inaccoutumé des combattants, ni à l’étendue du massacre, ni même à quelque chose d’imprévu et de miraculeux qui aurait décidé le succès, que cette journée emprunte sa célébrité ; elle la doit à des conditions plus légitimes : ce fut une victoire nationale.

On était au milieu de cette guerre de sept ans qui, après des revers de toutes sortes, devait se clôre par le honteux traité de Paris, qui nous dépouillait de nos établissements dans les Indes, nous expulsait du Sénégal et nous chassait du Canada, en consacrant, pour un long siècle, la suprématie maritime de l’Angleterre. Tout-à-coup, et lorsqu’ils crurent la France épuisée par la multiplicité des théâtres où la guerre étalait à la fois ses luttes sanglantes, les Anglais osèrent diriger leurs incursions sur le sol même de notre patrie. Deux fois, aux mois de juin et d'août 1758, ils étaient descendus à Saint-Malo et à Cherbourg ; au mois de septembre, une troisième expédition vint prendre terre à Saint-Briac. Pendant huit jours, dix mille Vandales ravagèrent notre pauvre pays et y commirent, insolemment et lâchement, des atrocités familières aux seuls cannibales. Mais ces huit jours avaient été silencieusement employés par les Bretons à préparer la plus foudroyante des vengeances. Des extrémités de la province, par des chemins impraticables, à travers les landes, à travers les champs dont les clôtures sont abattues, soldats, gardes-côtes, volontaires, gentilshommes, bourgeois et paysans, forçant les étapes, marchent la nuit comme le jour ; toute une petite armée s'est assemblée ; elle atteint l'ennemi au moment où il va regagner ses vaisseaux ; nos troupes, haletantes encore de la route, se précipitent du haut des falaises sous le feu de la flotte entière, embossée près du rivage ; pendant une heure, on tue, on hache, on noie ; et, au bout d'une heure, il ne reste plus rien de cette armée anglaise, la fleur des troupes des trois royaumes, l'élite de la garde royale, que quelques blessés et quelques prisonniers qui demandent grâce à genoux et qui rendent leurs armes.

Heureux le peuple capable de ces héroïques élans ! heureux le pays que l'étranger n'a pas impunément souillé ! Sa gloire le garde mieux que les bastions et les murailles.

Telle a été pour l'avenir, telle fut pour les contemporains eux-mêmes la portée de la victoire de Saint-Cast ; et, huit jours après la bataille, Louis XV pouvait écrire au clergé de France : « que la Providence de Dieu sur ce royaume s'était marquée manifestement dans ce qui a directement rapport à sa tranquillité, tandis que les événements de la guerre, allumée dans toutes les parties du monde, étaient ailleurs balancés par les vicissitudes, qui sont l'apanage des choses humaines. »

Les Communautés de villes, les Etats de Bretagne, au lendemain du martyre de Pontcallec, à la veille des résistances légales devant lesquelles s'irrita vainement d'Aiguillon, montrèrent avec éclat qu'ils comprenaient toute l'étendue du service rendu à la monarchie, à laquelle ils étaient profondément attachés, malgré les fautes de ses agents. Enfin, l'Angleterre elle-même glorifia mieux que personne les héros de Saint-Cast, en respectant désormais nos rivages.

Mais on accuse la postérité d'ingratitude, parce qu'elle a laissé passer un siècle entier sans ériger un monument commémoratif sur le théâtre même de cette grande journée. En cela, je crois pourtant que la postérité a suivi une très-vieille et trèsuniverselle coutume ; ce n'est pas au lendemain des événements qu'on a besoin de confier au marbre et à l'airain des souvenirs tout vivants encore , et le temps est un des éléments essentiels de la gloire des véritables héros. D'ailleurs , il est juste de reconnaître que nos pères trouveraient aisément une excuse dans les préoccupations des époques sans exemples qu'ils ont eues eux-mêmes à traverser. Il serait surtout souverainement injuste d'attribuer ce retard à un oubli qui n'est pas et ne sera jamais dans les mœurs bretonnes ; et il a fallu , en vérité , une gloriole bien singulière pour s'imaginer avoir inventé , en l'an de grâce 1857 , le monument et presque la bataille de Saint-Cast.

Dès l'année 1824 , M. Le Court de la Villethassetz écrivait dans le *Lycée Armoricain* (1) : « Les maires et les membres des conseils municipaux de Saint-Cast et des communes voisines firent, en 1820 , une pétition tendant à obtenir l'érection d'un monument qui perpétue le souvenir de la victoire de Saint-Cast. »

En 1836 , M. de Saint-Pern , député de l'arrondissement de Dinan, imprimait une petite brochure spécialement consacrée à la bataille , et renouvelait avec énergie le vœu émis en 1820.

En 1851 (pour ne relever que des dates publiquement constatées) , M. le Préfet des Côtes-du-

(1) Année 1824 , t. III , p. 323.

Nord prit l'initiative , et, à cette occasion , M. de Geslin écrivit et publia dans le journal la *Foi Bretonne* de Saint-Brieuc , l'article qui figure en tête de ce volume et qui présente le résumé stratégique le plus clair et le plus complet que nous ayons lu.

En 1857, enfin, l'anniversaire séculaire du glorieux événement qu'il s'agissait de consacrer , ayant offert une occasion toute naturelle de renouveler avec plus d'ardeur les tentatives que nous venons de rapporter, le Conseil Général des Côtes-du-Nord fut de nouveau saisi de cette question. Nous lisons en effet dans le procès-verbal de ses délibérations , le rapport suivant :

« Messieurs , le Conseil général a été, à diver-
» ses reprises déjà , sollicité de prendre des mesu-
» res ayant pour but de parvenir à l'érection, sur
» le champ de bataille de Saint-Cast , d'un monu-
» ment commémoratif de la victoire remportée
» par les volontaires bretons unis aux troupes
» françaises le 11 septembre 1758. Les exigences
» du budget départemental n'ont pas permis, jus-
» qu'à ce jour, de donner suite à ce projet ; mais
» l'approche de l'anniversaire séculaire de ce glo-
» rieux fait d'armes a été l'occasion de deux lettres
» qui vous ont été adressées, l'une par M. L. Odo-
» rici , conservateur du musée de Dinan, l'autre
» par l'un de vos anciens collègues, M. P. Sévoy.
» Ces Messieurs vous proposent , pour parvenir
» à l'édification projetée , l'ouverture d'une sous-

» cription dont les produits, pensent-ils, suffi-
» raient, en peu de temps, à couvrir les dépen-
» ses qu'elle nécessitera.

« Parler gloire au cœur breton, dit M. Sévoy,
» c'est le prendre par son côté sensible : tous s'em-
» presseront d'apporter une pierre pour l'érection
» du monument qui doit redire aux enfants la
» gloire de leurs pères. »

» Votre commission, Messieurs, s'associant aux
» sentiments patriotiques des honorables auteurs
» du projet en question, vous propose de prendre
» part pour une somme de 500 francs, dont 100 f.
» seront inscrits sur le budget de 1858, et 400
» fr. sur celui de 1859, à la souscription qui serait
» organisée dans le département par les soins
» d'un comité institué *ad hoc*, et fonctionnant à
» Dinan ; en exprimant le vif regret que la situa-
» tion de vos finances ne vous permette pas d'y
» prendre une plus large part. »

« La commission s'est rendue la fidèle inter-
prète des sentiments de patriotisme qui animent
tous les cœurs bretons. Le Conseil général n'a rien
à y ajouter : il s'associe avec empressement à la noble pensée de MM. Sévoy, ancien membre du Conseil général, et Odorici, conservateur du musée
de Dinan.

» En conséquence, le Conseil général déclare
prendre part à la souscription pour l'érection du monument commémoratif de la bataille de Saint-Cast,

pour une somme de 500 fr., dont 100 fr. imputable à l'art. 15 du sous-chapitre XX du budget de 1858, et 400 fr. qui seront inscrits au budget de 1859. M. le Préfet est en outre invité à vouloir bien prendre telles dispositions qu'il jugera les plus convenables pour rehausser l'éclat de l'inauguration du monument, qui doit consacrer le souvenir d'un fait glorieux pour notre pays. »

Cet appel fait au patriotisme breton ne pouvait manquer d'être entendu : bientôt les listes de souscription se remplirent ; et, à l'heure où nous écrivons ces lignes, un monument, dont l'inauguration est fixée au 11 septembre 1858, s'achève au milieu de la baie de Saint-Cast, sur un petit promontoire et dans une situation merveilleusement choisie (1).

Pour répondre au sentiment de curiosité sympatique que l'érection de ce monument excitait en Bretagne et dans la France entière, il semblait convenable de réunir en un volume tous les renseignements contemporains, de quelque nature qu'ils fussent. La *Société Historique et Archéologique des Côtes-du-Nord* a cru que cette tâche lui était dévolue, et elle a déclaré s'en charger, dans la séance du 7 avril 1858.

---

(1) Le monument, dessiné par M. Bourgerel, architecte nantais, consiste en une belle colonne de granit, surmontée d'un groupe en fonte de fer, représentant un lévrier terrassant un léopard. Cette zoomachie a été, dans la presse bretonne, l'objet des plus sévères, mais des plus légitimes reproches, au point de vue historique et héraldique.

Extrait du procès-verbal de la séance du 7 avril 1858.

SAINT-CAST.

« La Société Archéologique et Historique des Côtes-du-Nord s'est réunie mercredi, 7 du courant, à l'Hôtel de la Préfecture.

« M. Ath. Saullay de l'Aistre, président de la Société, ouvre la séance et rappelle à l'assemblée que, dans sa dernière réunion, et sur sa proposition écrite, la Société a décidé qu'elle acceptait, avec une gratitude unanime et empressée, l'offre qui lui a été faite par M. Sigismond Ropartz, l'un de ses membres, de publier, dans les *Mémoires* de la Société, un travail complet sur la bataille de Saint-Cast et le mouvement national qui répondit, en Bretagne, à l'agression de l'Angleterre. — Il ajoute que, dans la même séance du 8 mars, il fut arrêté que MM. J. Geslin de Bourgogne et Gaultier du Mottay seraient priés, au nom de la Société, de vouloir bien s'adjoindre à M. Ropartz pour la rédaction de ce travail et la recherche des documents publics et privés qui s'y rattachent.

» M. Saullay de l'Aistre termine en disant que l'ordre du jour de la présente séance, appelle la lecture du plan de cette œuvre sympathique à tous les cœurs bretons, et qui doit honorer et ses auteurs et la Société qui en revendique l'importante publication.

» Le Président donne alors la parole à M. Ropartz, qui expose avec une élégante et parfaite clarté l'ordre des documents publics et celui des pièces probantes, anecdotiques et complètement inédites qui composeront le volume.

» La Société décide, à l'unanimité, qu'elle fera tous les frais de cette publication capitale, qu'elle s'approprie ; que le tome IVe de ses *Mémoires* y sera entièrement consacré, et qu'extrait du procès-verbal de la séance sera imprimé en tête de ce volume, en témoignage du vote patriotique de l'assemblée.

» L'assemblée vote d'unanimes remercîments à MM. Ropartz, du Mottay et Geslin de Bourgogne, dont le savoir et le zèle si actif permettent de commencer immédiatement l'impression d'un travail qui sera le plus complet sur ce mémorable épisode de la gloire nationale, sous les rapports histoririques, stratégiques et pittoresques.

» *Etaient présents au bureau :*

» MM. Saullay de l'Aistre, président ; Epivent, curé de la cathédrale ; Souchet, chanoine, vice-présidents ; de la Lande de Calan et de La Noue, secrétaires. »

Telle est l'origine de la présente compilation. Ceux qui ont quelque habitude des recherches historiques comprendront quelle difficulté il y avait à réunir ce nombre considérable de pièces, disséminées un peu partout, pour la plupart inédites, ou du moins tellement rares queles collectionneurs les plus heureux n'en avaient que des séries incomplètes. Mais ceux qui ont travaillé en Bretagne savent aussi quel concours empressé on est sûr de trouver chez les Bretons. Nous ne pouvons nommer ici toutes les personnes qui ont bien voulu se mettre en rapport avec nous pour nous donner des renseignements ; mais la justice et la reconnaissance nous font un devoir d'indiquer ceux de nos correspondants qui ont pour nous fait d'opiniâtres recherches dans les lieux où nous supposions que devaient se rencontrer quelques documents. Nous avons eu pour collaborateurs, à Saint-Cast même, et dans tout le pays limitrophe, MM. Gagnoux, juge de paix, à Plancoët, et le Court de la Ville-thassetz, membre de la Société Archéologique des Côtes-du-Nord ; à Rennes, MM. Paul de la Bigne-Villeneuve, membre de la même Société, et Quêmet, archiviste ; à Nantes, MM. A. Guéraud, de Saint-Georges, Péhant et Etiennez ; à St-Brieuc, M. Le Gué ; à Saint-Malo, MM. Cunat et Guynot de Boismenu ; à Lamballe, MM. J. de Closmadeuc et Sévoy, etc.

Nous avons partagé nos pièces en quatre catégories qui semblaient naturellement indiquées.

Dans la première partie, nous avons réuni les

documents qui ont un caractère officiel ; les uns contiennent le récit même de la bataille (1) ; les autres sont relatifs aux prières , aux réjouissances publiques et aux diverses récompenses par lesquelles on fêta la victoire et les plus distingués parmi les combattants.

Cette partie a pour introduction le travail de M. de Geslin , qui résume à grands traits toute l'expédition des ennemis sur nos côtes.

La seconde partie est consacrée aux récits privés, rédigés par des témoins oculaires, à titre de mémoires domestiques et sans aucun dessein de publicité. C'est, à proprement parler, l'histoire anecdotique ; c'est là qu'il faut suivre les traces sanglantes de la barbarie anglaise (2).

---

(1) Nous croyons que le récit qui suit immédiatement l'étude de M. Geslin de Bourgogne est, à proprement parler, le récit officiel. En effet , c'est celui qui se trouve reproduit dans les divers journaux du temps ; et d'autre part, M. Quetier de Saint-Eloy , dans une note de famille que son petit-fils nous a communiquée , parlant de la part glorieuse que M. Quetier de Saint-Eloy, son fils, avait prise au combat , cite , comme le document à consulter par ses descendants, la *Relation imprimée à Rennes , chez Vatar.* — Cette même pièce a été reproduite par la *Gazette de France* , du 23 septembre 1758, N° 38. Elle a été aussi insérée dans le *Journal de Verdun* , du 16 octobre de la même année. C'est encore cette pièce qu'on trouve inscrite au catalogue de la Bibliothèque impériale (Hist. de France , chap. III N° 776), sous le titre de *Relation de la défaite des Anglais à l'anse de Saint-Cast, sur les côtes de Bretagne, le 11 de septembre 1758.* — *Paris , au bureau d'Adresses , in-4°.*

La brochure inscrite au N° 775 du même catalogue contient la relation qu'on lira, p. 27 du présent volume. Enfin, les Numéros 777 et 778 , contiennent les mêmes pièces sous des titres différents.

(2) La tradition orale est toute pleine d'anecdotes sur l'indigne conduite des Anglais ; on nous a montré , à Saint-Jacut, un vieux pommier dont les branches prennent naissance au raz du sol , c'est le seul qui ait survécu à la dévastation. —

Nous y avons joint, avec un sentiment de pieux devoir, les extraits des registres de paroisses qui font connaître le nom de quelques victimes. Enfin, pour ouvrir et pour clore cette série, on trouvera deux petites dissertations destinées à éclaircir deux épisodes, sur lesquels l'opinion était incertaine ou erronée.

La troisième partie est remplie par les récits des historiens contemporains, tant anglais que français. Nous avons cru devoir y joindre un fragment de l'*Histoire* (manuscrite) *de Saint-Malo*, par feu l'abbé Manet, quoiqu'elle soit écrite plus d'un demi-siècle après l'événement; parce qu'il nous a paru que le travail de cet érudit, basé sur une parfaite connaissance des lieux et de la tradition, n'était pas inutile pour compléter et élucider la narration des autres historiens.

Nous avons réservé la quatrième et dernière partie pour les poésies auxquelles servit de thème la bataille de Saint-Cast, et pour les chansons : cette forme, si essentiellement française, ne pouvait manquer à l'enthousiasme que causa cette victoire.

Ou nous a conté aussi la mésaventure d'un procureur qui, s'acharnant à la poursuite des ennemis, fut pris par une chaloupe anglaise, dont l'équipage le dépouilla de tous ses habits et l'abandonna, tout nu, sur un rocher en pleine mer. C'était une des distractions favorites de ces messieurs, témoins les deux ou trois recteurs, dont on lira ci-après l'histoire, et qu'ils laissèrent sans aucun vêtement.

Nous avons été assez heureux pour retrouver un certain nombre de chansons françaises ; et M., de la Villemarqué avait déjà recueilli le beau chant breton, par lequel nous avons voulu clore tout notre travail. La muse latine , avec laquelle nos pères étaient plus familiarisés que nous , n'était pas restée muette ; nous avons pu relever l'indication de plusieurs poëmes , composés à la gloire des héros de Saint-Cast , dans la langue de Virgile et d'Horace ; mais nous n'avons pas eu la bonne fortune de les retrouver , et notre butin latin s'est borné à cette intraduisible épigramme , que la tradition a fait arriver jusqu'à nous. Le poëte suppose qu'en ensevelissant des cadavres anglais , un paysan de Saint-Cast verse des larmes abondantes, et il l'apostrophe en ces termes :

> Anglica gens Abiit ; quid tantùm , rustice ploras ?
> A quod non sit in O littera versa gemo ,

répond , avec un calembourg peu agreste , le rustre latiniste (1).

Enfin , nous avons recueilli , avec le plus grand

---

(1) M. Le Court de la Villethassetz avait lui-même imprimé ce dystique. Nous avons essayé, dans les rimes suivantes , pour lesquelles nous réclamons toute l'indulgence de nos lecteurs , de rendre aux personnes qui ne savent pas le latin, l'idée mère de l'épigramme :

> Quand les vaisseaux anglais s'éloignaient du rivage ,
> Un paysan pleurait sur le champ de carnage.
> — Pleurerais-tu de voir ces bons Anglais à bord ?
> — A votre dernier mot , je pleure , notre maître ,
> De ne pouvoir changer seulement une lettre ,
> Pour les voir tous , non pas à *bord* , mais bien à *mort*.

soin, les plans, dessins et médailles qui furent gravés à cette occasion. Nous croyons que, de ce côté au moins, notre collection est complète, et nous pouvons affirmer que les reproductions lithographiques que nous en donnons, sont de véritables *fac simile*.

Tel est ce livre. Si, en faisant connaître, dans ses moindres détails, l'héroïque fait d'armes auquel il est consacré, il contribue à la gloire de la Patrie, notre seul but sera atteint !

S. ROPARTZ.

SAINT-CAST.

PREMIÈRE PARTIE.

RELATIONS

ET

PIÈCES OFFICIELLES.

LES ANGLAIS A SAINT-CAST. [1]

« Ho ! Saozon ! Saozon ! Saozon fall !....

» Les Bretons et les Anglais voisins , mais pas
» moins ennemis , ont été créés et mis au
» monde pour s'entre-battre à tout jamais. »

(Chant Cornouaillais sur la victoire
de Saint-Cast.)

Quel Breton a jamais traversé le Guildo, foulé les bruyères
de Fréhel et les sables de Saint-Cast , sans qu'un sentiment
d'orgueil national vînt relever son cœur et lui rendre plus
chère encore cette mâle nature, cette forte brise et jusqu'aux
sauvages harmonies de cette mer qui épuise vainement ses
fureurs contre un sol de granit ! Mais cette terre , protégée
contre l'étranger par la valeur de ses fils, mieux encore que
par ses rochers contre l'Océan , pourquoi faut-il qu'elle se

(1) Cette notice a été écrite en 1851.

I

montre si oublieuse et si ingrate ? Depuis un siècle, que de trésors gaspillés ! Et cependant ni gouvernement, ni administration, ni particuliers, ne se sont trouvés assez riches pour marquer par un monument, si simple qu'il fût, le lieu consacré par un de nos faits d'armes les plus glorieux et les plus utiles à la Bretagne et à la France ; pas même pour élever un modeste oratoire au milieu du champ de repos des héros morts à Saint-Cast pour la patrie commune. Hélas ! jusqu'à l'année dernière, leurs ossements sacrés étaient encore épars sur le sol, faute d'une clôture pour les protéger ! Enfin, les pauvres habitants de cette bourgade, fatigués de voir sans réponse les réclamations de leurs magistrats, conduits par leur digne pasteur (1), se mirent à l'ouvrage, et une enceinte, qu'ils ont élevée autant qu'ils l'ont pu, défend du moins contre les profanations journalières ces glorieux débris.

De son côté, M. Mars-Larivière (2), avec cet instinct de cœur qui ne lui fait jamais défaut, a entrepris ce qui avait été oublié jusqu'à lui : il a demandé un projet de monument, qu'il se propose de soumettre au conseil général.

A cette occasion, celui qui écrit ces lignes a voulu se rendre compte d'une action militaire qu'aucune des versions jusqu'ici publiées ne fait complètement comprendre. Il a recherché les pièces originales et officielles du temps ; il les a comparées entre elles, et il a pensé que le résultat

(1) M. l'abbé Forgeoux.

(2) Alors préfet des Côtes-du-Nord ; les événements politiques ne lui permirent pas de donner suite à cette idée. Son successeur, M. le comte Rivaud de de la Raffinière, a honoré à jamais son administration, en accomplissant cet acte de réparation nationale.

de cette étude ne serait pas sans quelque intérêt au milieu des récits souvent contradictoires qu'on se borne généralement à copier aujourd'hui.

Pendant la guerre de Sept ans, dans cette fatale année 1758, où les armées françaises, tombées dans le découragement et l'indiscipline, étaient, après les honteuses affaires de Minden et de Crevelt, rejetées au-delà du Rhin ; où notre marine détruite ne pouvait plus rien contre les coups qui nous étaient portés à la fois au Canada, dans l'Inde et au Sénégal ; il fut donné à la Bretagne de relever noblement le drapeau de la France, et, par un coup d'éclat, d'arrêter la démoralisation qui devenait générale. L'habile homme d'Etat qui gouvernait alors l'Angleterre, Pitt, avait compris que des descentes sur les côtes de la Manche feraient de puissantes diversions en faveur de l'Allemagne, dont elles tiendraient éloignées des troupes nécessaires sur le Rhin ; qu'elles ruineraient le commerce, appauvriraient le pays et achèveraient d'y jeter le découragement. Aussi, dans cette seule année, lança-t-il trois expéditions sur notre littoral : l'une en juin, contre Saint-Malo (1) ; l'autre en août, contre Cherbourg ; la troisième

(1) Le dimanche 4 juin 1758, une flotte Anglaise de 115 voiles fut d'abord signalée de la pointe de Roselier, vers neuf heures du matin. L'alarme fut donnée le long de la côte par les différents postes d'observation, et l'ennemi fut en vue de St-Malo vers une heure après-midi.

Le 5, l'ennemi put prendre position devant Cancale, et à trois heures après-midi, une frégate de 50 canons vint s'embosser devant le fort de Barbrulé, où accourut M. de Landalle, capitaine-général des gardes-côtes de Dol. Après deux heures de combat, elle était si maltraitée qu'elle dut se faire remorquer pour regagner le gros de la flotte.

Sur les six heures du soir, trois frégates de même force vinrent s'embosser à petite portée de la batterie et du village de la Houle qu'elles couvrirent de feu

en Septembre, vers la droite du cap Fréhel, menaçant à la fois tous les pays entre la Rance et le Gouët. Cette expédition

pendant plus de deux heures. Après quoi, 4,000 hommes environ furent mis à terre, vers huit heures du soir. Ils pénétrèrent sans résistance dans Cancale, où ils firent peu de dégâts et se retranchèrent. La troupe sortie de Saint-Malo, sous les ordres du commandant supérieur, marquis de la Châtre, pour observer la marche de l'ennemi, y rentra ainsi que les gardes-côtes, parce qu'elle n'était pas en force pour s'opposer au débarquement.

Le mardi 6, les Anglais mirent à terre 13,000 hommes environ, dont un détachement de dragons, plus 23 pièces de campagne de 8 et 2 obusiers ou mortiers. Ils continuèrent de se fortifier à Cancale et lancèrent en avant une colonne de reconnaissance, qui fut harcelée par une poignée de volontaires de Boulonnais. Les chemins, les chaussées et les digues furent rompus par le commandant de Saint-Malo, qui retarda ainsi la marche des troupes débarquées. La ville acheva de se mettre en défense ; elle n'avait de troupe régulière que le régiment de Boulonnais, arrivé la veille ; mais la bravoure héréditaire des Malouins était là.

Le 7, l'ennemi solidement établi à Cancale et Saint-Coulomb dont il faisait sa base d'opérations, s'avança sur Paramé, et vers le soir, porta ses têtes de colonnes jusqu'à Saint-Servan, où il brûla dans la soirée, et le jour suivant, quatre-vingts et quelques corsaires et navires de 150 à 300 tonneaux, les magasins, les corderies et généralement tous les établissements de la marine.

Saint-Malo ainsi cerné continua les préparatifs d'une défense énergique : on commença à couper la chaussée, dite le Sillon ; on mina les moulins qui y étaient construits ; on établit des fougasses sur les quais ; les rues furent barricadées. Une compagnie de 60 volontaires, nobles et bourgeois, commandée par M. de Robien, lieutenant de grenadiers à cheval, sortit de la ville pour arrêter l'ennemi sur le Sillon et retarder les approches de la place. Le duc d'Aiguillon, amenant un bataillon du régiment de Fontenay-le-Comte et deux compagnies de Marbeuf-Dragons, arriva par Dinard. Il visita la place qu'il trouva en bon état de défense ; il en repartit le soir et y revint le surlendemain pour ne la plus quitter.

Malborough, qui commandait les forces Anglaises, s'aperçut qu'avec les moyens dont il disposait, il ne pouvait rien tenter de sérieux contre Saint-Malo ainsi préparé à le recevoir. Après quelques démonstrations aux abords de la ville, après avoir fait quelques dégâts au fort de la Varde, il reploya ses colonnes, le samedi 10, vers midi, et reprit ses premières positions à Cancale et S.-Coulomb. Vers minuit, il commença l'embarquement.

A part un engagement au fort de la Varde, entre un poste de 700 à 800 Anglais et un détachement de volontaires sorti de Saint-Malo, sous les ordres de M. de la Tour d'Auvergne, colonel de Boulonnais, qui allait rejoindre la colonne que le

n'eût sans doute pas été la dernière , sans que l'Angleterre apprit une fois encore , à ses dépens , ce qu'il en coûte à l'étranger pour souiller la terre d'Armorique.

Voici le récit succinct de cette courte mais brillante campagne :

général d'Aubigny amenait de Châteauneuf, on ne voit pas que rien ait gêné l'embarquement de l'ennemi, qui se fit rapidement mais en bon ordre. Le lundi 12, son arrière-garde avait évacué le sol breton, vers midi. Sa flotte, tantôt mouillée, tantôt sous voile, resta en vue des côtes jusque dans la journée du jeudi 22, où elle disparut faisant route sur Jersey.

Dès le lendemain, M. de la Châtre, qui avait si habilement et si énergiquement préparé la défense, fit imprimer le *Journal circonstancié du séjour de la flotte anglaise devant Saint-Malo, mouillée dans la baie de Cancale.* — C'est là que nous avons puisé notre récit. Il dit en finissant : « Les ennemis ont brûlé les navires et corderies, quelques maisons au Talard et à Cancale, le pillage dans les maisons n'a été fait que par des maraudeurs. On peut dire qu'ils ont vécu avec grande discipline (Malborough avait fait pendre un soldat convaincu d'avoir volé deux bagues en brillants, et il avait renvoyé ces bagues à St-Malo).

« On ne peut s'empêcher de rendre ici témoignage de la bonne conduite des habitants de Saint-Malo, ajoute leur intrépide commandant ; les notables se sont prêtés avec la plus grande facilité à ce qu'on a désiré d'eux ; ils cherchaient même à prévenir les besoins ; le peuple a marqué de la fermeté et beaucoup d'envie de bien faire, si l'occasion s'en était présentée. » C'est dans ce simple et mâle langage qu'on doit aimer à être loué.

Mais ce n'est pas assez pour l'histoire, et nous sommes heureux de trouver dans un autre document contemporain, le mandement de l'évêque de Saint-Malo, Mgr de Fogasse de la Bastie, les renseignements qui suivent. L'évêque, en prescrivant des prières et une procession générale d'action de grâces, disait : « La contenance et le courage des habitants que la proximité du péril n'a fait qu'augmenter, la bravoure et la bonne volonté des troupes qui défendaient la place avec eux, l'ardeur de la noblesse qui était accourue pour partager le danger, la vigilance et l'activité des chefs, la confiance qu'inspiraient la présence et l'intrépidité du commandant de la Province, tandis que ses soins hâtaient l'arrivée des secours, tout annonçait une vigoureuse défense et faisait espérer que l'ennemi serait repoussé.

« Nous sommes pénétré jusqu'au fond du cœur de l'état où vos pertes ont réduit un grand nombre de citoyens, dans le temps même que, renfermés dans l'enceinte de ces murs, ils étaient uniquement occupés de la défense de la Patrie. Eh ! qui pourrait n'être pas touché par le seul récit du spectacle dont vous avez été témoins ! »

Quand le jour parut, le 3 Septembre 1758, les gardes-côtes en observation au cap Fréhel aperçurent, à environ six lieues au large, une flotte anglaise de 105 voiles (1), qui se dirigeait vers la baie de la Frenaie. Aussitôt, des messagers, se relayant à chaque paroisse, en portèrent la nouvelle aux chefs supérieurs ; tandis que les *feux et fumées*, pour parler le langage du temps, signalaient de poste en poste l'approche de l'ennemi.

Cependant, la flotte, après être restée tout le jour sous voile, mouilla, le soir, au nord de l'île Agot, à l'est du fort la Latte. Le lendemain, à huit heures du matin, elle appareilla et vint donner à l'embouchure de la petite rivière de Saint-Briac. Une frégate s'y avança même tellement qu'elle toucha, et 70 hommes périrent dans le tumulte qui en fut la suite. Trois autres s'embossèrent près de terre, lâchèrent leurs bordées contre la côte, et le débarquement s'effectua sans obstacles. Aussitôt le général Bligh, commandant en chef de l'expédition, accompagné du prince Georges, qui fut plus tard le roi Georges III, assit son camp, la droite au village de Saint-Briac, la gauche au ruisseau de Saint-Lunaire, et le front couvert par le tertre Giros. De cette position, il pouvait également se porter sur Saint-Malo et Saint-Servan, sur Dinan, Lamballe ou Saint-Brieuc. En attendant qu'il se décidât pour l'une de ces directions,

---

(1) Les chiffres que j'adopte sont ceux de la relation du temps, imprimée à St-Malo, chez les libraires Le Comte et Hovius. Cette pièce, aujourd'hui fort rare et qu'on lira plus loin, fut écrite sous les yeux et peut-être sous la dictée du marquis de la Châtre, l'un des officiers supérieurs qui prirent le plus de part à l'expédition. C'est l'œuvre d'un homme du métier qui a vu par lui-même, et elle forme, avec une autre pièce non moins rare, le plan dessiné par M. Lespinasse de Villiers, d'après les ordres du duc d'Aiguillon, le document le plus important sur cette affaire. Il faut remarquer toutefois que le plan des opérations militaires contient deux ou trois erreurs.

il s'amusa à piller les maisons et à brûler les barques de vingt-deux pauvres pêcheurs, et poussa une reconnaissance jusqu'à Dinard. Partout les habitants fuyaient devant les habits rouges, qui n'épargnaient rien (1).

Pendant que toutes les troupes disponibles et de nombreux volontaires se dirigeaient à marches forcées sur Lamballe et Dinan, points tout d'abord désignés comme lieux de rendez-vous, Saint-Malo se mettait en état de défense. M. de la Châtre approvisionnait ses forts, établissait de nouvelles batteries et appelait dans la ville les *Compagnies détachées* du Guet-de-la-Mer (2), les plus voisines. Il faisait embosser sous Dinard la frégate la *Renoncule*, commandée par M. du Chilleau, qui venait d'entrer fièrement sur rade en vue et à portée de la flotte anglaise. Il envoyait un armateur, M. Petel, avec un senau s'emparer de toutes les barques de la Rance, sur laquelle s'échelonnaient tous les corsaires disponibles et bien armés. Les événements des jours suivants firent voir la sagesse de ces mesures.

Le 5, le général Bligh parut se décider enfin à se porter sur Saint-Malo. Ses avant-postes s'avancèrent jusqu'à une demi-lieue de Dinard, de forts détachements couronnèrent les hauteurs de la rade et d'autres s'établirent sur la rive gauche de la Rance, tout en s'efforçant d'ouvrir des communications avec la rive droite. Mais tous furent délogés par les feux des batteries de la frégate et des corsaires. La flotte anglaise, de son côté, gênée par une forte brise

(1) On voit que la conduite de Bligh à Saint-Cast fut bien différente de celle de Malborough à Saint-Malo.

(2) C'était la garde nationale mobile du temps; chaque capitainerie générale de Gardes-côtes avait dix de ces compagnies, fortes de cinquante hommes, volontaires ou désignés par le sort. Elles se composaient alors de canonniers et de fusiliers, tous assimilés aux troupes régulières; vingt ans plus tard, elles furent uniquement composées de canonniers.

d'Ouest , fut obligée d'aller chercher un mouillage plus sûr dans l'anse de Saint-Cast. Aussitôt , les marins ennemis travaillèrent à des ouvrages de campagne propres à protéger le rembarquement , et l'armée de terre se couvrit par des terrassements , en arrière du corps-de-garde de Dinard et au point dit la Vicomté-en-Rivière.

Malborough perdit les journées des 6 et 7 à faire l'exercice , ce qui semble au moins inutile pour de vieilles troupes , dont une partie appartenait à la Garde-Royale.

Le 8 , la générale battit, à trois heures du matin , dans le camp anglais; à sept heures les tentes furent ployées ; mais il était midi quand Bligh, après quelques mouvements destinés sans doute à masquer sa retraite, se rabattit sur Ploubalay. Il passa la rivière de Saint-Briac au pont Briant, et vint prendre une position nouvelle à l'entrée de la presqu'île de Saint-Jacut , sa droite à l'Arguenon, sa gauche appuyée à Trégon , son front couvert par un ruisseau et un petit fort. Ce n'était pas la peine de perdre cinq jours à réfléchir pour venir s'acculer ainsi aux vases de Saint-Jacut , sans communication facile avec sa flotte.

Pendant que l'ennemi perdait son temps par d'inexplicables lenteurs , les forces qui devaient le combattre s'assemblaient rapidement. Le gouverneur général , duc d'Aiguillon , escorté de deux escadrons de dragons et de huit cents gardes-côtes , était arrivé à Plancoët pour observer l'ennemi. Il donna ordre à M. Morel d'Aubigny , qui occupait Dinan avec un corps considérable (1), de se porter avec toutes ses forces sur Plouër , et de pousser un détachement

(1) Les troupes , aux ordres de M. d'Aubigny, étaient trois escadrons de dragons , le régiment de Brie , le bataillon de Marmande , un bataillon de milice , trois de gardes-côtes , un bataillon de volontaires étrangers.

aux ordres du chevalier de Polignac jusqu'à Pleurtuit, pour communiquer avec Saint-Malo. En même temps, M. de la Châtre, sorti de cette ville pour inquiéter le flanc gauche de l'ennemi, s'avançait jusqu'à Ploubalay, et donnait la main à M. de Polignac.

Le 9, au matin, les Anglais firent un changement de front à droite, afin de s'établir entre Saint-Jacques et le bois du Val. Mais, pour cela, il fallait franchir l'Arguenon et s'emparer du Guildo, où M. Rioust des Villes-Audrains, embusqué dans les maisons et les jardins, avec quelques braves volontaires comme lui, défendait le passage de la rivière. La veille, il avait repoussé les tirailleurs ennemis, et le lendemain, il tint l'armée anglaise en échec jusqu'au moment où un traître de Saint-Lormel, Grumellon, dirigea les colonnes anglaises à travers les grèves de Quatre-Vaux pour tourner le Guildo, où elles pénétrèrent, pillant et massacrant tout. Toutefois l'intrepide Rioust et ses héroïques compagnons eurent le temps de se retirer.

Bligh comprit sans doute que cette position n'était pas tenable : car le jour même il se porta sur Matignon et s'établit en avant et en arrière de la ville, sur la route de St-Brieuc au Guildo, présentant le flanc droit à la mer, et le gauche à Saint-Pôtan, où étaient les avant-postes français, sous les ordres du chevalier de Saint-Pern. Cette nouvelle conception du général Anglais n'était pas heureuse : il donnait en plein au milieu de nos forces et se laissait envelopper. En avant de son front, en effet, M. de Balleroy, débouchant de Lamballe, arrivait à Hénanbihen avec les régiments de Bourbon-Brissac, de Bresse et Quercy, et deux escadrons de dragons; il était suivi de près par le régiment Royal-des-Vaisseaux, qui amenait de l'artillerie de Brest. Le deuxième bataillon de Penthièvre venait se joindre aux trou-

pes qui occupaient à Plancoët le centre de notre ligne ; MM
de la Châtre et d'Aubigny , conduisant de l'artillerie sortie
de Saint-Malo , filaient sur les derrières de l'ennemi et sur
son flanc droit pour lui couper toute communication avec
la mer. Si l'armée anglaise avait été ainsi attaquée à la fois
sur son front, sur ses flancs et ses derrières , non-seulement elle n'eût pas résisté, mais il semble que pas un soldat
n'eût pu regagner les vaisseaux. Nos troupes et surtout les
volontaires demandaient le combat à grands cris ; ils ne
connaissaient pas tous les avantages de leur position , mais
ils s'indignaient qu'on les laissât si près de l'ennemi sans
attaquer.

Aussi leur colère fut-elle vive quand, au lieu de charger,
il leur fut enjoint de rétrograder. On ne peut croire que le
duc d'Aiguillon , qui s'était bien conduit dans la campagne
d'Italie , manquât de cœur dans ce moment décisif ; mais
certainement il manqua de coup-d'œil. Il fit retirer les troupes de Hénanbihen, comme pour engager le général Bligh à
s'éloigner de sa flotte, en lui ouvrant la route de St-Brieuc;
et il concentra ses forces sur Saint-Pôtan , faisant rétrograder sa réserve jusqu'à Pluduno. Du reste , cette position
était bien choisie pour observer à la fois la route de Saint-
Malo et celle de Saint-Brieuc.

L'Anglais ne fut pas dupe du piége, si piége il y avait, et
reconnaissant enfin le mauvais pas où il s'était mis , il profita de la nuit pour regagner ses vaisseaux. Afin de couvrir
sa retraite , il amusa par une fusillade d'avant-poste, pendant toute la nuit , M. de Broc , chargé d'observer ses mouvements. Quand le jour vint , ce dernier s'aperçut qu'il
n'avait plus devant lui qu'un rideau de tirailleurs, et il fit ,
en toute hâte , avertir le gouverneur-général que l'ennemi
nous échappait.

M. d'Aiguillon comprit alors sa faute, et il donna l'ordre à toutes les troupes de se porter aussi rapidement que possible sur Saint-Cast. Lui-même, accompagné de son état-major et suivi des dragons, traversa ce village au galop, dès neuf heures du matin, et de la côte, il put apercevoir l'armée anglaise en bataille derrière ses retranchements, sous la protection de sept vaisseaux et de deux galiotes à bombes. L'embarquement commençait déjà en bon ordre.

Peu après, notre infanterie arrivait au pas de course et était suivie de près par l'artillerie. L'ardeur était extrême ; tous semblaient craindre que l'ennemi ne parvînt à se retirer tranquillement comme à Saint-Malo. A onze heures et demie, les dispositions étaient prises pour une attaque générale ; les volontaires avaient obtenu l'honneur de marcher en tête des colonnes. La droite était conduite par le comte de Balleroy, le centre par le marquis de Broc, la gauche par le comte d'Aubigny, la réserve par le chevalier de Saint-Pern ; M. de la Châtre, sans être attaché à aucune colonne, surveillait et dirigeait l'ensemble. L'artillerie était disposée à l'aile droite (1), près du moulin des Dunes, où le duc d'Aiguillon serait resté, a-t-on dit, trop longtemps pour sa gloire.

Quoi qu'il en soit, l'intrépide d'Aubigny, trouvant que l'ordre d'attaquer tardait trop, s'élança en courant et au cri de : « Vive le Roi », sur les retranchements anglais, avec sa tête de colonne, composée de volontaires et de trois compagnies de grenadiers. Aussitôt, des lignes ennemies, s'ouvrit un feu épouvantable : l'infanterie anglaise, abritée derrière ses retranchements, tirait avec la rapidité et la

_____

(1) L'artillerie fut bientôt rapprochée de l'ennemi et établie sur un mamelon faisant face au centre de la ligne anglaise, entre les hameaux de l'Hro et de la Garde.

justesse de vieilles troupes ; les vaisseaux et les galiotes, embossés entre les pointes de l'Isle et de la Garde , vomissaient de la mitraille et des bombes (1), tandis qu'une mousqueterie bien nourrie partait de leurs vergues et de leurs huniers.

La petite troupe qui avait suivi d'Aubigny avait été obligée de s'arrêter au pied des retranchements pour reprendre haleine ; mais son mouvement impétueux avait enlevé toute la ligne qui arrivait au pas de course. Alors les retranchements sont escaladés avec une audace qui étonne d'abord les troupes anglaises; mais bientôt elles reviennent de cette première hésitation ; elles se défendent comme on les attaque , corps à corps et à l'arme blanche. Deux fois elles tentent de prendre l'offensive en formant une colonne d'attaque; mais chaque fois , celle-ci est aussitôt hachée par notre artillerie.

Enfin , après deux heures d'une affreuse mêlée , où la fougue française et la ténacité bretonne avaient trouvé devant elles une défense désespérée , la marée , en baissant , força les vaisseaux anglais à reprendre le large. — Trois des chaloupes qui s'éloignaient rapidement du rivage, chargées de monde , furent coulées par notre artillerie. Ce qui ne put parvenir à s'embarquer , perdant tout espoir , tomba à genoux en demandant merci. Alors les Français cessèrent de tuer et commencèrent à faire des prisonniers.

On compta environ 3,000 hommes abandonnés sur la plage, dont 1,400 étaient morts ou dangereusement blessés, et parmi ceux-ci se trouvaient 4 colonels, 4 lieutenants-colonels et 4 capitaines de vaisseaux. De notre côté , nous

---

(1) Une bombe et divers autres projectiles sont conservés au musée de Saint-Brieuc , comme précieuses reliques de cette belle journée.

n'avions perdu que 7 officiers tués et 57 blessés, 148 soldats et sous-officiers tués, et 283 blessés (1); ce qui ne peut s'expliquer que par l'impétuosité de notre attaque, par l'élan qu'avaient su donner aux troupes les volontaires de tout rang, de toute position sociale, accourus pour se mesurer avec les Anglais.

Tout le monde, du reste, gardes-côtes et soldats, fit noblement son devoir ; toutefois Brie et Boulonnais, conduits par le colonel Latour-d'Auvergne, se firent particulièrement remarquer. Outre M. d'Aubigny, on parla surtout du marquis de Cucé, sous-lieutenant de mousquetaires, du marquis du Bois-de-la-Motte, capitaine de vaisseau, de M. de Robien, lieutenant de grenadiers à cheval, du marquis de Montaigu, de M. de Kerguesec, de M. Harscouët, capitaine d'une compagnie de gardes-côtes, de M. Blanchard, négociant à Dinan, etc.

La représentation bretonne ne se montra pas ingrate, et elle fit bien ; car, à la Cour, on ne songeait guère aux citoyens intrépides qui s'étaient élancés, avec tant d'entrain, au-devant de la mitraille anglaise, pour faire respecter le territoire français. Les Etats voulurent consigner sur leurs registres tous les noms des volontaires qui leurs furent signalés. Ils accordèrent des pensions, à l'unanimité, à MM. Geslin de la Villeneuve et de la Choue, et, au scrutin, à six autres gentilshommes. Ils distribuèrent plusieurs bourses de jetons, récompense modeste dont on savait cependant se contenter, et qui ne s'obtenait pas pour peu : ainsi, M. Nantois de la Goublaye s'en tint pour très-satisfait, lui qui avait, près de Dahouët, arraché une gabarre de la marine royale à un vaisseau anglais de cinquante-quatre canons ; il

(1) Il faut remarquer que ce chiffre ne s'applique qu'aux troupes régulières ; la perte réelle des volontaires n'a jamais été bien connue.

dirigea si bien le feu de deux batteries sous la protection desquelles la gabarre s'était refugiée , qu'après trois heures de combat , l'ennemi fut obligé de gagner le large. La noblesse fut demandée pour M. Sohier de Vaucouleurs , bourgeois de Saint-Malo , qui s'était signalé au milieu de ces vaillants hommes. Les veuves et les orphelins ne furent point oubliés ; les paroisses et les communautés qui avaient le plus souffert furent indemnisées.

Les Etats accueillirent avec un juste orgueil les gravures destinées à conserver le souvenir de ces glorieuses journées: nobles , bourgeois , paysans étaient accourus à titre de miliciens , de gardes-côtes ou de simples volontaires , se joindre à une poignée de soldats pour lutter contre les meilleures troupes de l'armée anglaise , abritées par des retranchements et appuyées par le feu de leurs vaisseaux. Il fut décidé qu'une médaille de grand module en perpétuerait la mémoire ; mais cette médaille ne devait être que de bronze , « à cause de la misère de la province ». Cette économie austère ne manque pas de grandeur , de la part de cette noblesse en sabots qui , après les massacres de Louis XIV , les dragonnades du Régent , les meurtres juridiques de la Cour de Nantes , trouvait encore de l'argent pour fournir aux prodigalités de la Cour de Louis XV.

Voici , d'après l'auteur même du dessin de la médaille , l'abbé Barthelemy , de l'Académie des Inscriptions, le sens de l'allégorie , plus ou moins vraie , plus ou moins ingénieuse qui s'y trouve représentée :

« Tête du roy avec légende ordinaire : LUDOVICO XV. *Fr. et Nav. Regi.* — A l'exergue : *Comitia Armorica.* — Au revers , un palmier ; à droite , la Bretagne , avec l'écusson de ses armes à ses pieds , tenant une épée de la main droite, et de la gauche attachant au palmier un bouclier où on lit: *Virtus ducis et militum.* A gauche , Mars , tenant la foudre d'une main , et de l'autre attachant au palmier un autre bouclier sur lequel sont gravés ces mots : *Virtus nobilitatis et populi Arm.* Pour légende : *Anglis ab Aiguillonio duce profligatis.* Exergue : *Ad Sanctum Castum,* M. D. CCLVIII. »

J'ai eu beau supprimer des détails , je suis plus long que je n'aurais voulu ; et cependant comment finir sans mentionner un fait émouvant qui est resté dans la tradition , et que célèbre le chant cité en tête de cet article.

Une compagnie de gardes-côtes des environs de Tréguier s'avançait contre un corps de montagnards Gallois , qui marchait en chantant un air de son pays. Les Bretons écoutent : c'était un *gwers* de nos bruyères. Tout attendris , ils achèvent le refrain commencé. Les Gallois s'arrêtent à leur tour ; vainement les officiers commandent le feu de part et d'autre : après treize siècles , les enfants de la Bretagne s'étaient retrouvés et reconnus ; ils refusèrent de s'égorger (1). Mais les deux troupes s'en dédommagèrent , l'une en se jetant avec rage contre les Français , l'autre en portant le carnage au milieu des *Saxons maudits* ; car tel est encore le

(1) En 1833, on publiait , à Rennes , une *Revue de Bretagne* , dont la courte existence et la mort prématurée ne furent pas un malheur national. Cette *Revue* , dans sa Préface , s'était donné l'utile mission de venger enfin la pauvre Bretagne des grotesques travestissements que lui infligeaient, et que lui infligent encore hélas ! certaines plumes parisiennes. Or, dans ses premiers numéros, notre *Revue* insérait un article sur la bataille de Saint-Cast , écrit par un M. Fouinet , Breton sans doute , car aux yeux des directeurs de la *Revue* , il comptait parmi les gloires de la Bretagne , en l'an de grâce 1833 , fort peu fécond en gloires bretonnes , s'il en faut juger par l'échantillon.

Les pages de ce M. Fouinet qui marquent entre les travestissements les plus odieusement ignorants et burlesques de l'histoire bretonne, rapportent la tradition relative à la rencontre des Bretons et des Gallois ! Mais, selon l'auteur, la reconnaissance a lieu entre les montagnards du pays de Galles et les paysans de Saint-Cast, Saint-Briac et Pleurtuit.... lesquels , en 1758 et depuis des siècles, parlaient comme aujourd'hui exclusivement le français ! Et ce sont souvent ces gens-là qui ne croient point aux miracles !   S. Rz.

nom que les Bas-Bretons donnent à l'étranger qui, au Ve siècle, les chassa de la Grande-Bretagne, leur patrie.

Et comme dit la ballade :

« Er bloavez-ma mil-ha seiz-kant
» Hag eiz ouspenn han hanter-kant,
» D'an eil lun a viz gwengolo.
» Oa trec'het ar Zozon er vro.

» Er Bloavez-ma, evel a gent,
» Ema int bet laket enu ho bent.
» Evel eur bar grisil et mor,
» Ar Zozon bepred, enu Armor » (1).

J. GESLIN DE BOURGOGNE.

(1) « En cette année, mil sept cent cinquante-huit, le second lundi du mois de *la paille blanche*, les Anglais ont été vaincus en ce pays.
» En cette année, comme devant, ils ont été mis au pas. Toujours comme la grêle dans la mer (fondent) les Anglais en Bretagne. »
(Ce chant fait partie du Recueil de M. de la Villemarqué.)

DOCUMENTS OFFICIELS.

RELATION

DU COMBAT DE SAINT-CAST.

EN BRETAGNE

LE II SEPTEMBRE 1758 (1).

M. LE DUC D'AIGUILLON ayant été informé le 5 septembre au soir à Saint-Mathieu en avant de Brest, que la flotte angloise, après s'être montrée à une lieue au nord de Saint-Malo le 3, et y avoir mouillé une partie de la journée, avoit mis à terre à St-Briac le 4, un corps de douze à treize mille hommes, expédia sur le champ des couriers aux commandants des différents départements de la province, pour qu'ils eussent à faire avancer sur cette partie les troupes qui étoient sous leurs ordres, à l'exception des garnisons de Belle-Isle, Lorient, le Port-Houet, et de la garniture des côtes du Comté Nantois, conformément aux instructions qu'il leur avoit données.

(1) In-4º de 7 pages , à Rennes , de l'imprimerie de Guillaume Vatar , imprimeur du Roi.

2

Celles qui étoient cantonnées dans les environs de Brest commencèrent à se mettre en mouvement dès le soir même. et on n'y laissa que le régiment de Talaru avec un bataillon de la marine, et cinq de garde-côtes ; il partit la nuit et se rendit directement à Lamballe, où il apprit le 6, en arrivant, que les ennemis avoient établi leur camp entre Saint-Briac et Dinard, et poussé des détachements sur Ploubalay et Pleurtuit à deux lieues de Dinan. Sur cette nouvelle il fit avancer dès la nuit même sur cette ville les troupes que M. d'Aubigny avoit conduites de Tréguier, et qui venoient d'arriver à Lamballe en deux marches forcées ; ce poste, très-important, parce qu'il assuroit la communication avec les troupes qui étoient dans Saint-Malo, et avec celles du Comté Nantois, qui devoient se porter à Hédé, et que toutes nos subsistances y étoient renfermées, fut occupé le 7, avant midi ; Plancouet le fut en même temps par huit cents garde-côtes, ce qui retarda les progrès des ennemis, et éclaira leurs mouvements.

Le 8, M. le duc d'Aiguillon s'étant avancé jusqu'à cette dernière ville à trois lieues de Lamballe, y apprit à l'entrée de la nuit que les ennemis, qui avoient levé leur camp de Saint-Briac le matin, marchoient par leur droite pour se porter sur le Guildo, et le pousser le lendemain au Gué, distant d'une petite lieue de Plancouet. Ce mouvement le détermina à leur donner de l'inquiétude sur leur gauche, et il ordonna en conséquence à M. d'Aubigny de s'avancer le 9, sur Plouer, avec le régiment de Brie, le bataillon de Marmande, le premier des Volontaires étrangers, trois de milice garde-côtes, et deux escadrons de dragons, et de pousser M. de Polignac jusqu'à Pleurtuit. M. le marquis de la Châtre eut ordre en même temps de sortir de Saint-Malo avec le régiment de Boulonnois, le bataillon de Fontenay-le-Comte et deux de milice garde-côtes, de passer la rivière de Rance, de se porter sur Ploubalay, et d'avancer sur sa gauche un détachement aux ordres de M. de Beon, lieutenant-colonel de Boulonnois, pour communiquer avec M. le chevalier de Polignac.

Le 9, les ennemis passèrent le Guildo, et vinrent camper entre Saint-Jeguhel et le bois Duval, Plancouet, se trouvant à découvert par cette position, le troisième bataillon des Volontaires étrangers, et deux escadrons de dragons y furent portés le soir, et M. le chevalier de Saint-Pern fut détaché dans la nuit avec quatre cents hommes pour avancer jusqu'à Saint-Potan, et éclairer la marche des ennemis.

Le 10, à la pointe du jour, il se portèrent à Matignon, et y établirent leur camp ; les régiments de Bourbon, Brissac, Bresse et Quercy, arrivés la veille à Lamballe, avancèrent à Henan à une lieue de Matignon. M. le comte de Balleroy, les y joignit avec deux escadrons de dragons, et prit le commandement de cette colonne. Le second bataillon du régiment de Penthièvre se porta de Jugon à Plancouet. Messieurs d'Aubigny et de la Châtre eurent ordre de se joindre et de passer le Guildo. Sur le midi, M. le duc d'Aiguillon se porta de Henan, avec un gros détachement, sur Matignon, pour reconnaître la position des ennemis, qui lui parut avantageuse en général et inexpugnable de ce côté ; il se détermina à la tourner par la gauche, et marcha en conséquence par Ruca sur Saint-Potan, où M. le marquis de Broc fut établi avec huit compagnies de grenadiers, douze piquets et deux cents dragons. M. d'Aubigny avec le corps qu'il commandoit, fut mis en potence sur la droite et le reste des troupes à Plicduno, à une lieue en arrière, à l'exception du régiment de Royal-des-Vaisseaux, qui n'arriva que la nuit à Henan avec une division d'artillerie.

M. de Broc eut ordre de fusiller toute la nuit avec les gardes des ennemis, et de marcher sur eux s'ils décampoient.

Le 11, les ennemis, qui, pendant la nuit avoient fait leurs dispositions pour se retirer, commencèrent à se replier à la pointe du jour sur Saint-Cast. M. de Broc se mit à leur suite, et en donna avis à M. de Balleroy, qui marcha sur le champ pour le soutenir. M. le duc d'Aiguillon se porta en avant, au grand galop, avec le régiment de dragons de Marbœuf, et joignit le détachement de M. de Broc, dont la tête arrivoit sur la hauteur de Saint-Cast. Il fit mettre sur le champ pied à terre aux dragons, le terrain ne permettant pas qu'on en fist usage à cheval. Il était environ neuf heures du matin ; la flotte ennemie étoit en ligne, et les chaloupes commençoient à porter à bord les troupes qui étoient en bataille sur la plage dans le fond de l'anse de Saint-Cast, derrière des dunes et des retranchements qu'ils avoient faits pour protéger leur embarquement. Nos troupes arrivoient avec une vitesse incroyable, et se portoient sur les hauteurs de Saint-Cast ; dès que les ennemis en aperçurent la tête, ils commencèrent à les canonner, et à bombarder de 4 ou 5 frégates et d'autant de galiotes à bombes, qui étoient très-près de terre. Notre canon arriva, et commença à tirer sur les dix heures. M. le duc d'Aiguillon décida sur le champ son attaque ; il porta sur la droite de la plage M. le comte de Balleroy, avec les régiments des Vaisseaux, de Bourbon, de Brissac, de Bresse et de Quercy, pour se longer par les hayes et une rampe de sable, qui conduisoient à la gauche des retranchements des ennemis. M. d'Aubigny, avec les régiments de Boullonnois, de Brie, les bataillons de Fontenay-le-Comte, de Marmande, et le premier des volontaires étrangers, à la gauche, pour déboucher sur la droite au-dessous du hameau de l'Isle, et M. de Broc eut ordre de marcher avec son détachement, droit au centre des ennemis. Le second bataillon de Penthièvre, avec le troisième des volontaires étrangers aux ordres de M. le chevalier de St-Pern, furent mis en réserve. M. le chevalier de Redmont, maréchal général des logis, fut chargé de conduire la colonne de la gauche dans le chemin reconnu, pour former son attaque. M. le chevalier de Fontette, Aide-maréchal général des logis, fut mis à celle du centre, et M. Dubouquet, major du régiment des Vaisseaux, faisant fonction de major général, à celle de la droite.

Pendant que ces dispositions s'exécutoient avec une ardeur et une diligence singulière de la part des troupes, le feu des frégates et des galiotes à bombes des ennemis ne discontinua point ce feu d'une vivacité extraordinaire. La colonne de la gauche déboucha la première vers les onze heures et demie, avec beaucoup de promptitude et fut bientôt suivie de celle du centre, et de la droite. Les troupes se portèrent avec une vitesse et une valeur singulière aux retranchements des ennemis, malgré le feu prodigieux de l'artillerie de la flotte, tant du canon et des bombes que de la mousqueterie de leurs huniers, et de plusieurs barques armées, qui étoient sur leurs flancs. Les ennemis voulurent marcher en avant, et former une colonne par leur centre ; mais le feu de quelques pièces de canon, que M. de Ville-patour, qui commandoit l'artillerie, porta à la droite, les dérangea, et les fit bientôt retirer. L'attaque devint générale, et dura une heure et demie ; les ennemis furent forcés, notre artillerie leur tua beaucoup de monde qui cherchoit à se rembarquer, trois de leurs barques, chargées de soldats furent coulées bas ; ils en perdirent aussi sur plusieurs autres qui gagnoient la flotte. Le feu cessa vers deux heures après midi. Les frégates et galiotes des ennemis commencèrent à s'éloigner, soit à cause de l'arrivée de notre grosse artillerie qu'elles pouvoient découvrir sur la hauteur, soit à cause que la marée descendoit. La grève étoit couverte de corps morts des ennemis ; il y en avoit aussi grande quantité qui flottoient sur l'eau. Il est resté sur la plage environ 900 hommes des leurs, parmi lesquels plusieurs officiers de marque, entr'autres un colonel et le lieutenant-colonel des gardes, sans ce qui a été tué sur les barques et noyé. Le général Dury est du nombre de ces derniers. Nous avons plus de 600 prisonniers, et 30 officiers, dont quelques-uns des premières maisons d'Angleterre, 3 ou 4 colonels, autant de lieutenants-colonels et 4 capitaines de vaisseaux, qui étoient restés sur la plage pour commander la manœuvre du rembarquement. Ce corps de troupes a été totalement détruit. Nous sçavons par les ennemis eux-mêmes que de 12 compagnies de grenadiers, les unes de 70, les autres de 100 hommes, ainsi que des volontaires de la marine, il ne s'en est pas rembarqué un seul.

Leur perte peut aller en tout à 3000 hommes, la nôtre monte à environ 300 hommes, tant tués que blessés ; mais celle des officiers est, par proportion, plus considérable que celle des soldats. Les régiments de Brie et de Boulonnois ont beaucoup souffert, ayant été obligés de traverser un terrain difficile sous le feu des frégates des ennemis pour se porter sur leurs retranchements. Malgré cet obstacle, ces régiments ont marché avec l'intrépidité la plus soutenue, ainsi que toutes les compagnies de grenadiers et piquets qui ont aussi beaucoup perdu. Jamais les troupes ne montrèrent plus de valeur et de bonne volonté ; elle se sont portées avec une diligence incroyable, malgré la fatigue des marches redoublées qu'elles avoient faites pour arriver, la plus grande partie ayant fait presque 50 lieues de Bretagne en 4 jours.

M. le chevalier de Redmont, chargé de conduire la colonne de la gauche, s'en est acquitté avec toute la bravoure et l'intelligence possible.

On ne sçauroit trop louer la valeur et la conduite de M. le marquis de Broc, qui commandoit l'attaque du centre. M. le chevalier de Fontette, aide-maréchal général des logis, s'est aussi fort distingué. M. le chevalier de Polignac et M. le comte de la Tour-d'Auvergne ont fait des prodiges de valeur, ainsi que leurs régiments.

L'artillerie a été servie avec la vivacité et l'activité qu'on connoît à M. de Villepatour, qui la commandoit.

La noblesse de Bretagne a donné dans cette occasion de nouvelles preuves de sa valeur et de son zèle pour le service du Roi. M. le marquis de Cucé, sous-lieutenant de la première compagnie des Mousquetaires, le marquis du Bois de la Motte, capitaine de vaisseaux; M. de Robien, Sous-lieutenant des grenadiers-à-cheval; M. de Kerguesec et plusieurs autres gentilshommes de la province, auxquels se joignit M. le marquis de Montaigu, neveu de M. de Grenay, vice-amiral, qui se trouva à Saint-Malo lorsque les troupes en partirent, marchèrent comme volontaires à la tête des grenadiers de Boulonnois, et s'y distinguèrent; un nombre considérable d'autres se rendit la veille et le matin auprès de M. le duc d'Aiguillon, qui les distribua aux différentes attaques, pour servir d'aides-de-camp aux officiers qui les commandoient.

Les troupes ayant été mises en mouvement dès le soir même de l'affaire, pour aller reprendre leur première position sur les côtes de la province, on n'a pas pu avoir encore une liste exacte des officiers tués et blessés; on joint ici une liste de ceux dont on sçait les noms jusqu'à présent.

LISTE

DES OFFICIERS PRINCIPAUX BLESSÉS AU COMBAT DE SAINT-CAST.

M. le chevalier de Redmont, maréchal de camp, maréchal général des logis, une forte contusion à la main.

M. le marquis de la Châtre, brigadier, commandant en haute Bretagne, une forte contusion à la jambe.

M. le chevalier de la Tour d'Auvergne, colonel de Boulonnois, blessé dangereusement d'un coup de fusil dans les reins et d'un autre dans la jambe.

M. le chevalier de Polignac, colonel de Brie, blessé très-dangereusement à l'épaule.

M. le marquis de Montaigu, la jambe cassée.

M. le marquis de Cucé, sous-lieutenant des Mousquetaires, blessé dangereusement de trois coups de fusil, un au menton, un à la cuisse et l'autre à l'épaule.

M. de la Bretonniere, gouverneur de Dinan, une contusion au côté.

OFFICIERS ET SOLDATS TUÉS OU BLESSÉS.

RÉGIMENT ROYAL DES VAISSEAUX.

Messieurs,	Tués.	Bles.
De Canorgue, aide-major	1	
Du Plouet, capitaine des grenadiers, blessé		1
Le chevalier de la Tour-du-Pin, capitaine, blessé		1
De Mongiront, capitaine en second, blessé		1
De Maison-rouge, *idem*		1
Des Plat, lieutenant des grenadiers, blessé		1
De la Chaume, *idem*		1
Huit grenadiers ou soldats tués	8	
Dix-sept, *idem*, blessés		17

BOURBON.

MM.		
Le chevalier de Montigny, capitaine aide-major, blessé		1
Le chevalier de Vaux, capitaine, major, blessé		1
Rault, lieutenant, blessé		1
Neuf grenadiers ou soldats tués	9	
Seize *idem* blessés		16

BRISSAC.

Trois grenadiers ou fusiliers tués	3	
Sept *idem* blessés		7

PENTHIÉVRE.

MM.		
De Mont, capitaine, blessé		1
Le chevalier de Guigouéne, lieutenant, blessé		1
Mongo, lieutenant, blessé		1
Trois grenadiers ou soldats tués	3	
Six *idem* blessés		6

BOULONNOIS.	Tués.	Bles.
MM.		
De la Mateziere, capitaine des grenadiers, blessé............		1
De Mercuir, capitaine, blessé..........................		1
Du Cup, capitaine, blessé............................		1
De Chorier, capitaine, blessé........		1
Le Lauret, capitaine, blessé..........................		1
Le Chevalier de Champagnac, aide-major, blessé...........		1
Le Chevalier de Saint-Julien, lieutenant des grenadiers, blessé.		1
De la Miliere, lieutenant en second des grenadiers blessé....		1
De Morel, capitaine en second, blessé...................		1
De la Poujade, lieutenant, blessé......................		1
De Saint-Jean, lieutenant, blessé......................		1
De Sozion, lieutenant, tué............................	1	
Du Breuil de Champagnac, lieutenant, blessé.............		1
De Barthaud, lieutenant, blessé.		1
De Montverd, enseigne, blessé........................		1
Quarante-cinq soldats tués......................	45	
Quatre-vingt-quinze *idem* blessés....................		95

BRESSE.	Tués.	Bles.
MM.		
De la Graviere, capitaine, blessé......................		1
Arnoult, sous-lieutenant des grenadiers, blessé............		1
Quatre grenadiers ou soldats tués..................	4	
Douze *idem* blessés....		12

QUERCY.	Tués.	Bles.
MM.		
De Cronenbourg, capitaine des grenadiers, tué............	1	
Du Perche, lieutenant des grenadiers, tué................	1	
Perrot, sous-lieutenant des grenadiers, blessé.............		1
Onze grenadiers ou soldats tués...................	11	
Dix *idem* blessés......		10

BRIE.	Tués.	Bles.
MM.		
De Burgat, major, blessé............................		1
De Balguery, capitaine des grenadiers, blessé.............		1
Beauchamps, capitaine, tué...	1	
De Rinseac, capitaine, tué..........................	1	
D'Hodi, capitaine, blessé............................		1
De la Ville-lain, capitaine, blessé.....................		1
Piol, capitaine, blessé..............................		1
Derod, aide-major, blessé....		1
Monroye, lieutenant, blessé..........................		1
Le chevalier du Bottier, lieutenant, blessé..............		1
De Treveret, lieutenant, blessé.......................		1
De Kermorvan, lieutenant, blessé......................		1
Le Besse, sous-lieutenant des grenadiers, blessé............		1
De Nobelle de Lanhuron, volontaire aux grenadiers, tué....	1	
Trente-trois grenadiers ou soldats tués...............	33	
Cinquante-neuf *idem* blessés.....................		59

	Tués.	Bles.

BATAILLON DE MARMANDE.

Il n'y a eu aucun officier de tué ni de blessé, et on n'a point le détail des soldats....................................

BATAILLON DE FONTENAI-LE-COMTE.

	Tués.	Bles.
Cinq officiers blessés..........................		5
Vingt-quatre soldats tués.........................	24	
Quarante *idem*, blessés.....		40

VOLONTAIRES ETRANGERS.

MM.

	Tués.	Bles.
De Carriere, capitaine des grenadiers, blessé...............		1
Danoffet, capitaine en second des grenadiers, blessé..........		1
Dartane, lieutenant des grenadiers, blessé................		1
Huit grenadiers ou soldats tués.....................	8	
Onze *idem*, blessés.............................		11

DRAGONS.

	Tués.	Bles.
Un maréchal des logis tué.........................	1	
Douze dragons blessés...........................		12

Récapitulation.

Officiers tués....................................	7.
— blessés....................................	57.
Soldats tués....................................	148.
— blessés	283.
	495.

Permis d'imprimer, à Rennes, ce 14 septembre 1758. Signé Huvin, Lieutenant-général de Police.

RELATION

DE

LA VICTOIRE

Remportée sur les Anglois, le 11 septembre 1758, près Saint-Cast, par l'armée françoise commandée par M. LE DUC D'AIGUILLON, *lieutenant-général des armées du roy, et commandant pour Sa Majesté en Bretagne ; avec le détail de l'apparition de la flotte angloise et la descente de ses troupes* (1).

Le 3 septembre, la flotte angloise, composée de 105 voiles, parut à cinq heures du matin à six lieues ou environ au large de la pointe du cap Fréhel. Les batteries de la côte firent les signaux ordonnés pour en avertir. Elle passa cette journée à louvoyer, et vint le soir mouiller au nord de l'île Agot, à l'est du château de la Latte.

Le 4, elle appareilla vers les huit heures et demie du matin, et vint mouiller devant la baie de Saint-Briac, d'où elle débarqua de ses bâtiments les troupes destinées à la descente. Elles furent précédées par trois frégates, qui s'embossèrent vis-à-vis de l'anse de la Fosse, pour la pouvoir protéger; chacune de ces frégates donna sa bordée sur terre, et ne trouvant point d'obstacle, le débarquement se fit au nombre de 4 à 5,000 hommes. Une des trois frégates, ayant voulu s'avancer dans la rivière de Saint-Briac, toucha, et le mouvement que cela lui fit faire, fit chavirer deux bâtiments chargés de troupes, desquels il y eut 70 hommes noyés. Dans le nombre des troupes débarquées, il y avoit environ 200 chevaux; l'infanterie campa au bas de la montagne de la Garde-Guerin, et les dragons furent mis dans des villages; celui de Saint-Lunaire fut choisi pour quartier-général : il y eut quelques troupes poussées jusqu'à la pointe de Dinard, qui se retirèrent le soir. M. le Marquis de la Châtre, qui commande à Saint-Malo et sur les côtes voisines, avoit fait entrer la veille dans cette ville le régiment de Boulonnois, le bataillon de Milice de Fontenai-le-Comte, et la capitainerie de Dinan, à la réserve d'une compagnie restée pour la garde de l'île des Ebihens : il avoit fait aussi garnir nos forts de tout ce qui leur étoit nécessaire pour une vigoureuse défense, craignant que le projet des ennemis ne fût de passer la rivière de Rance pour venir brûler quelques corsaires échappés à la première descente des Anglois; il les fit armer et disposer de distance en distance, tant à l'ouvert de la rade, que le long de ladite rivière de Rance.

Le même jour 4, la frégate du Roy la *Renoncule*, commandée par M. du Chilleau, qui étoit rentrée la veille dans la rade de Saint-Malo, par les belles manœuvres qu'il fit à la vue et à la portée de la flotte angloise, vint s'embosser devant Dinard. L'on arma aussi, le même jour, un petit senau commandé par le sieur Petel, négociant de Saint-Malo, qui eut pour objet de remonter et descendre la rivière de Rance pour en faire retirer les bateaux qui pouvoient être sur la rive gauche. L'on a sçu depuis que ces précautions avoient sauvé du feu le reste de nos bâtiments, peut-être même le pillage et l'incendie du faux-bourg Saint-Servan.

La nuit du 4 au 5 les Anglois mirent le feu à vingt-deux barques qu'ils trouvèrent dans le port de St-Briac. Ledit jour 5 au matin, leur camp de la Garde-Guerin fut renforcé ; il y en eut deux petits intermédiaires placés à distance à peu près égale, jusqu'à une demie lieue de la pointe de Dinard. Pendant cette journée, les ennemis firent glisser quelques détachements sur la rive gauche de la rivière de Rance : le feu de nos corsaires les obligèrent de se retirer avec précipitation ; celui de la batterie de la Hollande, des forts du petit Bé et de l'Isle-à-rebours contraignirent pareillement plusieurs détachements venus soit à Dinard ou aux pointes voisines, pour observer la ville, à se replier avec promptitude. La flotte, sur les dix heures du matin, appareilla et fit route au nord ; elle ne resta sous voile qu'environ une heure : elle n'avoit d'autre objet que de se tirer d'un fonds rempli de courants où elle avoit mouillé la veille. Notre commandant fit établir diverses batteries, et fit entrer dans la ville la capitainerie de Dol.

Le 6, à la pointe du jour, on trouva le camp dans la même position, et la flotte mouillée de même. Sur le midi, les vents ayant franchi de la partie de l'ouest, la flotte appareilla, après avoir couru deux bordées, vint mouiller en avant de la pointe de Saint-Cast. Les vents ayant forcé de la même partie dans l'après-midi, elle reçut quelqu'avarie. Sur les cinq heures après midi, on aperçut une douzaine d'hommes travaillant à tracer un ouvrage sur la hauteur qui domine l'anse de l'écluse. La frégate et les corsaires virent une troupe de monde à la même heure, paraissant vouloir établir une batterie à la pointe de la Vicomté, en rivière : et une autre derrière le corps-de-garde de Dinard ; leur feu a paru faire retirer ces travailleurs.

Le 7, le camp et la flotte ont resté tout le jour dans le même état que le jour précédent ; les troupes ont fait l'exercice à la tête de leur camp et quelques bâtiments ont appareillé, pour se tirer des mauvais mouillages : les ennemis ont retiré des jalons et piquets qu'ils avoient mis aux différents ouvrages qu'ils avoient tracés la veille.

Le 8, on entendit battre la générale dans le camp ennemi, à trois heures du matin ; ils étoient cependant encore au jour dans la même position. Sur les sept heures, ils mirent bas leurs tentes, et restèrent en bataille à la tête de leur camp, faisant divers mouvements, jusques vers midi qu'ils disparurent de la vue de Saint-Malo, prenant la route du Pontbriant, d'où ils allèrent camper à l'ouvert de la presqu'île de Saint-Jacut, appuyant leur droite à la rivière du Guildo et leur gauche au marais de Drouet, ayant un petit fort en avant de leur camp. M. le duc d'Aiguillon, qui avoit été informé par M. de la Châtre de la position de la flotte et de la descente qu'ils avoient exécutée, ainsi que des mouvements des ennemis depuis leur arrivée, avoit sur le premier avis fait mettre en marche les troupes qui sont à ses ordres en Bretagne, laissant cependant les principaux postes de cette province garnis de ce qui leur étoit nécessaire. Il se porta à Lamballe, où étoit le point de réunion d'une partie des troupes. Un bataillon des volontaires étrangers y étant arrivés en deux marches forcées, fut envoyé, avec un escadron de dragons, aux ordres de M. le Comte d'Aubigny, à Dinan, pour y prendre poste, cette ville étant très-intéressante par les magasins que nous y avions, et parce qu'elle étoit le rendez-vous d'une de nos colonnes de troupes.

Sur la nouvelle qu'eut M. le duc d'Aiguillon de la position que les ennemis avoient prise à la rive droite du Guildo, il se porta à Plancoët, distant d'une lieue du passage de cette rivière avec deux escadrons de dragons et huit cents gardes-côtes. Il envoya ordre à M. d'Aubigny de se porter à Plouer avec le régiment de Brie, le premier bataillon des volontaires, celui de Marmande, milice, et trois de gardes-côtes avec deux escadrons de dragons, et de pousser M. le chevalier de Polignac avec un détachement jusqu'à Pleurtuit. M. de la Châtre eut ordre de faire sortir de St-Malo M. le chevalier de Beon, lieutenant-colonel du régiment de Boulonnois avec un détachement pour se porter sur Ploubalai à la droite de M. le Chevalier de Polignac. Ces différents détachements avoient pour objet d'inquiéter les ennemis sur leur gauche.

Ledit jour 9, ils passèrent le Guildo et vinrent camper entre Saint-Jeguhel et le bois du Val, Plancoët se trouvant pour lors découvert, le troisième bataillon des volontaires étrangers y fut porté le soir. M. le chevalier de Saint-Pern fut détaché pendant la nuit pour prendre poste à Saint-Potan et éclairer la marche des ennemis.

Le 10, à la pointe du jour, ils se portèrent à Matignon et y établirent leur camp : les régiments de Bourbon, Brissac, Bresse et Quercy, arrivés la veille à Lamballe, avancèrent à Henan à une lieue de Matignon. M. de Balleroy eut le commandement de ces Troupes avec deux escadrons de dragons. Le second bataillon de Penthiévre vint de

Jugon à Plancoët : M. d'Aubigny passa le Guildo avec ses troupes et fut joint par M. de la Châtre, qui conduisoit le régiment de Boulonnois, le bataillon de Fontenai-le-Comte et deux milices gardes-côtes : sur le midi M. le duc d'Aiguillon se porta avec un gros détachement de Henan sur Matignon, pour reconnoître la position des ennemis, qu'il trouva trop avantageuse pour être susceptible d'attaque, il se détermina en conséquence à les tourner par leur gauche, et marcha pour cela sur Saint–Potan. M. le marquis de Broc y fut établi avec huit compagnies de grenadiers, douze piquets et deux cents dragons. M. d'Aubigny avec le corps qu'il commandoit, fut mis en potence sur la droite de ce village : le reste des troupes fut établi à Pluduno, à l'exception du régiment Royal-des-vaisseaux, qui n'arriva que la nuit à Henan avec une division d'artillerie.

M. de Broc fut chargé pendant cette nuit d'inquiéter les postes avancés des ennemis, et d'éclairer les mouvements qu'ils pourroient faire.

Le 11, au matin, il informa M. le duc d'Aiguillon que les ennemis avoient commencé leur retraite et qu'ils travailloient à leur rembarquement dans l'anse de Saint–Cast. Aussi-tôt les troupes, qui étoient déjà en mouvement redoublèrent leur marche, et se portèrent avec toute la diligence possible sur les hauteurs de Saint-Cast. M. le duc d'Aiguillon y arriva avec les dragons au galop, et leur fit mettre pied à terre, ne pouvant manœuvrer à cheval. Pendant ce temps M. de Broc suivoit et examinoit les mouvements des ennemis avec son détachement. Il étoit environ neuf heures lorsque les dragons arrivèrent sur cette hauteur : la flotte ennemie étoit en ligne, et les chaloupes travailloient au rembarquement. Les troupes étant en bataille sur la plage, dans le fond de l'anse de Saint-Cast, derrière des dunes et retranchements qu'ils avoient faits pour pro-

téger

téger leur rembarquement : notre infanterie arriva avec une vitesse incroyable sur les hauteurs de cette anse. Dès qu'elle fut apperçeu, sept vaisseaux ou frégates avec deux galliotes à bombes commencèrent un feu impossible à dépeindre. M. le duc d'Aiguillon, après avoir reconnu les différents débouchés qui pouvoient conduire les troupes à l'attaque des retranchements, en fit les dispositions. Il porta sur la droite de la plage M. le comte de Balleroy avec les régiments de Bourbon, de Brissac, de Bresse et de Quercy. M. d'Aubigny fut porté avec les régiments de Boulonnois et Brie, les bataillons de Fontenai-le-Comte, de Marmande et le premier des Volontaires étrangers à la gauche. M. de Broc eut ordre de marcher avec son détachement droit au centre des ennemis. M. le chevalier de Saint-Pern fut mis en réserve avec le second bataillon de Penthiévre et le troisième des Volontaires étrangers. M. le marquis de la Châtre, qui n'étoit attaché à aucune colonne, se porta également partout. Pendant que l'on travailloit à ces dispositions, qui se faisoient avec la plus grande ardeur, notre artillerie venue de Brest avec M. de Villepatour, et celle partie de Saint-Malo avec M. d'Urtuby, arriva, et fut mise en batterie au bas d'un moulin, entre la droite et le centre. La colonne de la gauche déboucha la première vers les onze heures et demie avec toute la promptitude et la valeur possible : elle fut suivie des deux autres; les troupes franchirent avec une valeur singulière les retranchements des ennemis, malgré le feu prodigieux de la flotte, dont quelques bâtiments étoient assez près pour tirer à mitraille sur leur flanc. Ils avoient joint à ce feu celui de leurs huniers et de plusieurs barques armées; ils parurent former une colonne par leur centre, mais notre artillerie les fit bientôt changer de dessein ; elle leur coula à fond trois barques chargées de soldats. Le feu cessa vers les deux heures après midi , et la flotte s'éloigna de la côte.

Jamais troupes n'ont donné plus de marques de valeur : les régiments de Boulonnois et Brie s'y sont distingués. Les ennemis y ont perdu plus de trois mille hommes, 13 à 14 cents sont restés sur le champ de bataille. Nous leur avons fait plus de 800 prisonniers, dans le nombre desquels 3o officiers, dont plusieurs des premières maisons d'Angleterre, quatre colonels, quatre lieutenants-colonels et quatre capitaines de vaisseaux qui étoient restés sur la plage pour la manœuvre du rembarquement. L'on ne peut estimer ce qui s'est noyé, et ce n'est pas trop de le faire monter à 800. C'est l'élite des troupes d'Angleterre qui ont été battues en cette occasion ; il y avoit douze compagnies de grenadiers de 100 hommes, et le reste de troupes choisies.

On trouvera le détail de notre perte dans la liste ci-jointe.

La noblesse de Bretagne a donné dans cette occasion, de nouvelles preuves éclatantes de sa valeur et de son zèle pour le service du Roy. M. le marquis de Cucé, sous-lieutenant de la première compagnie des Mousquetaires ; M. le marquis du Bois-de-la-Motte, capitaine de vaisseau ; M. de Robien , sous-lieutenant des grenadiers à cheval ; M. le marquis de Montaigu ; M. de Kerguesec et plusieurs autres gentils-hommes de la province , qui s'étoient rendus à Saint-Malo à l'apparition de la flotte, marchèrent comme volontaires à la tête des grenadiers de Boulonnois, avec lesquels ils sortirent de la ville, et s'y sont distingués pendant le combat, ainsi qu'un nombre considérable d'autres gentils-hommes, qui joignirent M. le duc d'Aiguillon la veille et le jour du combat.

DEUX LETTRES

DU DUC D'AIGUILLON.

I.

AU MARÉCHAL DE BELLE-ISLE,

MINISTRE DE LA GUERRE (1).

Je vous demande mille pardons, monsieur le Mareschal, de n'avoir pas fait partir dès hier monsieur d'Aubigny pour vous porter le détail de l'affaire de Saint-Cast, mais j'ay esté si occupé à mettre toutes les troupes en mouvement pour leur faire reprendre leur première position, à assurer leur subsistance, à établir des hôpitaux pour nos blessés et ceux des Anglais, et à déblayer les officiers et soldats prisonniers, que je n'ay pû dicter que ce matin la relation que j'ay l'honneur de vous envoyer. J'aurois plus de temps à moy, si j'avois un intendant, mais je ne sais qu'il en existe

(1) De ces Lettres conservées toutes deux aux archives de la guerre, la première est inédite; la seconde a été publiée par M. de St Pern, qui a eu le tort de faire un ministre de la guerre du maréchal de Luxembourg qui n'a jamais été ministre.

un en Bretagne que par une lettre de compliment qu'il vient de m'écrire, ne l'ayant pas apperçû depuis trois mois.

J'ay fait conduire à Dinan les soldats prisonniers qui ne sont pas blessés, je voudrois bien que vous eússiez la bonté de m'en débarrasser, et de les faire passer à Saumur, à Angers, ou à Tours. Cette compagnie est aussi dangereuse qu'incommode sur les côtes et j'en ai bien assez de ceux de la marine.

Le lord How qui commande la flotte, et M. Blych, général des troupes de terre, m'écrivirent hier des lettres très-polies pour me prier de renvoyer sur leur parole les officiers prisonniers, le prince Edoüard témoigna à un officier que j'avois envoyé à la flotte, à la sollicitation de ces derniers, pour y chercher leurs hardes, qu'il seroit fort aise que cette permission leur fût accordée, et me fit faire beaucoup de compliments. J'ay répondû que je ne pouvois prendre sur moy d'aquiescer à cette demande, que j'allois vous en écrire et vous prier de m'y authoriser, qu'en attendant j'aurois pour ces officiers tous les égards dûs à leur naissance et à leur bravoure. J'ay envoyé les blessés à Saint—Malo avec un chirurgien, et les autres sont venus icy hier, d'où je les feray passer à Rennes. Le lord Cavendish, qui est fort aimable, logera chez moy, et les autres dans des maisons particulières que j'ay fait arrester à cet effet ; ils me portèrent hier à souper très-honnêtement la santé du Roy, mais je vous avoüe que je n'auray pu leur rendre la même politesse. Ils prétendent que M. Pitt, qui soutient toujours affirmativement qu'il n'y a que peu de troupes et de mauvaises sur les côtes de France, sera perdu de cet évènement, et me paroissent le désirer beaucoup, estant tous bons royalistes. Ils sont persuadés que la flotte va rentrer dans les ports, et que les troupes qu'elle porte sont désormais hors d'état d'agir. Ils attendent la paix avec impatience parce que la guerre les ruine et les ennuye. Je dois cependant dire à leur loüange, qu'ils se battent aussi bien que si le jeu leur plaisoit. Il faut que des troupes soient bien fermes pour faire aussi bonne contenance qu'ils le firent, dans la cruelle position où ils se trouvoient.

J'espère, monsieur le Mareschal, que vous voudrez bien accorder des récompenses et des graces aux officiers principaux et subalternes qui se sont distingués dans ce combat. Ces braves gens méritent vos bontés, et je vous les demande pour eux avec la plus vive instance, et comme la preuve la plus certaine de la satisfaction que vous aurez eüe de ma conduite, et de l'amitié dont vous m'honorrés. J'auray l'honneur de vous envoyer un état à ce sujet, dès que vous m'y aurez authorisé.

J'ay esté extrêmement content de M. Redmont, et c'est à lui qu'est dû le succès de l'attaque de gauche que je l'avois chargé de conduire, et qu'il détermina avec beaucoup de bravoure, de sens froids, et d'intelligence. M. de Fontette, son aide, fit des merveilles pendant toute l'action, se portant partout, pour redresser les troupes qui se trompoient dans les débouchés, avec une activité singulière, je le voïois et le trouvois par tout en même temps. Nos colonels ont fait des merveilles, surtout messieurs de Polignac et de La Tour d'Auvergne, et je n'ai encore rien vû de comparable à la vivacité du feu de Villepatour qui, avec huit pièces à la Suédoise, tint teite pendant deux heures à l'artillerie de cinq frégattes, de quatre galiottes à bombes, et d'un vaisseau de 79 canons, embossés contre nous, qui tirèrent continuellement.

Je suis avec respect, monsieur le Mareschàl, votre très-humble et très-obéissant serviteur,

Signé : LE DUC D'AIGUILLON.

Lamballe, ce 13 septembre 1758.

J'oubliois de vous dire, monsieur le Mareschal, que M. d'Aubigny, qui aura l'honneur de vous remettre ma lettre, estoit à l'attaque de gauche avec son père, et s'y conduisit avec la plus grande distinction.

II.

AU MARÉCHAL DE LUXEMBOURG.

Monsieur le Mareschal,

J'ai détourné les ennemis d'attaquer Brest comme ils en avoient le projet; je suis parvenu au commencement de cette campagne, à sauver Saint-Malo, qu'ils vouloient bombarder et réduire en cendre, et j'ai fini par les battre complètement dans le temps où nous avons partout les disgraces les plus humiliantes. Nos troupes ont certainement fait merveilles, mais si je n'avois pas combiné et préparé d'avance leurs marches, si je n'avois déterminé sur le champ et au premier coup d'œil mon attaque, si je n'avois placé et fait déboucher moi-même mes colonnes, me portant continuellement de l'une à l'autre, les Anglois nous auroient fait l'affront de se rembarquer sans essuyer la plus légère correction, après avoir pillé, saccagé, brûlé tout notre pays. Je vous fais observer, Monsieur le Mareschal, que je n'avois pas à Saint-Cast 7,000 hommes; que ces 7,000 hommes, quatre jours auparavant, étoient répandus dans une étendue de 250 lieues de côtes; que les uns étoient à 30, d'autres à 50 lieues du point où je les ai rassemblés, et que cependant, le 11 au matin, ils étoient disposés et arrangés comme s'ils étoient partis du même camp et qu'il n'y eut pas la plus légère confusion dans la marche, dans la disposition, ni dans l'attaque.

23 Septembre.

ETATS DE BRETAGNE.

EXTRAIT DU PROCÈS-VERBAL

DE

LA TENUE DE 1758 (1).

Assise des Etats généraux et ordinaires du pays et duché de Bretagne, convoqués et assignés par ordre du Roy dans la ville de Saint-Brieuc, au dix-huitième jour du mois de décembre de la présente année mil sept cent-cinquante-huit, suivant les lettres patentes de Sa Majesté données à Versailles le trentième novembre dernier ; ladite assise tenue dans la chapelle du séminaire de ladite ville de Saint-Brieuc et où se sont trouvés , etc. . . . .

« Louis, par la grâce de Dieu , roy de France et de Navarre , à notre très-cher et très-amé cousin le Duc de Pen-

(1) Nous nous bornons à transcrire simplement les diverses parties du procès-verbal de la réunion de cette assemblée concernant les affaires dont le combat de

thièvre , amiral de France , gouverneur et notre lieutenant général en notre pays et duché de Bretagne , et en son absence à notre très-cher et bien-amé cousin le duc d'Aiguillon , pair de France, chevalier de nos ordres , notre lieutenant général , commandant en chef pour notre service en notre dit pays et duché, etc., etc. — Salut :

» Nous voyons avec douleur que ni la modération qui a toujours réglé nos démarches, ni les succès qu'ont eus nos armes , n'ont pu faire abandonner à nos ennemis les projets ambitieux qui les ont engagés dans une guerre injuste. Nous avons ressenti vivement tous les maux qu'elle a causés et nous en avons été d'autant plus touché que ceux mêmes de nos sujets qui ont été les plus exposés à les souffrir, n'ont été occupés que de la gloire de la nation et de la défense commune. Ceux de notre province de Bretagne se sont particulièrement distingués par ces sentiments ; on les a vus se joindre à nos troupes et partager comme elles l'ardeur de leur chef pour repousser l'ennemy et le faire répentir de la témérité qu'il avoit eue de venir insulter leurs côtes. Nous avons lieu d'attendre de leur zèle inépuisable qu'ils le mettront en état de le forcer à une paix nécessaire au bonheur de nos peuples et que dans cette vue ils s'empresseront de nous accorder les secours que vous leur demanderez de notre part (1).

Saint-Cast a été le motif , sans nous permettre d'y mêler des observations qui seraient déplacées au milieu de cette prose grave et sévère comme l'assemblée dont elle émane. Combien nous regrettons de ne pouvoir transcrire en même temps les rapports ou mémoires, comme on disait alors, qui ont motivé des votes empreints d'un tel amour du pays ! Ces pièces sont probablement pour jamais perdues.

G. du M.

(1) Dès le premier jour de la réunion, et après s'être constitués, les Etats, pour répondre aux intentions du Roi, votèrent à l'unanimité, toute affaire cessante, *trois millions* de don gratuit.

Outre M. le duc d'Aiguillon , les commissaires nommés par le Roi et chargés

» *A ces causes*, nous avons commis et député et par ces présentes signées de notre main, commettons et députons, mandons et ordonnons à cinq de vous en l'absence et empêchement des autres, de vous trouver au dix-huit décembre prochain en notre ville de Saint-Brieuc, où nous avons convoqué l'assemblée des trois Etats de notre dite province, pour leur faire entendre de notre part l'état des affaires et les requérir qu'en continuant envers nous la bonne volonté et l'affection qu'ils ont toujours portées aux rois nos prédécesseurs et au public de notre royaume, ils nous veuillent accorder et fassent payer pour les années mil sept cent cinquante-neuf, et mil sept cent soixante, un secours extraordinaire pour nous aider à subvenir aux dépenses que nous sommes contraint de faire, etc., etc.....

» Donné à Versailles, le trentième novembre l'an de grâce 1758, et de notre règne le quarante-quatrième.

Signé : Louis.

Séance du 23 décembre 1758..... « M. de la Bourdonnaye a représenté un mémoire qui lui avoit été remis par le sieur Ozanne, dessinateur de la marine, qui prenoit la liberté de présenter aux Etats une estampe qu'il avoit gravée de la glorieuse journée de Saint-Cast et qu'il ne vouloit point mettre au jour avant d'avoir l'honneur de leur en offrir les prémices. Duquel mémoire lecture ayant été faite, les Etats ont accepté et acceptent la dite estampe dont il sera en conséquence délivré des gravures à tous les membres qui com-

---

de représenter le gouvernement, étaient MM. De la Chalotais, procureur général, Duparc-Porée et de Châteaugiron, avocats généraux au Parlement; de la Tullays, procureur général de la chambre des comptes; de Chabannois, lieutenant de l'évêché de Nantes; de Marbeuf, lieutenant dans la Haute-Bretagne, de Langeron, lieutenant dans la Basse-Bretagne; Le Bret, intendant des finances; et de Trevenégat, conseiller au Parlement.　　　　G. du M.

posent la présente assemblée, de plus une gravure pour chacun des députés des chapitres et des communautés pour être déposée aux archives des chapitres et aux greffes des communautés.

» Monsieur de la Bourdonnaye a encore représenté un autre mémoire tendant à faire frapper une médallle pour perpétuer le souvenir de la glorieuse journée de Saint-Cast, duquel mémoire lecture ayant aussi été faite :

» Les Etats ont délibéré et arrêté de faire frapper une médaille pour perpétuer le glorieux événement de Saint-Cast, laquelle médaille sera frappée en bronze seulement, saus qu'il y en ait aucune en or ni argent, attendu les misères de la province et le peu de fonds qu'elle a, ce qui la met hors d'état de fournir à une plus forte dépense, comme aussi qu'il sera nommé une commission de deux députés de chaque ordre pour examiner le projet de l'estampe qui a été présenté de la médaille, et passé dudit examen, faire le rapport à l'assemblée de ce qu'ils auront estimé le plus convenable et ont à cet effet nommé, *De l'église*, M. l'abbé de Redon et M. le député du chapitre de Nantes; *de la noblesse*, Messieurs de Kermadec et de Villeneuve de Rollan, et *du tiers*, Messieurs les députés de Lannion et du Croisic; et ont en outre lesdits Etats chargé M. de la Bourdonnaye d'aller faire part à M. le duc d'Aiguillon de la présente délibération, lequel y est incontinent allé et revenu sur le théâtre (1).

» M. de la Bourdonnaye a dit à l'assemblée qu'il avoit été, suivant ses ordres, faire part à M. le duc d'Aiguillon de

(1) On appelait ainsi l'estrade sur laquelle siégeaient tous les membres de l'assemblée répartis en plusieurs groupes. La gravure placée au commencement de la *Vie des Saints de Bretagne* de Dom Lobineau, donne une idée très-complète d'une tenue des Etats. G. du M.

la délibération que les Etats avoient prise de faire frapper
une médaille pour perpétuer la mémoire de la journée de
Saint-Cast ; que M. le duc d'Aiguillon l'avoit chargé d'assurer les Etats qu'il étoit très-flatté de cette délibération et
qu'il ne pouvoit approuver ledit projet de médaille qu'on
proposoit, ni consentir à l'exécution de ladite délibération
qu'autant que le monument projeté transmettroit à la postérité la part que la noblesse de Bretagne avoit eue à une
action aussi glorieuse pour elle et pour plusieurs citoyens
de la province........ »

Séance du mercredi 17 janvier 1759. — « Vu la requête
présentée par le sieur Le Borgne, recteur de la paroisse de
Pluduno, qui exposoit qu'il avoit fait de grandes fournitures
de vivres et de fourrages aux troupes qui passèrent dans sa
paroisse pour se rendre à Saint-Cast. Sur quoi délibéré :

» Les Etats l'ont renvoyé et renvoyent se pourvoir devant
M. l'intendant pour le payement desdites fournitures faites
par lui de vivres et de fourrages aux troupes qui passèrent
dans sa paroisse pour se rendre à Saint-Cast et ont au surplus tardé à délibérer pour la gratification par lui demandée.

Séance du lundi 22 janvier 1759. — « Monseigneur l'E-
vêque de Saint-Brieuc a représenté que trois pensions va-
quantes auxquelles les Etats viennent de nommer, sont accordées aux gentilshommes de la province actuellement au
service (1); que l'objet des Etats étant aujourd'hui de donner des marques de reconnaissance aux Bretons qui, en
qualité de volontaires, ont donné des preuves de leur zèle

---

(1) A M. de la Villeneuve Geslin, capitaine au bataillon de Dinan ;
   A M. de la Choue, cornette au régiment de la Reine, dragons ;
   A M. du Gage-Berthelot, aide-major de la capitainerie, garde-côtes de
   Saint-Brieuc. — Chacun une pension de 200 livres.   G. du M.

pour leur patrie , il seroit à désirer que l'on pût obtenir du Roy la permission de créer de nouvelles pensions en leur faveur.

» *Les Etats* ont chargé Messieurs les présidents des ordres de demander à M. le duc d'Aiguillon de vouloir bien écrire à la cour pour obtenir à la province la permission de créer six pensions en faveur des Bretons qui en qualité de volontaires se sont trouvés à la journée de Saint-Cast. »

Séance du mercredi 24 *janvier* 1759. — « Monseigneur l'Evêque de Saint-Brieuc , a dit qu'il s'étoit acquitté avec Messieurs les présidents des ordres de ce dont ils avoient été chargés par les Etats.... A ce M. le duc d'Aiguillon avoit répondu qu'il écriroit très-volontiers à la cour pour appuyer la demande des Etats et qu'il n'oublieroit rien de ce qui dépendroit de lui pour le faire réussir et qu'il étoit pour cela nécessaire de lui remettre la délibération des Etats , signée de M. le président des ordres , dont une expédition a été en conséquence présentement signée de mesdits sieurs les présidents , et remise à Mgr l'Evêque de Saint-Brieuc pour la donner à M. le duc d'Aiguillon afin de l'envoyer à la cour. »

Séance du jeudi 25 *janvier* 1759.— «Monseigneur l'Evêque de Saint-Brieuc a représenté une requête pour toutes les paroisses de son diocèse qui ont été désolées par les Anglois et qui ont fourni à leurs frais tous les secours pour la subsistance des troupes et qui ont souffert d'autres dommages détaillés dans leur requête qui a été renvoyée à la commission du commerce. »

Séance du samedi 27 *janvier* 1759.— « Monseigneur l'Evêque de Saint-Brieuc a dit que M. de Courville-Bernard , de l'ordre de la noblesse , présentoit à l'assemblée un plan qu'il avoit fait graver de la bataille de Saint-Cast où il s'étoit trouvé (1), et dont il offroit d'en remettre et déposer dès à présent au greffe des Etats, cinquante estampes si les Etats l'agréoient et y consentoient, avec soumission qu'il faisoit d'en remettre encore 350, jeudy prochain, à l'arrivée du courrier, pour être distribuées aux trois ordres qui composent la présente assemblée; ce que les Etats ont accepté et acceptent, et consentent, en conséquence, que mon dit sieur de Courville-Bernard dépose lesdites estampes, pour, avec les autres qu'il attend, être distribuées à tous les membres des Etats. »

Séance du jeudi 1ᵉʳ février 1759.— « Monseigneur l'Evêque de Saint-Brieuc a représenté que M. l'abbé d'Espinasse prie les Etats de lui permettre de dédier à la province une carte géométrique qu'il a levée du lieu où s'est donné le combat de Saint-Cast et de ses environs, et qu'il ne leur demande que l'honneur de faire paroître sa carte sous le nom des Etats; sur quoi délibéré :

« Les Etats ont agréé la demande de M. l'abbé d'Espinasse, et consentent que la carte qu'il a levée sera dédiée à l'assemblée. »

Séance du vendredi 2 février 1759. — « Messieurs les commissaires du Roy chargent le procureur général syndic de déclarer aux Etats que sa Majesté consent qu'ils créent six pensions nouvelles de deux cents livres par an chacune, pour être données en concours à six Bretons, choisis parmi ceux qui, en qualité de volontaires, se sont trouvés à la journée de Saint-Cast, dont la liste a été présentée à sa Majesté. L'intention de S. M. est que les dites nouvelles pensions soient éteintes à la mort de chacun de ceux qui les auront obtenues.

---

(1) Nous donnons à la fin de ce volume une copie exacte du plan dressé par M. de Courville, de celui de M. d'Espinasse, acquis par les Etats, de celui que ce même Ingénieur dédia à la Duchesse d'Aiguillon et enfin de l'Estampe d'Ozanne.

G. du M.

» Fait à Saint-Brieuc, le deux février 1759. Signé, le duc d'Aiguillon, Le Briffe et Le Bret. »

« Monseigneur le duc de Rohan a ensuite représenté la liste des volontaires qui se sont trouvés à l'affaire de Saint-Cast ; savoir :

Messieurs :

Le marquis de Cucé, mort de ses blessures.

Le comte de Montaigu, mort de ses blessures.

Le comte du Bois de la Motte, capitaine de vaisseau.

Le comte de Robien, lieutenant des grenadiers à cheval.

Le comte de Kerguezec.

Scott de Martainville, blessé.

De la Cornillère de Narbonne, garde du Roy, blessé.

De la Cornillère, fils.

Des Tullays-Tranchant, mousquetaire.

Fournier, mousquetaire.

De la Motte-Montmuran.

Péan de Pomphily, blessé (1).

De Launay-Danican, blessé.

Grout, père.

Grout, fils.

De Vaucouleurs-Sobier, de Saint-Malo.

Beauvais, procureur de Saint-Malo, mort de ses blessures.

Decaud, garde du Roy.

De Vaution, tué.

De Melesse, grand-prévost.

De Quelen, exempt des gardes-du-corps.

Le baron de Pontual.

De la Belinaye, sous-lieutenant du régiment des gardes.

De la Belinaye, officier au régiment de la reine, dragons.

Colas de la Baronnais.

Baudran de Monpertuit.

Bédée de la Boétardais, père.

Bédée de la Boétardais, fils.

De Virmont, ci-devant maréchal des logis des gendarmes de la garde.

Le comte de St-Pern-Ligouyer (2).

Le comte de Saint-Pern-du-Lattay.

De Boishardy, ancien mousquetaire noir.

Le chevalier de Boishüe.

De la Brethonnière, gouverneur de Dinan.

De Chateaubriand.

De la Choüe Vildée.

De Couessin.

Dibart de la Ville-Tanet.

Ferron du Chesne.

(1) M. Louis Péan de Pomphily, avait déjà fait partie des volontaires qui s'étaient portés à la défense de Saint-Malo, au mois de juin précédent. Il mourut le 2 mars 1759 des suites de deux blessures reçues, à Saint-Cast, l'une au bras gauche, l'autre au bas ventre, en combattant à la tête du régiment de Boulonnais. Les États avaient demandé pour lui la décoration de la croix de St-Louis. G. DU M.

(2) Commandait un corps de milice. Il ne faut pas le confondre avec son frère le chevalier de Saint-Pern, alors officier supérieur en activité de service, com-

De Champ-Mellet, ancien capitaine au régiment de Médoc.

De la Goublais.

Deslandes-Daniel, de Saint-Malo.

De Langlais.

De Kervers,

Nantoix de la Goublais.

Rioust des Villaudrains, bourgeois de Matignon.

De Sceaux.

De Troussier.

De la Vigne-Saint-Germain, ancien lieutenant de cavalerie.

De Keresper.

De Langourla.

De la Villebrune.

De la Motte-Villécomte.

Le chevalier de Prémorvan.

De la Planche.

(Ces trois derniers ont défendu le passage du Guildo.)

Davy de Villée, avocat au Parlement, venu de Rennes.

Kerdu de Boisgélin.

De Calan, fils.

De Laumône.

Quettier de Saint-Eloy, fils.

Du Rocher-Nodé.

De Lanhurons-Bobet, volontaire, aux grenadiers de Brie, tué.

De la Motte-Colas.

De la Villéon de la Villevalio, garde du pavillon.

Le chevalier D'Assy, capitaine des invalides — Extra-provinciaire.

De Chanterelle, officier, naviguant à Saint-Malo.

Le chevalier Lecorgne de Launay.

Hingant de Toulan.

« De laquelle liste lecture ayant été faite (1), Messieurs le comte du Bois de la Motte, — le comte de Robien, — de Kerguezec, — de la Cornillère, fils, — des Tullais-Tranchant, — Fournier, — de la Motte-Montmurand, —

mandant la division, dont la position est indiquée au plan de la bataille, sous le n° 17, et qui, les jours précédents, avait, à la tête de six cents hommes, harcélé l'armée anglaise. Pour récompense de sa conduite dans cette occasion, il reçut le 15 octobre suivant, le grade de brigadier d'infanterie. (Note de M. de Saint-Pern, 1836.)

(1) Il est inutile de faire remarquer que cette liste de volontaires, bien loin d'être complète, n'était en réalité que le résumé d'un travail préparatoire dressé sur une liste plus nombreuse pour parvenir à la présentation de candidats aux six pensions créées en faveur de ceux qui s'étaient le plus distingués. — Beaucoup de noms propres sont écrits d'une manière inexacte, mais nous suivons la lettre du procès-verbal des Etats.

Nous signalerons parmi les officiers qui se distinguèrent à St-Cast, MM. Le Gualès, capitaine des gardes-côtes de Lannion ; de Caslan, capitaine des gardes-côtes de Plérin, lequel était accompagné du brave procureur fiscal de cette paroisse, M. Allenou de Kerbaoult ; M. Pillavoine, capitaine des gardes-côtes de Paimpol, etc.

G. DU M.

Péan de Pontfily, — de Launay-Danican , — Grout, père, —Grout, fils, — de Vaucouleurs-Sohier, — de Melesse ,— de Quelen, — le baron de Pontual, —de la Belinaye, frères, — Colas de la Baronnais, — Bédée de la Bouetardais, père et fils , — de Virmon , — le comte de St-Pern-Ligouyer, — le comte de Saint-Pern du Lattay , — de ̞a Brétonnière, — de Chateaubriand, — de la Choue-Vildée , — de Couessin , — Ferron du Chesne, — de Champ-Mellet, — de la Goublais, — Deslandes-Daniel, — Nantoix de la Goublais, — de Keresper, — de la Villebrune, —Kerdu de Boisgélin, — de Caslau, fils, — le chevalier de Boishue, — de Lausmone, — de Chanterelle , — et le chevalier d'Assy ont déclaré ne vouloir concourir.

» Au moyen de quoi il n'y a eu que ceux dont les noms suivent , lesquels ont déclaré vouloir concourir et dont la liste en a été en conséquence arrêtée par Monseigneur le duc de Rohan , et lecture ainsi faite :

« Messieurs Scott de Martainville, — de la Cornillère de Narbonne , — de Caud , garde du Roy , — Dibart de la Villetannet , — de Langlois, — de Kervers , — Rioust des Villaudrains , — de Sceaulx , — de Troussier , — de la Vigne Saint-Germain , — de Langourla , — de la Motte Villécomte , — le chevalier de Prémorvan , — de la Planche , — Davy de Villée , — Quettier de Saint-Eloy, — du Rocher-Nodé , — de la Motte-Colas , — de la Villéon de la Villevalio , — les enfants de Beauvais , — les enfants de M. du Vaution (1).

---

(1) A l'occasion de l'affaire de Saint-Cast , les Etats créèrent , avec l'assentiment du Roy , deux pensions de 200 liv. en faveur de deux maires présents dans l'assemblée , et en récompense de leur zèle pour le bien public et de leurs efforts pour « les avantages et les embellissements de leurs villes. » Les maires alors présents étaient MM. de Prémion, maire de Nantes ; du Bodan, maire de Vannes ; de Kerlivio, maire de Quimper ; de la Villemain-Souvestre , maire de Saint

*» M. du Lézard, de l'ordre de la noblesse, a représenté que les Anglois avoient incendié une partie du château du Val (1), des fermes et un moulin auprès du Guildo, lors de leur dernière descente ; que M. du Hallay, lieutenant au régiment du Roy, infanterie, à qui appartenoit cette terre, ne demandoit aucun dédommagement pécuniaire, mais qu'il supplioit seulement l'assemblée de vouloir bien charger messieurs les députés et procureur général sindic, qui iront à la cour, de solliciter pour lui l'agrément d'un régiment ou d'un guidon de gendarmerie.

» Sur le rapport qui a été aussi fait par monsieur de la Bennerès, de l'ordre de la noblesse, que M. de Pomphi-ly-Péan, du même ordre, ayant reçu deux coups de fusil parmi les grenadiers à la bataille de Saint-Cast, et qu'il avoit même servi précédemment, il supplioit les Etats de vouloir bien prier M. le duc d'Aiguillon de lui accorder ses bons offices près du Roy, pour lui obtenir la croix de Saint-Louis.

» Après quoy, les ordres se sont retirés aux chambres pour délibérer sur le choix des pensions et en même temps sur la représentation de M. du Lézard, et revenus sur le théâtre.

» Les Etats ayant délibéré par scrutin sur le choix des six pensions des volontaires, les ont données et donnent à messieurs de la Planche, — Scott de Martinville, — du Rocher-Nodé, — La Vigne, — de la Cornillère-Narbonne et de Caud.

» Et, sur la représentation faite par M. du Lézard,

» Les Etats ont chargé et chargent leurs députés et pro-

Brieuc ; Pont-Neuf, maire du Croizic ; et Aubry de Vildé, maire de Dinan. Les deux premiers déclarèrent renoncer à cette récompense ; le choix des Etats tomba sur les maires de Saint-Brieuc et du Croizic.　　　　G. du M.

(1) En la paroisse de Saint-Pôtan.

cureur sindic à la cour, de solliciter du Roy pour M. du Hallay , l'agrément d'un régiment de gendarmerie, et M. le duc d'Aiguillon prié d'appuyer cette demande de ses bons offices auprès de sa Majesté.

» Sur ce qu'il a encore été représenté par M. de la Bennerès, que M. de Vaucouleurs-Sohier, noble habitant de la ville de Saint-Malo, s'étoit distingué parmi le nombre des volontaires et grenadiers à l'affaire de Saint-Cast, les Etats ont aussi chargé leurs députés et procureur général sindic à la cour de solliciter auprès du Roy des lettres de noblesse en faveur de mondit sieur de Vaucouleurs-Sohier, et sera M. le duc d'Aiguillon prié encore de lui accorder à cet effet ses bons offices (1).

» Sur la représentation qui a aussi été faite par M. le marquis de Bréhan en faveur de la veuve et enfants de M. du Vaution , qui fut tué à la bataille de Saint-Cast, les Etats ont chargé leurs députés et procureur sindic à la cour, de solliciter auprès de M. le maréchal de Belleisle, une pension pour la veuve et enfants de M. du Vaution.

« Les Etats ont de plus chargé leurs députés et procureur général sindic à la cour, de solliciter encore auprès du Roy, pour messieurs de la Bélinaye frères , qui se trouvèrent aussi à la bataille de Saint-Cast, savoir : pour M. de la Bélinaye, l'aîné, lieutenant au régiment des gardes françoises, un régiment ou un guidon de gendarmerie ; et pour M. de la Bélinaye, le cadet , lieutenant au régiment de la Reyne, dragons , une compagnie de cavalerie ou de dragons.

» Et, comme M. de Sceaulx , de l'ordre de la noblesse , se trouva pareillement à la bataille de Saint-Cast , les Etats

***

(1) M. Sohier de Vaucouleurs déclina l'honneur sollicité pour lui par les Etats, par la raison que sa famille était en possession de titres de noblesse depuis plus de deux siècles ; on lui décerna la croix de Saint-Louis.

G. du M.

ont encore chargé leurs députés et procureur général syndic en cour, de faire toutes les instances pour obtenir que son fils soit reçu à l'école militaire de Paris.

» Monsieur de la Bourdonnaye a fait rapport d'un mémoire présenté par M. Nantoix de la Goublaye, de l'ordre de la noblesse, qui exposoit que lors de la dernière descente des Anglois, il s'étoit trouvé à la défense d'une gabarre du Roy, attaquée par un vaisseau anglois de cinquante-quatre canons, et fit même dresser des batteries à droite et à gauche du hâvre de Dahouet, et que, malgré une canonnade de trois heures, la gabarre fut sauvée par ses soins, et qu'il lui en a coûté en outre par le passage des officiers ; pourquoy il demande seulement que les Etats veuillent bien lui accorder une bourse (1). Sur ce délibéré :

» Les Etats ont ordonné et ordonnent qu'il sera fait fonds dans la présente tenue d'une bourse dont ils font présent à M. Nantoix de la Goublaye. »

Séance du samedi 10 *février* 1759. — « Mgr l'Evêque de Saint-Brieuc a représenté une lettre que M. le duc d'Aiguillon lui avoit remise pour la communiquer à l'assemblée, et à lui écrite par M. le controleur général, le sept du courant, avec une copie d'une autre lettre écrite à M. Le Bret, par M. le controleur général, du deux de ce mois.

» Monseigneur l'Evêque de Saint-Brieuc a de plus représenté une lettre que M. le Bret lui avoit remise, pour communiquer pareillement à l'assemblée, et à lui écrite encore par

---

(1) C'était un petit sac en velours ou en étoffe de soie, contenant ordinairement cent jetons frappés sous la surveillance des Etats. Ces jetons, le plus souvent en argent et de la valeur de deux livres environ, portaient presque toujours l'effigie du monarque régnant et quelques devises à la louange du souverain ou de la province. Il est peu de maisons en Bretagne qui ne possèdent encore quelques-unes de ces jetons qu'il était d'usage d'offrir soit en présent aux personnes dont on désirait s'attirer la protection, soit comme gratification à ceux qui s'étaient distingué par quelque action d'éclat.   G. D u M.

M. le controleur général, du six du même mois ; desquelles lecture ayant été faite :

» Les Etats ont ordonné qu'elles seront insérées sur le registre de la présente tenue , comme ensuit cy après , et ont chargé messieurs les présidents des ordres d'en faire les remerciements à M. le duc d'Aiguillon de la part de l'assemblée , et ont en même temps chargé M. le procureur général sindic de remercier aussi M. le Bret (1).

« A Versailles , le 2 février 1759.

» Monsieur , j'ay rendu comte au Roy de la lettre que vous avez pris la peine de m'écrire le 25 du mois dernier, pour m'informer des demandes que les Etats ont fait en faveur des particuliers qui ont souffert des pertes à l'occasion des deux descentes des Anglois sur les côtes de Bretagne ; Sa Majesté me charge de vous mander qu'elle approuve la réponse que messieurs les commissaires ont fait à ces demandes, et qu'elle se portera à accorder à ceux des habitants des paroisses qui ont souffert des pertes considérables , des soulagements sur leurs impositions ; mais il me paroît juste en même temps , que ces soulagemens soient proportionnés aux facultés de chacun des contribuables qui doivent y participer ; en sorte qu'un habitant aisé qui n'a fait qu'une perte médiocre , ne soit pas déchargé de la totalité de son impôt , comme l'habitant moins aisé ou pauvre qui aura perdu tout ce qu'il possédait , etc. , etc. » — (Suivent des instructions générales pour la mise à exécution pendant cinq années des décharges d'impôts ou de portions d'impôts , au profit des personnes qui ont eu à souffrir des faits de guerre.)

1) On se rappelle que M. le Bret était intendant des finances.

« A Paris , le 7 février 1759.

« Monsieur, j'ai rendu compte au Roy des différents états que vous m'avez envoyés des pertes souffertes par les habitans des paroisses qui ont été occupées et ravagées par les Anglois lors des deux descentes qu'ils ont faites à Cancale et à Saint-Briac, et des sommes que vous proposez de leur accorder pour les aider, tant à subsister et à ensemencer leurs terres, qu'à se procurer le remplacement, du moins en partie, des bestiaux et meubles nécessaires à la culture qui leur ont été enlevés. S. M. touchée de la situation de ces pauvres habitans a bien voulu se porter à accorder la somme de cent mille livres que vous avez jugée nécessaire pour remplir ces objets et approuver qu'elle soit employée comme vous l'avez proposé, partie en achat de grains qui seront distribués en nature, pour ce qui regarde la subsistance des habitans et l'ensemencement des terres suivant l'état que vous m'en avez envoyé. Le surplus en argent pour ce qui regarde seulement le remplacement des bestiaux, ustensiles et meubles de campagne. S. M. s'en remet à vous pour faire faire cette distribution de la manière que vous jugerez le plus convenable, persuadée que vous donnerez toute votre attention et que vous prendrez toutes les mesures et les précautions nécessaires pour que ce secours soit appliqué avec toute la justice, l'égalité et l'exactitude possibles à ceux qui en ont un véritable besoin et prévenir tous abus à cet égard.

« J'ay aussi rendu compte au roy de l'état que vous avez joint à votre lettre du 9 du mois dernier des personnes qui vous ont paru mériter plus de faveur eu égard à leur état, à leurs pertes et à la situation déplorable dans laquelle elles se trouvent réduites, ainsi que de vos observations sur chacun des articles de cet état et sur les secours eu argent que vous croyez pouvoir leur être accordé.

» Sa Majesté a bien voulu destiner encore à cet objet une somme de vingt mille livres que vous pouvez leur faire distribuer dans la proportion et au prorata de ce que vous aviez proposé de donner à chacun de ceux qui se trouvent compris dans votre état, je mande en conséquence à M. de la Boissière de faire l'avance de cette somme de 120,000 fr. sur vos ordonnances.

» A l'égard des grains que vous avez déjà fait fournir à ceux des habitans de Saint-Lunaire et de Saint-Briac qui se trouvoient absolument sans pain et sans ressource, ainsi que les deux sommes de 1200 livres chacune que vous avez fait remettre aux recteurs de Saint-Pôtan et de Saint-Cast, sur la demande de M. l'Evêque de Saint-Brieuc, je compte que vous en ferez la reprise sur la somme de cent mille livres qui doit avoir la même destination.

« Je suis, monsieur, votre très-humble et très-affectionné serviteur,   (Signé) : BOULOGNE.

Séance du dimanche 11 *février* 1759.... « Monseigneur l'Évêque de Saint-Brieuc a dit que messieurs les présidens des ordres et lui avoient de la part des États, fait des remerciements à M. le duc d'Aiguillon au sujet des grâces qu'il avoit plu au roy d'accorder en faveur de ceux qui avoient souffert par la descente des Anglois en Bretagne; que M. le duc d'Aiguillon avoit répondu qu'il se porteroit toujours à accorder ses bons offices à la province pour lui procurer les soulagemens qu'il seroit possible d'obtenir.

Séance du mercredi 14 *février* 1759... « Monsieur l'abbé de Redon a, pour lui et messieurs les co-députés, fait rapport de la commission dont il avoient été chargés le vingt-sept décembre dernier pour donner le projet d'une médaille qui perpétuât le glorieux événement de la journée de Saint-Cast, et il a, en même temps, présenté à l'Assemblée un modèle de la dite médaille, dont la teneur suit :

MÉDAILLE.

La tête du Roy avec la légende ordinaire,

LUDOVICO XV FR. ET NAV. REG.

A l'exergue :

COMITIA ARMORICA.

Au revers :

Un palmier, à droite, la Bretagne, avec l'écusson de ses armes à ses pieds, tenant une épée de la main droite, et, de la gauche, attachant à un palmier un bouclier où on lit ces mots : *Virtus ducis et militum.* A gauche, Mars, tenant la foudre d'une main et de l'autre attachant au palmier un autre bouclier sur lequel sont gravés ces mots : *Virtus nobilitatis et populi arm.*

Pour légende :

ANGLIS AB AIGUILLONIO DUCE PROFLIGATIS.

Exergue :

AD SANCTUM CASTUM.

M. D. C. C. LVIII (1).

« Duquel dit modèle de médaille cy dessus inscrit que les Etats ont accepté, ils ont en même temps ordonné et ordonnent qu'il en sera et demeurera déposé un exemplaire dans leur greffe pour servir à la postérité, ce qui a été présentement fait, après avoir été signé de messieurs les présidents des ordres. Ordonnent en conséquence qu'il sera fait fonds dans la présente tenue de la somme de quinze mille livres pour ce qu'il en pourra coûter pour douze cents médailles en bronze et du grand modèle ; Et ont, à cet effet, chargé et chargent Messieurs les députés et procureur général sindic qui iront à la cour, et M. de la Boissière, leur trésorier, de donner tous leurs soins, afin que les dites médailles soient frappées avec la moindre dépense qu'il sera possible.

(1) Il y a quelques variétés entre ce programme et l'exécution définitive de la médaille qui porte en exergue *Ludovico XV optimo principi*, au lieu de *Fr. et Nav. Regi.* Le nom de St-Cast est traduit par *Sanctum Catuodum*, ce qui est plus conforme aux dénominations contenues dans les anciennes chartes.   G. DU M.

» Monsieur l'abbé de Redon a ensuite représenté qu'il s'étoit adressé à l'Académie des inscriptions et belles lettres, à Paris, pour la médaille ; que cette académie avoit bien voulu s'assembler pour tâcher de remplir le vœu des Etats et que le modèle de la médaille étoit de la composition de M. Barthelemy.

» Les Etats ont ordonné et ordonnent qu'il sera fait fonds dans la présente tenue, de deux bourses dont ils font présent, l'une à M. Barthelemy et l'autre à M. Le Beau, secrétaire perpétuel de l'académie.

» Monseigneur l'Evêque de Saint-Brieuc a représenté que M. de Courville avoit représenté et donné aux Etats quatre cent cinquante exemplaires du plan gravé de la bataille de Saint-Cast, et qu'il avoit beaucoup souffert par les ravages que les Anglois lui avoient causé lors de leur descente (1), il paroissoit juste que les Etats reconnussent la peine de son travail, et eussent aussi égard à la situation fâcheuse où il se trouvoit par la perte que lui ont causé les ennemis de l'Etat.

» Les Etats ont ordonné et ordonnent qu'il sera fait fonds dans la présente tenue de la somme de six mille livres qu'ils accordent à mondit sieur de Courville, pour les causes cy-dessus énoncées, et parce qu'il ne pourra en conséquence rien prétendre aux sommes accordées par le Roy et dont M. l'intendant a la disposition pour subvenir aux pertes générales qu'ont souffert un grand nombre de particuliers ; sans que cela puisse l'exclure de l'exemption totale ou partielle des impositions des vingtièmes, deux sols pour livre d'iceux et de celle de la capitation, que le Roy a bien voulu accorder, suivant que M. l'intendant le réglera, à ceux

---

(1) M. de Courville habitait le manoir de la Pichardais, en la paroisse de Créhen, encore occupé aujourd'hui par l'un de ses descendants.　　　G. du M.

qui ont souffert des dommages par la descente des Anglois.

» Et sur ce qui a encore été représenté , qu'il seroit aussi juste de reconnoître la peine du travail du sieur Ozanne, dessinateur de la marine, qui présenta à l'assemblée , le vingt-sept décembre dernier , une estampe qu'il avoit gravée de la glorieuse journée de Saint-Cast.

» Les Etats ont ordonné et ordonnent qu'il sera fait fonds dans la présente tenue de la somme de douze cents livres qu'ils ont accordée et accordent audit sieur Ozanne pour la cause cy-dessus.

Séance du jeudi 15 *février* 1759. — « Monseigneur l'Evêque de Saint-Brieuc a présenté la liste que messieurs les présidents et lui avoient fait pour la distribution des douze cents médailles qui doivent être frappées pour le glorieux événement de la journée de Saint-Cast , ainsi qu'il fut arrêté par délibération du jour d'hier , laquelle après avoir été approuvée par les Etats et signée de messieurs les présidents des ordres , est demeurée déposée au greffe pour y avoir recours et s'y conformer pour la distribution desdites médailles.

Séance du samedi 17 *février* 1759. — « Monsieur de la Bourdonnaye a fait rapport d'un mémoire présenté par M. de Pontual, qui expose qu'il fut chargé , pendant la première descente des Anglois, de commander à Dinard et d'approvisionner Saint-Malo ; ce dont il s'acquitta à la satisfaction des commandans et de ses concitoyens ; et que, dans leur dernière descente , ils pillèrent sa maison , brûlèrent deux de ses métairies , ruinèrent totalement ses fermiers et vassaux , qui sont par là dans l'impossibilité de le payer d'ici à plusieurs années , au moyen de quoy et en conséquence des pertes que la descente des Anglois lui ont causées , et qui vont à plus de quarante mille livres , il espère que les Etats voudront bien lui accorder des secours , ainsi et aux mêmes conditions qu'ils en ont accordé à M. de Courville. Sur ce délibéré :

» Les Etats ont ordonné et ordonnent qu'il sera fait fonds dans la présente tenue de la somme de vingt mille livres qu'ils ont accordée à M. de Pontual, pour les causes cy-dessus et autres, énoncées en son mémoire, et parce qu'il ne pourra en conséquence rien prétendre aux sommes accordées par le Roy et dont M. l'intendant a la disposition pour subvenir aux pertes générales qu'a souffertes un grand nombre de particuliers, sans que cela puisse l'exclure de l'exemption totale ou partielle des impositions des vingtièmes, deux sols pour livre d'iceux et de celle de la capitation que le Roy a bien voulu accorder, suivant que M. l'intendant le réglera, à ceux qui ont souffert des dommages par la descente des Anglois.

» Sur la représentation qui a aussi été faite, que M. de Lesquen de la Ménardais, capitaine d'une compagnie déta-chée du département de Dinan, fut commandé, le trois septembre, lors de l'apparition de la flotte angloise, de se rendre sur l'île des Hébihens avec sa compagnie, où il fut attaqué, et que, tandis qu'il étoit dans son poste, des détachemens anglois ravagèrent et pillèrent sa maison, dont il ne put rien enlever (1). Et que M. de la Motte-Villescomte étoit du nombre des volontaires qui arrêtèrent les Anglois au passage du Guildo, le huit septembre 1758 ; pourquoy il paroissoit juste de leur accorder aussi quelque dé-dommagement.

» Les Etats ont ordonné et ordonnent qu'il sera encore fait fonds de la somme de huit mille livres qu'ils ont accordée à mesdits sieurs Lesquen de la Ménardais, et de la Mot-

---

(1) Le manoir de la Ménardais, habité par M. de Lesquen, était situé en la paroisse de Créhen, non loin du passage du Guildo.   G. ou M.

te-Villescomte, pour les causes cy-dessus, à raison de quatre mille livres pour chacun.

Séance du dimanche 18 *février* 1759. — « Sur les représentations qui ont encore été faites, tant par Mgr l'Evêque
de Saint-Brieuc que par Mgr l'Evêque de Saint-Malo, par
rapport à plusieurs hôpitaux, communautés, paroisses et
recteurs de leurs diocèses qui avoient extrêmement souffert,
tant par les ravages des Anglois que par les maladies épidé-
miques ; les Etats ont ordonné et ordonnent qu'il sera fait
fonds des sommes cy-après, qu'ils ont accordées et accordent, savoir :

Au sieur recteur de Cancale. . .	1200 liv.
Au sieur recteur de Trégon. . . .	600
Au sieur recteur de Saint-Briac. .	600
Au sieur recteur de S.-Lunaire. .	600
Au sieur recteur de Créhen. . . .	600
Au sieur recteur de Saint-Ideuc. .	600
Au sieur recteur de S.-Coulomb. .	600
Au sieur recteur de Pluduno. . .	1200
Au sieur recteur de Saint-Cast. . .	1200
Au sieur recteur de St-Denoual. .	600

(Suivent des allocations à divers hôpitaux et établissements de charité, ainsi qu'aux paroisses de Plénée-Jugon,
Le Gouray, Plouguenast et Lanfin, qui avoient été déci-
mées par une épidémie.)

» Les Etats ont aussi accordé aux sieurs Dubois et Morin
de Saint-Servan, qui ont perdu considérablement par la
descente des Anglois, trois mille livres à chacun.

» Les Etats ont délibéré, sur le bon plaisir du Roy, de
faire fonds d'une somme de soixante mille livres pour le
soulagement de ceux qui ont été ravagés par la descente
des Anglois et qui ont souffert par le passage des troupes,

de laquelle somme on distraira dix mille livres pour l'employer en argent au soulagement de ceux qui ont le plus souffert , et les cinquante mille livres seront destinées à fournir des bleds pour la subsistance des plus nécessiteux , et aussi à ce qui leur sera nécessaire pour la semence de leur terre. La dite somme de soixante mille livres sera répartie entre les diocèses de Saint-Brieuc, de Saint-Malo et de Dol , dans la même proportion , au marc la livre , qu'aura suivie M. l'intendant pour les diocèses, à l'égard de la somme que le Roy a eu la bonté d'accorder pour le soulagement des personnes ravagées et à l'égard de la distribution particulière qui sera faite dans les diocèses. Les Etats ont chargé la commission intermédiaire dans chaque évéché, de faire fixer le taux de ce qui sera donné à un chacun , afin que le payement se fasse en conséquence du role que les commissaires auront formé.

» Les Etats ont de plus ordonné , sur les différentes requêtes et représentations , qu'il sera encore fait fonds dans la présente tenue , des sommes cy-après , savoir :

» De la somme de six mille livres , pour M. de la Villeneuve-Geslin, qui a été pillé totalement par les Anglois , parce qu'il ne pourra rien prétendre aux sommes accordées par le Roy , et sans que cela puisse l'exclure de l'exemption de svingtièmes , des deux sols pour livre d'iceux et de celle de la capitation que le Roy a bien voulu accorder , suivant que M. l'intendant le réglera pour ceux qui ont souffert des dommages par la descente des Anglois , cy. . . . . 6ooo livres.

» A madame de Saint-Pair , de Carlac,
dont le mary fut tué à la bataille de S.-Cast.   2000

» Et à la D^{me} veuve Beauvais, dont le mary
fut aussi tué à la bataille de Saint-Cast. . . .   2000

« A madame du Gourlay, qui a tout perdu.   2000

» A madame de la Salle-Gallais. 400

» A monsieur de la Fruglais. 400

» A madame Raison , veuve de Kerby. . 400

» A monsieur de la Choüe. 400

» A monsieur Chantrel , qui s'est distingué à Saint-Cast. 500

» Les Etats ont en outre accordé aux cinq officiers de la maréchaussée de service à la présente assemblée , et à chacun d'eux , une médaille et une estampe du combat de Saint-Cast.

» Ordonnent de plus qu'il sera fait fonds dans la présente tenue de la somme de quatre mille livres , pour M. Scott , lieutenant du Roy , de Saint-Malo , cy , 4000 livres.

» A M. de la Bretonnière , gouverneur de
Dinan. 4000

» Au sieur Aubry de Vildé , maire de la
ville et communauté de Dinan. (1) . . . 1200

» Au sieur Ozon , maire de la ville et communauté de Josselin (2). 1200

TENUE DE 1760.

Séance du mercredi 8 *octobre* 1760. — « Monsieur de la Burdonnaye a représenté que M. l'abbé d'Espinasses , qui

---

(1) Les blessés de St-Cast avaient été évacués sur Dinan. Les Rév. PP. Cordeliers de cette ville affectèrent une partie des bâtiments de leur communauté pour recevoir les malades qui y reçurent tous les soins que comportait leur état.

(2) En indemnité des embarras que lui causèrent la présence dans sa paroisse de prisonniers Anglais faits à Saint-Cast , et qui étaient alors renfermés dans le château. Une maladie contagieuse , dit M. de Bréhier (*) , réduisit promptement le nombre de ces malheureux ; ils furent , pour la plupart , enterrés dans un champ à peu de distance de la ville : ce lieu porte depuis le nom de *Pâture des Anglais* , et la charrue amène souvent au jour leurs ossements à peine recouverts de terre.   G. DU M.

(*) *Revue de Bretagne et Vendée* , T. III.

avoit présenté aux derniers Etats de 1758 une carte géométrique, qu'il avoit tirée du lieu où s'étoit livré le combat
de Saint-Cast, leur en présentoit aujourd'hui la gravure à
laquelle il ajoutoit celle de deux petites cartes qui l'accompagnoient, leur présentant un plan pittoresque du combat
de Saint-Cast; et l'autre, un abrégé de la carte, au nombre
de 600 de chacune desdites cartes qu'il prioit les Etats de
vouloir bien accepter; sur quoi, et après que lecture a été
donnée de deux lettres de M. l'abbé d'Espinasses, les Etats
ont accepté les dites deux nouvelles cartes.

Séance du samedi 1er novembre 1760. — Il est donné lecture d'une requête présentée par « le sieur de St-Méloir,
qui prioit les Etats de vouloir bien le dédommager des pertes considérables qu'il avoit essuyées par la descente des
Anglois et rapportées dans sa requête; sur quoy M. de Qué-
len a dit qu'il en avoit parlé à M. Le Bret, qui luy avoit
répondu que le sieur de Saint-Méloir n'avoit point été compris dans les rolles de ceux à qui le Roy avoit accordé des
dédommagemens ou des exemptions; mais que si les Etats
se portoient à lui accorder une somme, il s'emploiroit
avec empressement pour la faire autoriser au conseil :

« Les Etats ont ordonné et ordonnent qu'il sera fait
fonds dans la présente tenue de la somme de 2000 livres,
qu'ils accordent, sur le bon plaisir du Roy, audit sieur de
Saint-Méloir, pour les causes exposées dans la requête.

Séance du jeudi 6 *novembre* 1760. — Sur la représentation qui a été faite par M. l'Evêque de Nantes, que M. l'abbé d'Espinasses avoit fait remettre au greffe des Etats la gravure de la carte géométrique qu'il avoit tiré du lieu où s'é-
toit livré le combat de Saint-Cast, avec les deux petites
cartes qui l'accompagnoient, l'une présentant le plan dudit combat, et l'autre un abrégé de la carte, au nombre de
600 exemplaires de chacune desdites cartes, que les Etats

avoient accepté par leur délibération du 8 octobre dernier ,
et qu'il ne s'agissoit donc plus qu'en ordonner la distribution, et qu'il étoit persuadé que les Etats se porteroient à
luy accorder une gratification. Après qu'il en a été délibéré :

» Les Etats ont ordonné et ordonnent qu'il en sera remis 12 exemplaires de chacune à M. le duc d'Aiguillon , 12
autres à M. de la Briffe, premier président , et autant à M.
Le Bret ; 12 aussi à chacun de MM. les Présidents des ordres, et un exemplaire à chacun des autres commissaires
du Roy, ainsi qu'à chacun des membres qui composent la
présente assemblée, et à tous les officiers des Etats aussi, et
dont ils donneront un reçu au greffe des Etats , et la planche des gravures demeurera déposée audit greffe , avec
12 exemplaires de chacune desdites cartes.

» Ordonnent, en outre, qu'il sera fait fonds , dans la présente tenue , de la somme de 2000 livres qu'ils ont accordé et accordent par forme de gratification à mondit sieur
l'abbé d'Espinasses. »

Séance du vendredi 7 novembre. — M. l'abbé de Redon
a représenté que les Etats avoient accordé , dans leur dernière tenue de 1758 , une bourse de jetons à chacun de
MM. Le Beau et l'abbé Barthelemy, membres de l'Académie
des inscriptions et belles lettres ; mais que cette Académie
desiroit qu'il plût aux Etats de vouloir bien convertir ces
deux bourses en une médaille à chacun de ses membres ;
sur ce délibéré :

« Les Etats ont accordé et accordent, sur les douze cents
médailles qu'ils ordonnèrent dans leur dernière assemblée
de 1758 , pour perpétuer la mémoire du glorieux événement de la journée de Saint-Cast , le nombre de 45 médailles , une à chacun des membres de ladite Académie
des inscriptions et belles lettres , au moyen de laquelle pré-

sente délibération les deux bourses de jetons dont les Etats avoient fait et ordonné le fond dans leur assemblée, de ladite année 1758, ne seront point données à mesdits sieurs Le Beau et l'abbé Barthelemy; (1) du prix desquelles dites deux bourses leur trésorier demeurera chargé pour en tenir compte aux Etats.

Séance du samedi 22 *novembre* 1760. — « Sur la représentation qui a été faite par Mgr l'Evêque de Nantes, qu'il étoit encore arrivé 120 médailles (du combat de Saint-Cast), qui seront pareillement déposées au greffe, et en conséquence, il a été accordé et convenu qu'il y en aurait 67 distribuées à M. le commandant et à MM. les Présidents des ordres, à MM. les commissaires du Roy qui n'en ont point eu, et aux officiers des Etats, et que les 53 autres seront distribuées par leur greffier à ceux des trois ordres qui étoient aux derniers de Saint-Brieuc, en 1758, qui n'en ont point eu.

Séance du vendredi 12 *décembre* 1760. — « Les Etats ont, sur la représentation de Mgr l'Evêque de Nantes, chargé et chargent leurs députés et procureur général sindic en cour, de présenter à S. A. S. Monseigneur le duc de Penthièvre douze médailles et douze cartes de Saint-Cast.

---

(1) Le *Voyage du jeune Anacharsis* a eu pour auteur le même abbé Barthelemy.

LETTRE DE LOUIS XV.

On lit dans le *Journal historique* (1) sur les matières du temps :

(Novembre 1758.)

« Le Roi ayant ecrit aux vicaires généraux de l'archevêque de Paris pour faire rendre à Dieu de solennelles actions de grâces de la victoire remportée en Amérique et de la défaite totale des Anglois à Saint-Cast, en Bretagne, on chanta, le 1ᵉʳ Octobre, le *Te Deum* dans l'Eglise métropolitaine, et l'abbé Regnault, archidiacre et l'un des grands vicaires, y officia. M. de Lamoignon, chancellier de France, accompagné de plusieurs conseillers d'Etat et maîtres des requétes, y assista, ainsi que le parlement, la chambre des comptes, la cour des aydes et le corps de ville, qui y avoient été invités de la part de Sa Majesté, par M. Desgranges, maître des cérémonies (2).

(1) Ce journal portait aussi le titre de *La Clef*, ou *Journal de Verdun*.

(2) Le soir on tira devant l'hôtel de ville un feu d'artifice qui fut précédé d'une salve générale du canon de la ville et suivi d'une très-belle illuminatiou. Le canon qui avait annoncé dès le matin cette réjouissance, se fit encore entendre pendant le *Te Deum*. Il y eut dans la place, devant l'hôtel de ville, des distributions de pain et de viande au peuple et des orchestres de musiciens ; toutes les maisons furent illuminées, ainsi que l'hôtel du gouverneur, celui du prévost des marchands, et les maisons des échevins et des principaux officiers du bureau de la ville.   *(Journal historique)*.

» Voici la lettre du Roi aux vicaires généraux de l'arche-
vêché de Paris :

« Messieurs,

» L'esprit de modération et d'équité qui a caractérisé tou-
» tes mes démarches, n'ayant pas inspiré des sentimens
» de conciliation aux ennemis qui m'avoient forcé à pren-
» dre les armes, ils n'ont écouté que leur animosité pour
» exécuter leur projet formé d'envahir le commerce de
» toutes les autres nations de l'Europe, qu'ils veulent exer-
» cer avec un despotisme absolu et exclusif, sur toutes les
» mers. S'épuisant eux-mêmes volontairement dans l'es-
» poir de me nuire, ils ont soudoyé des armées nombreu-
» ses pour diviser mes forces ; ils ont armé des flottes im—
» menses, non-seulement pour attaquer mes possessions
» en Amérique, mais même pour venir fondre sur les pro-
» vinces maritimes de mon Royaume. Le Dieu de paix, de
» justice et de vérité, qui juge les nations et les Rois, n'a
» pas permis que ces formidables apprêts fussent suivis du
» succès que mes ennemis osoient en espérer. Les événe-
» mens de la guerre qu'ils ont excitée dans toutes les par-
» ties du monde, ont été jusqu'à présent balancés par les
» vicissitudes qui sont l'apanage des choses humaines, et
» par lesquelles Dieu semble vouloir inspirer à tous les
» princes le désir de la paix. Mes armes victorieuses dans
» la Hesse ont éprouvé des revers dans d'autres provinces
» de l'empire, et le sort des opérations militaires a subi les
» mêmes variations en Amérique ; mais dans ce qui a direc-
» tement rapport aux intérêts essentiels et à la tranquillité
» de la France, la faveur céleste et la providence de Dieu
» sur ce royaume ont paru se marquer manifestement et
» demander des actions de grâces particulières. Les braves
» soldats que j'ai envoyés en Canada sous les ordres du mar-

» quis de Montcalm ont si bien secondé , par leur extrême
» valeur, les bonnes dispositions de leur chef, qu'ils vien-
» nent de sauver les colonies françoises, en remportant,
» malgré l'énorme disproportion du nombre, une victoire
» signalée sur les Anglois , auprès du lac Champelain. Ac-
» tion mémorable où quatre mille François ont combattu
» et vaincu vingt-deux mille hommes , dont plus de six
» mille ont été tués dans ce combat si glorieux aux vain-
» queurs. Dans le même temps des irruptions soudaines ,
» dont jusqu'à présent l'ennemi avoit eu soin de mesurer
» la durée sur le temps dont mes troupes avoient besoin
» pour le joindre, infestoient les côtes de ce royaume et
» exposoient mes sujets à des maux auxquels je suis infi-
» niment plus sensible qu'à tout ce qui peut n'intéresser
» que ma propre gloire. La précipitation avec laquelle les
» ennemis se sont rembarqués dans ces différentes oc-
» casions n'a pas permis alors de leur faire éprouver la
» juste vengeance que méritent des entreprises aussi in-
» justes. Il n'a pas tenu à eux qu'en usant de la même
» précaution , ils n'ayent impunément commis de nou-
» veaux excès dans la dernière descente qu'ils ont faite
» auprès de Saint-Malo ; mais l'activité de mon cousin le
» duc d'Aiguillon à rassembler une partie des troupes qui
» sont sous son commandement, n'a pas laissé le temps à
» mes ennemis d'éviter par la fuite le combat qu'il leur a
» livré le 11 de ce mois, lorsqu'ils commençoient à re-
» gagner leurs vaisseaux rangés en ligne à l'anse de Saint-
» Cast. Mes troupes oubliant la fatigue d'une marche for-
» cée et quoique fort inférieures en nombre , malgré le feu
» prodigieux et continuel de la flotte angloise se sont por-
» tées avec la plus grande ardeur aux retranchemens des
» ennemis qui ont été forcés après une heure et demie du
» combat le plus vif , où leurs troupes ont été totalement

» défaites ; leur perte est au moins de quatre ou cinq mille
» hommes qui ont péri ou dans l'action ou dans la mer ,
» trois bâtiments chargés de leurs soldats ayant été coulés
» à fond par mon artillerie ; on leur a fait plus de 800
» prisonniers , parmi lesquels il y a plusieurs officiers de la
» première distinction. Mon cousin le duc d'Aiguillon a
» donné dans cette journée les preuves les plus éclatantes
» de son intelligence et de sa valeur : il a été parfaitement
» secondé, non seulement par les officiers et les troupes
» qu'il commandoit, mais aussi par la noblesse et autres
» citoyens Bretons, qui se sont empressés de combattre
» sous leurs drapeaux , et qui s'y sont conduits avec une
» égale bravoure. Je reçois avec une vive reconnaissance
» cette marque signalée de la faveur de la Providence, qui
» daigne récompenser et le zèle avec lequel mes peuples
» supportent les travaux , les dangers et les charges de la
» présente guerre , et l'ardent désir que j'ai du rétablisse-
» ment d'une paix à laquelle le seul intérêt de mes sujets,
» troublé avec acharnement et violence dans leurs entre-
» prises de commerce, a pu me faire renoncer. C'est donc
» pour rendre grâces à Dieu de ces faveurs si marquées ,
» que je vous fais cette Lettre , pour vous dire que mon in-
» tention est que vous fassiez, pour cette fin, chanter le *Te*
» *Deum* dans l'Eglise Métropolitaine et autres de votre Dio-
» cèse, avec les solennités requises ; et que vous invitiez à
» cette cérémonie ceux qui ont coutume d'y assister. Sur
» ce je prie Dieu qu'il vous ait , Messieurs, en sa sainte
» garde. Ecrit à Versailles le 18 Septembre 1758 , signé
» Louis ; et plus bas *Phelippeaux*.

EXTRAIT

DU

Registre Capitulaire de la Cathédrale de Saint-Malo [1].

Du lundi 4 Septembre 1758.

(F° 58 , r°.) La flotte des Anglois.

« Presents MM. Trublet, Le Bourgeois, Marion, Morin, Croupier, Frostin.—La flotte angloise ayant paru hyer de nouveau du côté du cap et ayant mouillé depuis en deça du dit cap, MM. Morin et Frostin ont été priés, sitôt qu'on batera la générale à l'occasion des Anglois, de se donner les mêmes soins pour ramasser le trésor, les ornements et les archives , qu'ils se donnèrent la première fois que les Anglois parurent au mois de Juin dernier. Signé Goret de Villepepin.—F. Richer, secretaire.

Du lundi 11 Septembre 1758.

(F° 58 , v°.) Prières pour obtenir la victoire sur les Anglois.

« Nos troupes commandées par M. le duc d'Aiguillon s'étant rendues entre Matignon et Saint-Cas pour combattre

---

(1) Inédit, tiré des archives d'Ille-et-Vilaine et communiqué par M. de Lahigne-Villeneuve.

l'ennemi , MM. les Grands Vicaires , après avoir conféré avec la compagnie , ont ordonné qu'on exposera aujourd'hui le Saint Sacrement à la Grande Messe à la fin de laquelle on chantera le Pseaume 5o : *Miserere mei Deus* ; ensuitte le trait *Domine non secundum peccata nostra* ; les versets *Salvos fac servos tuos* ; *Esto nobis turris fortitudinis* ; *Nihil proficiat inimicus* ; avec les oraisons *Deus cui proprium est* ; *Exaudi quæsumus Domine supplicum preces* , et *Deus qui culpa offenderis*. Que le Saint Sacrement sera exposé jusqu'au salut qui se fera après Complies avec les mêmes prières qu'à la Grande Messe , pour demander à Dieu un heureux succès dans la conjoncture présente.

En marge est écrit : Le même jour Dieu par sa miséricorde nous a accordé une victoire complette.

Du vendredi 6 Octobre 1758.

(Fo 59 , vo.) *Te Deum* pour la victoire de Saint-Cast.

« MM. les Grands Vicaires ont donné communication de la lettre du Roy (1) écrite à Monseigneur, et enconséquence on dit qu'on chantera le *Te Deum* dimanche prochain après Vêpres , en action de graces pour les victoires remportées dans la Hesse , dans le Canada et à Saint-Cast.

Service pour les officiers et soldats tués.

« M. le Doien , grand vicaire , après avoir conféré de la part de Monseigneur avec la Compagnie , a ordonné que mardi prochain on célébrera dans le chœur un service solennel pour le repos des âmes des officiers et soldats qui sont morts dans le combat de Saint-Cast l'onze Septembre dernier , lequel service sera précédé des Vigiles des morts le lundi après Complies. MM. ont arrêté qu'il y aura 4

(1) Voir cette lettre p. 65.

grandes sonneries, que la fabrique fournira 8 cierges sur l'autel, 3 sur les candelabres et 4 au biard, et Monseigneur et le Chapitre fourniront la grande tenture avec du velour à la porte de l'Eglise, à la porte du chœur, sur les stales et tout le contour du chœur. MM. le Doien et Buisson ont été priés de dire les messes du service.

Grande députation à M. le duc d'Aiguillon après sa victoire de Saint-Cast.

« MM. le Doien, Le Bourgeois et Buisson ont été députés pour aller saluer M. le duc d'Aiguillon de la part de la Compagnie à son arrivée en cette ville.

Du Jeudi 12 Octobre, par extraordinaire.

(F° 60, r°.) Enterrement de M. le Marquis de Cucé, mort des blessures qu'il a reçu au combat de Saint-Cast.

« MM. ayant été invités par M. Leprêtre, avocat général au Parlement, d'assister à l'enterrement qui se fera demain après la Grande Messe, de Messire Anonime de Boisgelin, chevalier seigneur marquis de Cucé, chevalier de l'ordre royal et militaire de Saint-Louis, mestre de camp de cavallerie, enseigne de la première compagnie des mousquetaires de la garde du Roy, mort des blessures qu'il a reçues au combat de Saint-Cast, il a été arrété que le Chapitre assistera au convoy et service qui se fera dans le chœur, et MM. le Doien et Morin ont été priés de dire les messes du service.

Du lundi 16 Octobre 1758.

(F° 60, r°.) Aux communes 110 liv. 4 s. pour la grande tenture du service solennel pour les officiers et soldats tués au combat de Saint-Cast.

« Mandement au Receveur de payer 110 liv. 4 s. à M.

Morin , qu'il a payé, savoir : 10 liv. 4 s. pour les billets imprimés , et 100 liv. qu'il a payé à l'hotel Dieu suivant le reçu qu'il a présenté de Mlle de Bien , supérieure, pour la grande tenture avec velour du service que le Chapitre a fait dans le chœur pour le repos des âmes des officiers et soldats tués au combat de Saint-Cast , décharge aux communes.

M. Le Prêtre , avocat général au Parlement , a fait remercier le Chapitre d'avoir assisté au convoy et service qui a été fait dans le chœur pour M. de Cucé.

Du jeudi 19 Octobre 1758 , par extraordinaire.

(F° 60 , v°.) Prières en action de grâces particulières pour la victoire de Saint-Cast.

« Présents : MM. le Doien , l'Archidiacre de Porhoët , le Chantre , Buisson , Lelarge , du Rênel , du Panthou , Le Bourgeois , Marion , Croupier , Fortin , de Monnoye.

MM. les Grands Vicaires ont conféré avec la compagnie de la part de Monseigneur au sujet des prières en action de graces particulières pour la victoire remportée à Saint-Cast l'onze de Septembre dernier, et ont donné lecture du mandement de Monseigneur adressé au Clergé séculier et régulier de la ville , qui porte qu'il sera fait dimanche prochain 22 du présent mois une procession générale qui partira après Vêpres pour se rendre à l'église de Saint-Sauveur, en chantant le cantique : *Cantemus Domino gloriose enim magnificatus est , etc.* ; on chantera dans la dite église de Saint-Sauveur l'antienne , le verset et l'oraison du patron ; en sortant de cette église on continuera le même cantique jusqu'à la chapelle de Notre-Dame, où l'on chantera l'antienne *Sub tuum præsidium* , le verset *Ora pro nobis sancta Dei Genitrix* , et l'oraison *Deffende quæsumus Domine Beata*

Maria semper Virgine intercedente, etc. On commencera ensuite les Litanies de la Sainte Vierge qu'on continuera jusqu'à la rentrée de la procession qui sera terminée dans l'Eglise cathédrale par un salut auquel on chantera un hymne du Saint Sacrement avec le verset et l'oraison ; l'antienne, le verset et l'oraison pour saint Malo ; le psaume 20 : *Domine in virtute tua lœtabitur rex*, avec le verset et l'oraison pour le Roy, et l'oraison *pro gratiarum actione* ; que la solennité sera annoncée la veille à 7 heures du soir, le lendemain à 7 heures du matin et un quart d'heure avant le départ de la procession, par le son des cloches de la cathédrale et des autres églises de la ville.

Que le lundi 23 du présent mois il sera fait dans l'Eglise cathédrale, et le courant de la semaine dans les autres églises de la ville, un service solennel pour le repos des âmes des officiers, soldats ou volontaires qui sont morts dans le combat de Saint-Cast ou après des blessures qu'ils y ont reçues.

Donné au chateau de Saint-Malo de Beignon le 16 Octobre 1758. Ainsi signé : JEAN-JOSEPH, évêque de St-Malo. Et plus bas : Par Monseigneur, *Babin*, chanoine et secrétaire.

A quoi Messieurs ont acquiessé et ont prié M. le Chantre de porter le bâton et deux de l'accompagner en chappe, et M. l'Archidiacre de Porhoët a été prié de chanter la messe du service qu'on fera le lundi 23 de ce mois pour le repos des âmes des officiers, soldats ou volontaires tués dans le combat de Saint-Cast ou qui sont morts des blessures qu'ils y ont reçues. Signé Goret de Villepepin ; F. Richer, secrétaire.

Du vendredi 15 Décembre 1758, par extraordinaire.

(F° 66.) Convoy et service pour M. de Polignac.

« MM. ayant été invités d'assister à l'enterrement qui se fera demain après la Grande Messe, de Messire Denis-Auguste de Polignac, chevalier de l'ordre de Saint-Jean de Jérusalem, brigadier des armées du Roy, colonel du régiment de Brie infanterie, mort ce jour des blessures qu'il reçut au combat de Saint-Cast l'onze de Septembre dernier. Il a été arrêté que le Chapitre assistera au convoy et service qui se fera dans le chœur, et MM. l'Archidiacre de Porhoët et Buisson en ont été priés de chanter les messes du service. Signé Goret Villepepin et F. Richer, secrétaire. »

EXTRAIT DU REGISTRE

DU

BUREAU DE LA COMMUNAUTÉ DE RENNES [1].

Du quinze Octobre mil sept cent cinquante-huit.

« Bureau tenu le jour où présidoit M. Hévin maire ; Présents Echevins ; MM. Le Moine, Dorré, Le Minihy, Burot, Ponthais, Houvet de Keryvalan ; M. Lemeur Procureur du Roi Sindic ; Leloué Greffier.

A été représente que la victoire remportée l'onze Septembre dernier dans la baye de Saint-Cast par Mgr le Duc d'Aiguillon sur les Anglois qui avoient formé le dessein d'envahir les côtes de cette province, a pénétré tous les cœurs de reconnaissance du nouveau themoignage que M. le duc d'Aiguillon a donné dans cette occasion de sa valleur et de son zèle pour la deffense de la patrie ; on ne peut trop seconder la joye publique d'un évenement aussy heureux par des fêtes et autres marques de rejouissance ; mais qu'il convient que le tout soit raporté à celuy qui en est l'auteur.

Le Bureau a arresté, sous le bon plaisir de M. l'Intendant, qu'il sera ce jour ecrit au nom de la Communauté à

---

[1] Inédit, tiré des archives de l'Hôtel-de-Ville de Rennes.

M. le duc d'Aiguillon actuellement à Saint-Malo, pour e
supplier de vouloir bien agréer un Repas qui lui sera offert
par la ville, le jour qu'il voudra bien indiquer, lequel repas sera suivi d'un bal public avec illumination, tant
à son hôtel qu'à l'hôtel de ville ; qu'il sera placé quatre
fontaines de vin aux extrémités de la place Royale. Et pour
cet effet le Bureau a arresté qu'il sera dans le jour expédié
un courrier à M. le duc d'Aiguillon pour savoir ses intentions et recevoir ses ordres.

Signé F. HEVIN.

Du seize Octobre mil sept cent cinquante-huit.

« Bureau tenu, etc.

A été dit que le courrier expédié au jour d'hier à M. le
duc d'Aiguillon seroit de retour avec un paquet adressé à
MM. le Maire et Echevins de la ville de Rennes. Lequel paquet a été à l'endroit représenté, et ouverture en ayant été
faite, s'y est trouvé une lettre de M. le duc d'Aiguillon, par
laquelle il marque, entrautres choses, que sa santé ne luy
permet pas d'accepter le repas qui lui est offert par la ville.

Le Bureau a decerné acte de la lecture de la lettre de M.
le duc d'Aiguillon.

Nota. Par délibération du 19 Octobre suivant, le Bureau
a accordé au courrier Carré chargé du paquet adressé à M.
le duc d'Aiguillon et de la réponse du dit duc, pour frais
de chevaux de poste, nourriture et gratification, 72 liv.

Du seize Novembre mil sept cent cinquante-huit.

« Bureau tenu le dit jour où présidoit M. Hevin Maire, etc.

M. le Maire a dit que M. le duc d'Aiguillon, commandant en chef en cette province, déjà en possession du cœur

des Bretons par sa bienfaisance et par l'usage respectable
et utile à la patrie qu'il a toujours fait des Droits de Nostre
auguste Souverain dont il est l'organe, a mis le comble à la
reconnaissance de tous les habitans de la province par la
victoire qu'il a remportée l'11 de Septembre dernier dans
la Baye de Saint-Cast.

Que la joye d'un si heureux évenement dont on est re-
devable à l'activité, à la prudence consommée et la bravoure de Mgr le duc d'Aiguillon a affecté particulièrement
la ville de Rennes, qu'elle se proposoit de faire éclater si la
modestie de nostre glorieux deffenseur (toujours le partage
des véritables héros) ne s'était refusé au themoignage singulier qu'elle desiroit lui donner de sa sensibilité.

M. le Maire a adjouté qu'il a appris que Mme la duchesse
d'Aiguillon devoit arriver en cette ville dans les premiers
jours du mois prochain, qu'il pense que la Communauté
saisira avec joye cette favorable circonstance, pour donner
des preuves à Mme la Duchesse de son zèle respectueux et
de la vive reconnaissance dont tous les cœurs sont pénétrés
pour M. le Duc.

Le Bureau a arresté que rien ne sera épargné pour rendre solennelle l'entrée de Mme la duchesse d'Aiguillon dans
cette ville, et pour faire éclater la joye publique d'un évenement qui couvre de gloire M. le Duc; et en conséquence
le jour de l'arrivée de Mme la Duchesse, MM. Lemeur Procureur du Roy Sindic, Le Moine, Le Minihy et Ponthais
Echevins, se rendront en carrosse au-devant d'elle à l'ex-
trémité de la Banlieue; qu'elle y sera complimentée au nom
de la Communauté par M. le Sindic; qu'à la porte de
ville par où entrera Mme la Duchesse il sera construit en
charpente un arc de triomphe accompagné de tous les or-
nemens dont il pourra être susceptible; que les différentes
compagnies de milice bourgeoise prendront les armes et

feront deux hayes à prendre depuis la dite porte jusqu'à celle de l'hôtel de Mme la Duchesse ; qu'aussitôt que Mme la Duchesse sera arrivée dans son hôtel, le Bureau de la Communauté de Rennes, revêtu de ses habits de cérémonie, s'y transportera ; que Mme la Duchesse sera complimentée par M. le Maire ; après quoy les honneurs de ville lui seront présentés ; — que pendant tout ce temps l'horloge publique sera décochée et le canon sera tiré ; — que les façades de l'hôtel de Mme la Duchesse d'Aiguillon et de l'hôtel de ville seront illuminées , et qu'il sera tiré un feu d'artifice à vis l'hôtel de Mme la Duchesse.

Signé HEVIN.

« Par une délibération subséquente du 13 décembre 1758, on apprend que la Duchesse d'Aiguillon ne put venir à Rennes.

Le Bureau y décide l'enregistrement d'une lettre de la Duchesse adressée à MM. le Maire et Echevins de la ville de Rennes, datée à Paris, du 8 décembre 1758, par laquelle Mme d'Aiguillon marque « qu'elle accepteroit avec grand plaisir les offres obligeantes que le Bureau a bien voulu lui faire , si elle pouvoit disposer de son tems ; mais que les ordres de la Reine la retiennent à Versailles jusqu'au 10 ; qu'elle n'en pourra partir que l'11 , et que, quelque diligence qu'elle puisse faire , il ne lui sera pas possible d'arriver à Laval avant le 14, d'où elle sera obligée d'aller coucher le lendemain entre Rennes et Saint-Brieuc, affin d'être rendue le 16 de bonne heure dans cette dernière ville pour y recevoir M. le Duc de Rohan le 17 (l'ouverture des Etats ayant lieu le 18); qu'elle est bien fâchée que des obstacles aussi insurmontables la mettent dans l'impossibilité de s'arrêter dans la capitale d'une province qui, à tous égards, lui sera toujours chère , et de témoigner elle-même sa reconnaissance des marques que le Bureau de la ville de Rennes lui donne de son attention. »

Du quatorze Décembre mil sept cent cinquante-huit.

« Ce jour 14 Décembre 1758, sur la nouvelle de l'arrivée de M. le Duc d'Aiguillon en cette ville, MM. du Bureau se sont assemblés en l'hôtel de ville, environ les trois heures de l'après-midi, d'où revêtus de leurs habits de cérémonie, ils se sont rendus à l'hôtel de mon dit seigneur duc d'Aiguillon, qui a été complimenté au nom du Bureau par M. Hevin Maire, et étoient présents du Bureau MM. Hevin Maire, Le Moine Doien, Dorré, Le Minihy, Ponthais, Houvet de Kerivalan, M. Le Meur Procureur du Roy Sindic, Le Loüé Greffier. »

EXTRAIT DU REGISTRE

DES DÉLIBÉRATIONS

Du Bureau de la Communauté de la Ville de Nantes [1].

« *Du quatorze Octobre mil sept cent cinquante-huit*.......
Est entré au Bureau M. l'abbé de Regnon , archidiacre et
vicaire général de Mgr l'Evêque de Nantes , lequel après
avoir pris place dans un fauteuil au devant du Bureau a
fait un discours et a invité Messieurs du Bureau d'assister
en corps au *Te Deum* qui sera chanté dimanche prochain
quinze de ce mois à l'issue des vespres , dans l'église cathédrale de cette ville , en actions de graces des avantages que
les armées de Sa Majesté ont remportées dans la Hesse , en
Amérique et à Saint-Cast. Sur ce ouy M. Terrien , conseiller magistrat-échevin , en ses conclusions , faisant les fonctions du procureur du Roy sindic absent.

Sur quoy le Bureau délibérant, a arresté que l'ancien
Bureau sera convoqué à la manière accoutumée par les archers pour et conjointement avec le Bureau servant assister
en corps dimanche prochain quinze de ce mois , trois heures de l'après-midi , au *Te Deum* qui sera chanté à l'issue
des vespres , dans l'église cathédralle de cette ville , en actions de graces des avantages que les armées de Sa Majesté

____

[1] Inédit , tiré des archives municipales de Nantes.

ont

ont remportées dans la Hesse, en Amérique et à St-Cast ; qu'il sera pour cet effet préparé un bucher sur la place de Saint-Pierre pour le feu y estre mis par M. le commandant de la place et M. le Maire, après le dit *Te Deum* chanté, et sera enjoint à tous les habitans de cette ville et fauxbourgs d'allumer des chandelles à leurs fenêtres pendant toute la nuit à peine de dix livres d'amende contre chacun des contrevenans, applicables au profit des hopitaux de cette ville ; et sera la présente lue et publiée dans cette ville et fauxbourgs par le trompette ordinaire, à ce que personne n'en prétende cause d'ignorance. Et M. l'abbé de Regnon a été conduit par MM. de Navière et Terrien jusqu'à la porte du Bureau.

(Signé) Gellée de Prémion.

Du dimanche quinze Octobre mil sept cent cinquante-huit, environ les quatre heures de l'après-midi (1).

Te Deum en actions de grâces des avantages remportés sur les Anglois.

« Suivant et en conséquence de la délibération du Bureau, M. Gellée de Prémion, maire, Joubert du Collet, sous-maire, de Navière et Terrien, conseillers magistrats, échevins, Rouillé et Buart, greffiers pour le Bureau servant, et Messieurs Bidon, René Cottineau, Joseph Lory, Villés Boisnet-Espivent, père, Pierre Bridon, Pelloteau, Denis Cottineau, Greslan, Bellabre et Ballins, secrétaire pour l'ancien Bureau, se sont assemblés à l'hôtel de ville en

______

(1) Cette relation est extraite d'un registre intitulé *Cérémonial de Nantes*, qui nous a été communiqué par M. l'archiviste de la mairie de cette ville.

G. du M.

robes et bonnets de magistrature, afin de se rendre au *Te Deum* qui doit être chanté dans l'Eglise Cathédrale de St-Pierre en actions de graces des avantages que les armées de Sa Majesté ont remportés dans la Hesse, en Amérique et à Saint-Cast ; la dite assemblée faite en conséquence de la semonce au Bureau par M. l'abbé de Regnon, archidiacre et vicaire général de Monseigneur l'Evêque. Tous mes dits Sieurs après la distribution de gants faite à la manière accoutumée, étant sortis de l'hôtel de ville se sont rendus dans l'église cathédrale, marchant en cet ordre, savoir : les archers devant, vêtus en casaques, les haches hautes ; le trompette en son habit d'ordonnance, sonnant la marche par intervalles ; quatre huissiers en robbes ; les deux greffiers et M. Gellée de Prémion, maire, ayant à sa gauche M. Joubert du Collet, sous-maire ; et après eux, Messieurs du Bureau servant et de l'ancien Bureau, marchant aussi deux à deux ; M. Terrien faisant les fonctions de procureur du Roy sindic, fermant la marche, et après lui deux archers, aussi en casaques, les haches hautes ; et étant arrivés en cet ordre en la dite église de Saint-Pierre, mes dits Sieurs se sont placés sur le banc ordinaire de la ville et sur des chaises qu'on a fait mettre au derrière du dit banc ; où estant on a trouvé M. de Livernière, major du chateau et y commandant en l'absence de M. le comte de Menou, lieutenant du Roy, accompagné des gardes, le gouverneur et cavaliers de la maréchaussée et de plusieurs officiers de milice bourgeoise. Un instant après, Monseigneur l'Evêque de Nantes qui officioit pontificalement, assisté de son clergé, a commencé le *Te Deum* qui a esté chanté par la musique ordinaire de la dite église de Saint-Pierre ; lequel étant fini, le corps de ville a joint M. de Livernière qui a marché à la droite de M. Gellée de Prémion, maire, jusque sur la place Saint-Pierre, où on a trouvé le détachement de

milice bourgeoise de cette ville et le régiment de Brie en
entier qui entouroient séparément le bucher ; et y estant
arrivés, M⁰ Tusson huissier de la mairie a présenté un flambeau allumé à M. de Livernière, et M⁰ Galliot, aussi huissier de la mairie, a présenté un pareil flambeau à M. le
Maire, avec lesquels ils ont mis le feu au dit bucher, et en
même temps les détachemens de milice bourgeoise ont fait
une décharge et le régiment de Brie en a fait trois de leur
mousqueterie, le canon du chateau ayant aussi fait trois
saluts ; ce fait on s'en est retourné au dit hôtel de ville dans
le même ordre qu'on en est sorti ; après en avoir fait et ré-
digé le présent procès verbal pour valoir et servir ce que
de raison, le dit jour et an que devant, environ les six
heures du soir. »

« *Du vingt-un Octobre mil sept cent cinquante-huit.........*
Sur l'avis que Monseigneur le duc d'Aiguillon devoit arri-
arriver à Nantes la semaine prochaine, le Bureau pour exprimer sa joie de la victoire de Saint-Cast et la reconnoissance des bienfaits que ce seigneur a répandus sur la ville,
a arresté, ouy M. Terrien, conseiller échevin, pour le procureur du Roy sindic, en ses conclusions, que lorsqu'on
sera informé de l'arrivée de Mgr le duc d'Aiguillon, MM.
Joubert du Collet, sous-maire, et Bridon, échevin, iront
à Curet le complimenter de la part de la Communauté,
qu'elle s'assemblera pour le saluer à son entrée et qu'il lui
sera, pour le jour qu'il aura choisi, préparé une feste dont
l'ordonnance et l'exécution sont confiées à M. le Maire et à
M. Joubert du Collet, sous-maire. »

(Signé) GELLÉE DE PRÉMION.

ADRESSE DES JUGES-CONSULS DE NANTES

AU DUC D'AIGUILLON.

MONSEIGNEUR ,

Ce n'est pas cette victoire que vous venez de remporter sur l'ennemi qui , tout éclatante qu'elle soit , doit faire un objet de félicitation pour vous de la part des Bretons, mais la nouvelle occasion que vous avez eue d'exercer ces qualités éminentes que chacun reconnoissoit en vous. Permettez-nous, Monseigneur, de joindre les témoignages de notre joye à ceux des autres ordres de citoyens , et de vous marquer en particulier la vive reconnoissance dont nos cœurs sont pénétrés pour vos soins toujours dirigés en faveur du commerce dont vous avez assuré le repos par cette dernière action.

Nous sommes avec un profond respect , etc.

Nantes , le 14 Septembre 1758.

RÉPONSE DU DUC.

A Quimperlé , le 25 Septembre 1758.

Je rends trop de justice à vos sentimens , Messieurs , pour n'être pas bien convaincu de la part que vous prenez à la joye publique. Ma satisfaction seroit complette si aprez avoir humilié l'orgüeil de nos ennemis, et les avoir éloignés de nos côtes qu'ils infestoient depuis trop longtemps, je pouvois parvenir à procurer à votre commerce la même tranquillité dont j'espère que la Province joüira désormais. Je vous prie d'être persuadés que je m'y employeray avec empressement dans tout ce qui dépendra de moy, et que je seray charmé d'y réüssir.

Je suis, Messieurs, votre affectionné serviteur,

Le duc d'Aiguillon.

(Archives de la Chambre de commerce de Nantes.)

SAINT-CAST.

DEUXIÈME PARTIE.

RELATIONS

ET

PIÈCES CONTEMPORAINES.

AVANT-PROPOS.

LA MEUNIÈRE DE S.-CAST.

La Bretagne inaugurera, le 11 septembre prochain, un monument à la gloire de ses héros de Saint-Cast. Tandis qu'on le prépare, je demande la permission de dresser de mes seules mains un petit monument historique....... à la vertu de la meunière du même lieu.

Je n'apprendrai à personne que la meunière du moulin d'Anne, dont j'entreprends la justification, est universellement accusée, depuis un siècle, de s'être laissé séduire par le duc d'Aiguillon, pendant la bataille même de Saint-Cast, tandis que son mari combattait bravement dans les rangs de nos volontaires. Le fait est attesté par un bon mot, qui appartient ou que l'on prête au procureur général La Chalotais. — « Nos troupes se sont couvertes de gloire », disait quelqu'un ; — « Et le petit duc, de farine, » riposta le janséniste accusateur des Jésuites.

Si le fait est vrai, c'est trop peu d'un bon mot, tout sanglant qu'il puisse être, pour flageller une pareille infa-

mie. Malheureusement, pour La Chalotais et son épigramme, il est facile de démontrer, pièces en mains, que le fait
est faux. Spirituelle, grivoise et calomnieuse, n'était-ce
pas une triple chance pour que l'anecdote fît son chemin ?
Voici vraiment le cas d'appliquer le mot de Voltaire : ce
n'est point le cure-dents ébréché du procureur général *qui
a gravé pour la postérité*, c'est sa langue maligne.

Quand le Parlement de Paris voulut faire le procès au
duc d'Aiguillon, touchant son administration en Bretagne,
les poursuites furent suspendues par ordre de la Cour, et
le bruit courut que les procédures avaient été soustraites
par la Dubarry. A ce propos, dans des vers satiriques
d'une violence extrême, on dit que la favorite s'était faite
« la *blanchisseuse* de cet infâme d'Ai uillon. »

Je n'ai point entrepris de faire concurrence à la Dubarry
et de me poser en *blanchisseur* du commandant de Bretagne, pour tous les actes de son orageuse administration ;
je veux seulement *blanchir* le Duc de l'accusation de s'être
enfariné lui-même, durant le combat de Saint-Cast, dans
le moulin d'Anne, parce que cela m'amène directement au
but de cet article, qui est, comme je l'ai dit, de laver la
réputation de la meunière.

Pour exécuter mon dessein, je suis conduit à étudier
successivement les pièces contemporaines que la Société
archéologique des Côtes-du-Nord s'est donné la mission de
réunir et de publier dans le présent volume, et quelques
publications plus récentes, dont ce recueil n'a pas dû faire
état.

Voici d'abord les relations imprimées à Rennes et à St-
Malo, quelques jours après l'événement ; et les plans de
M. L'Espinasse de Villiers et de M. de Courville.

Vous comprenez bien que ce n'est pas dans ces pièces et

ces plans officiels qu'il faut aller chercher traces de ma meunière ; passons.

Vient ensuite, en suivant l'ordre chronologique de publication, la médaille frappée par ordre des Etats ; tout le monde la connaît, et sait quelle part de gloire elle fait au duc d'Aiguillon. Or, le commandant de la Province, qui devait deux ans après accumuler sur lui tant de haines, était déjà souverainement impopulaire, à cause des corvées dont il avait accablé les populations pour le percement des grandes routes ; et dès lors il me semble difficile d'admettre que les évêques, que le clergé, que la noblesse, que la bourgeoisie bretonne, qui toutes deux avaient rougi de leur sang généreux les grèves de Saint-Cast, se fussent en-, tendus pour avoir, de gaîté de cœur, et en sens contraire de l'entraînement populaire, ce servilisme éhonté et inexplicable, de couronner, à la face du pays, un misérable dont le lâche cynisme aurait atteint le dernier degré de la turpitude.

Voilà, à mon sens, dans les délibérations des Etats et des Communautés une forte présomption en faveur de la meunière.

Je range encore dans l'ordre des présomptions les chansons et complaintes qui furent rimées à l'occasion du combat. Je ne parle pas, bien entendu, du chant breton recueilli par M. de la Villemarqué. Un très-grand nombre de chansons françaises sont pleines de louanges pour le duc d'Aiguillon ; l'une se termine par ce joli couplet :

> N'imitons pas dans la chanson
> Ce monsieur le duc d'Aiguillon.
> Il loue assez maint capitaine,
> Mais sur lui garde le *tacet* ;
> Ainsi faisait le grand Turenne,
> Quand sa victoire il racontait.

Est-ce qu'il se serait trouvé un poète crotté assez gueux

pour chercher dans sa faim le courage de tourner ce ma-
drigal, si le duc d'Aiguillon s'était conduit comme le veut
la tradition ?

En poursuivant, je note la lettre de d'Aiguillon lui-même au maréchal de Luxembourg ; ladite lettre, datée du
23 septembre 1758, est une sorte de plainte. Le Duc dit
qu'il « *a placé et fait déboucher lui-même ses colonnes, se
portant continuellement de l'une à l'autre.* » D'Aiguillon
était un courtisan habile ; s'il n'avait pas quitté le moulin
d'Anne pendant le combat, il eût dit qu'il s'y était tenu
pour surveiller l'ennemi, et n'eût pas, je crois, avancé ce
fait, dont la fausseté matérielle eût été si facile à démontrer, qu'il s'était porté de sa personne, sous les yeux des
deux armées, de l'une à l'autre de ses colonnes. Ou le duc
d'Aiguillon est véridique, ou c'est le plus osé et le plus sot
menteur qu'on puisse imaginer. Osé ? je ne dis pas non ;
sot ? tout prouve le contraire.

Un mot de l'historien anglais Smolett qui a publié, dans
sa continuation de Hume, une histoire assez détaillée du
combat. Smolett paraît bien informé : il ne dit pas un mot
de la meunière. Mais je confesse que son silence ne prouve
rien en faveur de ma cliente ; car, si éclatant que vous sup-
posiez son déshonneur, il est très-probable que il n'avait pas
encore passé le détroit à l'époque où Smolett écrivait.

Duclos a parlé incidemment du combat de Saint-Cast : je
le citerai plus tard, d'après M. de Saint-Pern, car je déclare que je ne l'ai pas lu plus au long. Je défie le lecteur le
plus courageux de lire jusqu'au bout les œuvres *morales* de
ce prétendu grand écrivain, et je défie le lecteur le plus
effronté d'avouer, en honnête compagnie, qu'il a lu ses
œuvres *immorales*.

J'aborde maintenant un ordre de documents qui doivent
incontestablement jeter une vive lumière sur le point d'his-

toire que nous étudions. Je veux parler des relations privées, écrites sur les lieux, par des acteurs ou des témoins oculaires, et sans aucun dessein de publicité. A coup sûr, si la meunière du moulin d'Anne a mérité de passer au mépris de la postérité, c'est dans ces histoires familières, dans ces récits intimes, dans ces anecdotes domestiques où l'on dit tout ce que l'on sait, que nous allons voir poindre le bout de sa cornette.

En tête, voici les pages si pittoresques, si naïves, si vivantes, écrites par l'abbé Maurice, recteur de Saint-Cast. Le récit du curé est si rapide, si pressé, quand il en est arrivé à la bataille, que les épisodes n'ont pu y trouver place. Pas un mot du rôle passif ou actif que joua le duc d'Aiguillon, depuis le moment où il se renseigna près de l'abbé Maurice lui-même sur les manœuvres ennemies, jusqu'à la fin du combat. Il est vrai que ce ne fut pas long : une heure et demie à peine. Franchement, ce n'est pas trop pour la double défaite des Anglais..... et de la meunière !

Le récit du recteur de Saint-Cast, édité pour la première fois en 1824, par M. Le Court de la Villethassetz, a été réimprimé en 1836, dans une petite compilation de plusieurs documents curieux relatifs à la bataille, publiée par M. de Saint-Pern-Coüellan, député de l'arrondissement de Dinan, chez Huart, libraire à Dinan. Cet opuscule, hors du commerce et par suite fort difficile à trouver, est, depuis les relations imprimées en 1758, à Saint-Malo et à Rennes, le seul ouvrage consacré exclusivement et spécialement au grand fait d'armes de Saint-Cast. Si donc quelque chose est fait cette année, on voit que ce n'est pas de luxe.

A part quelques idées assez drolettes à distance et qui font deviner le député de 1836, le petit livre de M. de St-Pern, dont la famille avait eu de nombreux représentants parmi les combattants, est bien fait.

C'est, je crois, M. de Saint-Pern qui s'est le premier occupé de fixer par écrit la tradition apocryphe de la meunière ; car elle avait échappé à l'auteur des *Lettres d'un Gentilhomme breton à un Espagnol* et aux autres pamphlétaires qui, de 1762 à 1768, écrivirent contre d'Aiguillon (1). Plus tard, le mot de La Chalotais traîna dans les *Ana*, mais sans commentaire.

Devant l'énormité de l'infamie, devant la médaille des Etats, devant le silence des contemporains, et précisément d'un sien ancêtre, dont M. de Saint-Pern publie intégralement le récit tronqué par Ogée, et qui n'aimait guère, comme il le montre en maints endroits, le duc d'Aiguillon ; devant toutes ces preuves négatives, l'honorable député de l'arrondissement de Dinan hésite ; mais enfin, dit-il, « si cela

(1) Avant le travail de M. de Saint-Pern, j'aurais peut-être dû mentionner l'article inséré dans la Revue de Bretagne, en 1833, par M. Ernest Fouinet, ce savant qui fait parler breton aux gars de Saint-Cast et de Plouer, et qui fixe la date du combat au 10 septembre. L'article en question est en effet exclusivement consacré à la meunière du moulin d'Anne ; mais il constate, d'après une tradition, peu précise au propre aveu de l'auteur, les vertueuses résistances de la farinière. Puis, autant qu'il est possible d'entendre au jargon de M. Fouinet, il me paraît que cet éminent écrivain a vécu dans la persuasion qu'un général anonyme, mais tout autre que le duc d'Aiguillon, commandait les troupes qui défirent les Anglais, tandis que ce général apocryphe se faisait battre par la meunière. Pour M. Fouinet, le gouverneur de la Province était une autorité purement civile, qui, comme les préfets de 1833, n'allait pas du tout au feu. On lit à la fin de l'article la jolie calembredaine que voici : « Ce fut grande joie aussi, quelques jours après, à Rennes. Les Etats, qui étaient en ce moment assemblés, réunirent dans un grand banquet la noblesse qui avait versé son sang dans cette affaire. Le duc d'Aiguillon, gouverneur de la province, s'y trouvait. On raconte que le surtout magnifique qui décorait l'immense table représentait la baie de Saint-Cast. La mer était admirablement exécutée en soie verte ; toute la flotte s'y déployait pompeusement, et sur un coteau artistement élevé en carton, on voyait dans un moulin un général français caressant une meunière, pendant que dans la plaine on s'égorgeait et on gagnait pour lui la bataille. Il fut peut-être nommé maréchal par Louis XV. » — Il y a des lois qui punissent la falsification de la cassonnade et de la mélasse ; pourquoi notre histoire nationale n'est-elle pas un peu protégée ?

n'avait pas été vrai, le *vertueux* La Chalotais ne l'aurait pas dit. »

Je confesse que l'argument me touche peu. Je n'ai jamais tiré mon chapeau à la vertu de La Chalotais, qui attend encore et attendra longtemps la canonisation, malgré le panégyrique de M° Bernard (de Rennes). Mais si le procureur général fut un homme vertueux, ce que je n'ai aucun intérêt à contester ni à constater ici, ce fut certainement d'une vertu très-accessible aux préjugés et très-facile à se laisser aveugler ; je n'en veux pas d'autres exemples que les bilieux in-quarto dans lesquels il a entassé contre les Jésuites les plus grotesques accusations. Or, en admettant que le mot de La Chalotais soit bien de lui, ce qui n'est pas démontré, je demande si l'homme qui se laissait aller à diffamer les Jésuites, qui ne lui avaient rien fait, jusqu'à concurrence de deux gros volumes, n'a pas bien pu se laisser aller à diffamer, jusqu'à concurrence d'une épigramme, le duc d'Aiguillon, dont il fut l'ennemi personnel ?

J'ajoute que La Chalotais n'était pas à Saint-Cast, et que ce fut en autre place que le champ de bataille qu'il exhala sa « *colère patriotique* » contre le duc d'Aiguillon.

Voilà donc notre unique témoin à charge ; témoin suspect, et, à vrai dire, témoin nul, puisqu'il n'était pas là et n'a rien vu.

Je vais plus loin, et j'ajoute que je ne crois point que La Chalotais soit l'auteur de l'anecdote, ou du moins qu'il l'ait jamais affirmée sérieusement, et, pour employer les termes parlementaires de M. de Saint-Pern, avec une « patriotique colère. »

Ma preuve, ce sont les mémoires de Duclos, ou, pour parler encore comme M. de Saint-Pern, de l'*illustre* Duclos, ami de La Chalotais, et qui se prononça si fortement contre l'adversaire du procureur général, qu'il reçut l'ordre de voyager en Italie. Duclos ne parle de Saint-Cast que pour enlever toute gloire au duc d'Aiguillon ; il écrit que le général hésita longtemps à donner le signal du combat, et que ce fut M. d'Aubigny qui prit sur lui d'engager le feu ; que si le duc d'Aiguillon eût été un autre homme, il ne se serait pas rembarqué un seul Anglais, etc.

Eh bien ! l'ennemi du duc d'Aiguillon, l'ami de La Chalotais, qui ne cherche qu'à flétrir le général, ne parle point de la meunière ! Donc La Chalotais n'avait point raconté à son ami, avec une « patriotique colère », la fameuse anecdote du moulin.

Objectera-t-on que Duclos, qui écrivait pour le public, ne pouvait insérer dans son ouvrage un récit aussi scabreux ?... L'objection ne porte guère pour un écrivain tel que Duclos, et pour le siècle où il écrivait. Dira-t-on, par contre, que loin de trouver l'action infamante, Duclos qui ne se piquait pas d'être « vertueux », et qui nous a laissé des Mémoires qui ne permettent aucun doute là-dessus, ait tout simplement vu, dans l'histoire de la meunière de Saint-Cast, un chapitre à ajouter aux *Confessions du comte de* ***? Le raisonnement est pauvre : on n'est jamais indulgent pour un ennemi. C'est la parabole de la poutre et de la paille.

Mais si l'on n'accepte pas le silence de Duclos comme une preuve, je ne suis pas tout-à-fait au bout de mes arguments, et j'ai gardé, suivant les règles de la dialectique, mes meilleurs textes pour la fin.

Le premier témoignage que j'invoque n'est point d'un témoin oculaire, mais est de première main. C'est la lettre confidentielle écrite du château de la Ville-Théart, le lendemain de la bataille, où l'on parle d'après les combattants et où on lit : « De l'aveu de tout le monde, M. d'Aiguillon s'est comporté avec une habileté et une *bravoure* non commune,

mune, et on l'a tant admiré dans la disposition de l'action et *dans le combat*, qu'on le remercie de la victoire qu'il a procurée. »

Le second de mes témoignages est par lui-même d'une force irrécusable. Je le puise dans la narration de M. des Villes-Audrains, le vrai héros de St-Cast, qui, à la tête de quatre-vingts paysans, tint en échec, au passage du Guildo, l'armée anglaise tout entière.

Voici tout simplement le petit texte de M. des Villes-Audrains : « Notre général en chef fut toujours très-exposé, *courant sans cesse du moulin d'Anne au moulin du Chesne*, ses deux points d'observations. » A moins que la meunière ne courut avec lui, je ne vois pas trop comment le Duc lui aurait conté fleurettes ; mais il n'y faisait pas beau. Ecoutez encore M. des Villes-Audrains : « Le Duc pensa être emporté par un boulet, au pied de ce dernier moulin (Le Chesne), et plusieurs bombes crevèrent tout près de lui. » A la bonne heure ! et voilà de la poussière qui sied mieux à un général français que la farine !

Après ce témoignage si formel, si explicite, d'un homme compétent et honorable, qui a vu de ses propres yeux ce qu'il raconte, reste-t-il place à la plus petite objection ?

Il faudrait, en vérité, un esprit bien chagrin ou bien amoureux de M. de La Chalotais, pour s'aviser que quelques lignes plus bas M. des Villes-Audrains se vante de l'honneur que lui a fait le duc d'Aiguillon, en recevant l'hospitalité chez lui le soir même de la victoire !! Enfin, si cet esprit-là se trouvait, j'ai à lui offrir un dernier témoignage, négatif, il est vrai, mais dans toutes les conditions qui donnent une valeur positive à ce genre de témoignage.

L'auteur du fragment que je vais citer est un prêtre, Georges-Pierre-Félix Delamarre, né à Rennes, sur la paroisse Saint-Germain et recteur de Saint-Denoual. Il a ré—

7

digé quelques annotations sur sa paroisse et les a consignées dans une sorte de registre. Je ne sais en quelle année M. Delamarre mourut ; mais il était encore recteur de Saint-Denoual en 1774.

M. Delamarre n'aime pas le duc d'Aiguillon ; il l'accuse brutalement et va jusqu'à l'insulte ;

Il n'écrivait pas pour le public ;

Il était sur les lieux au moment de la bataille ;

M. Delamarre, prêtre, aurait dû être indigné plus que tout autre de la conduite du duc d'Aiguillon ;

En outre, M. Delamarre, son manuscrit le prouve en maint endroit, ne se gênait pas pour dire tout ce qu'il pensait.

Or, M. Delamarre ne dit pas un mot de la meunière.

Voici le texte :

« Le détail du combat ou affaire de Saint-Cast, qu'on a fait imprimer, fait bien voir qu'on trompe le peuple et le Souverain lui-même, puisqu'on a exagéré notre victoire. Le général fit même des fautes essentielles : il venoit de recevoir de gros canons de 24 et de 36 livres de balles. Tous les Anglois échappés à la mort étoient acculés dans un recoin, d'où ils ne pouvoient échapper ; la mer étoit retirée. Ainsi la flotte angloise, ne pouvant lever l'ancre, étoit dans la nécessité ou de se rendre ou d'être coulée bas ; mais le bénin d'Aiguillon leur permit de se retirer, aux conditions qu'ils lèveroient l'ancre le jeudi suivant, ce qu'ils firent ; et je les vis partir le matin. L'honneur de la victoire étoit plutôt dû aux officiers généraux qu'à lui. J'allai au champ de bataille : il me sembla, à l'estime, que la perte des Anglois montoit à 5 ou 600 hommes restés sur la place, outre environ 5 ou 600 prisonniers, parmi lesquels il y avoit plusieurs officiers généraux, et 4 ou 500 hommes estropiés que les Anglois emportèrent.

Ils perdirent encore plusieurs soldats, qui furent submergés ou moururent de leurs blessures sur la mer, et qui nourrirent les poissons; en sorte que la côte fut fort poissonneuse pendant quelques années. On estimoit la perte des Anglois à deux mille hommes au plus, les prisonniers compris, et la nôtre à 5 ou 600 hommes. Le combat se donna le lundi onze septembre 1758. »

Encore un mot : nous avons raisonné en admettant comme prouvé que le moulin d'Anne était exploité, en 1758, par une jeune et jolie meunière. Il serait piquant de mettre la main sur quelque titre qui démontrât qu'à l'époque dont est cas, le meunier était veuf ou la meunière octogénaire. Je recommande la recherche aux érudits de Matignon.

Puis, quand même le meunier aurait eu une femme capable de tenter le duc d'Aiguillon, il est hors de toute probabilité qu'elle eût été dans le moulin durant la bataille. En effet cette usine, d'une simplicité primitive, située en pleine campagne, à environ cinq cents mètres de toute habitation, ne contient absolument que le mécanisme, et son exiguité est telle qu'il est impossible de supposer qu'à une époque quelconque, on y ait tenu ménage.

C'est tout ; mais je crois que c'est assez. Aurai-je eu ce bonheur d'enlever une souillure imméritée de ce coin de terre tout illustré de notre gloire ? Je n'ose l'espérer ; la tradition maligne sera plus forte que la vérité, et plus d'un curieux, attiré à Saint-Cast par les fêtes du 11 septembre, ira, en murmurant l'épigramme de La Chalotais, visiter le fameux moulin dont le duc d'Aiguillon........ ne caressa pas la meunière.

S. ROPARTZ.

JOURNAL

DE

M. RIOUST DES VILLES-AUDRAINS. [1]

⸺∘∘⦂∘⦂∘∘⸺

Dimanche, 4 Juin 1758, vers les trois heures après-midi, on découvrit l'armée navale des Anglais à la hauteur d'Erqui ; le vent soufflait du N.-O. Le soir, à six heures, elle mouilla sur le vieux banc, à une lieue et demie du Cap Fréhel. Elle était rangée sur une ligne de l'ouest à l'est ; on remarquait sept ou huit gros vaisseaux dans le centre , et autant de la même force sur chaque côté. Le temps était brumeux : je ne pus compter que quatre-vingts voiles.

Le lendemain 5 , à la pointe du jour, la flotte appareilla. Elle avait augmenté par le nombre des vaisseaux qui arrivèrent pendant la nuit ; le vent continuait de lui être favorable ; à midi, elle vint à la hauteur de la pointe de Lavarde , où elle s'arrêta longtemps. On crut qu'elle voulait

(1) Nous devons à l'amitié de M. Rioust de L'Argentaye, membre du conseil général des Côtes-du-Nord , et petit-fils du narrateur, la communication de cet important manuscrit , dont plusieurs fragments ont déjà été imprimés. —G. DU M.

entrer dans la Rance ; mais, au soir, elle dépassa la pointe de Roteneuf et s'étendit dans la baie de Cancale, où elle mouilla. Vers les sept heures, elle commença le débarquement. Deux frégates de cinquante pièces s'embossèrent devant le fort, qui n'était muni que de deux ou trois canons et de quelques coups à tirer ; aussi fut-il rasé en moins d'une heure. Ce petit fort était commandé par M. Avice, capitaine de navire de Saint-Malo. Il ne laissa pas cependant d'endommager une des frégates. Elles tiraient sur le fort, sur la grève et sur les maisons, croyant qu'il y avait des troupes retranchées ; mais personne ne s'opposa à la descente, que les ennemis exécutèrent facilement. Chaque vaisseau, en passant au milieu de la rade, jetait une chaloupe à la mer, la chargeait de soldats qui allaient débarquer sur la grève et former un bataillon. Ce vaisseau allait ensuite mouiller avec le gros de la flotte, un peu plus en dehors. Le second vaisseau faisait la même manœuvre ; ainsi des autres. Le même soir, ils débarquèrent quatre mille hommes d'infanterie, et leurs dragons qui consistaient en neuf compagnies de chevau-légers. C'est ce que j'ai appris d'un de leurs dragons, Suisse de nation, qui déserta le vendredi 9. Les dragons furent envoyés battre la campagne, et ils ont toujours été de l'avant-garde. M. de la Châtre, brigadier des armées du Roi, qui commande à Saint-Malo, sortit à la tête d'un détachement de Boulonnois, seul bataillon d'infanterie qui fût dans la ville, et, avec quelques gardes-côtes, il s'avança jusqu'à Cancale ; mais étant trop faible pour s'opposer à la descente, il rentra le soir, après avoir reconnu la force des ennemis. Une grande partie du bourg de Cancale fut incendiée dans la nuit.

Le mardi 6, les ennemis achevèrent de débarquer leurs troupes et commencèrent à fortifier leur camp. Il était placé dans la plaine, à une petite distance de la falaise qui fait face à la baie de Cancale ; les fossés en étaient si profonds, le talus et les parapets si élevés, qu'il eût été malaisé de les y forcer ; et ce qui en rendait l'accès plus difficile, ils avaient abattu les arbres dans les chemins et sur les fossés des champs, autour de leur camp. On ne pouvait y arriver que par un seul chemin pratiqué du côté de la campagne et une sortie du côté de la mer. Le camp formait un carré long avec deux bastions aux deux angles qui regardaient la terre, deux demi-bastions aux angles vers la mer, et deux fortes redoutes au milieu du camp.

Le même jour, il se rendit à Saint-Malo trois déserteurs, soldats du régiment de Ficher, qui, ayant été embarqués l'an passé, furent pris et forcés par les Anglais d'entrer dans leurs troupes. Ces déserteurs rapportèrent que la flotte était commandée par mylord Anson, et l'armée de terre par mylord duc de Malborough ; qu'il y avait dans la flotte plus de cent voiles, surtout vingt-six manahouers ou vaisseaux de ligne, dont deux étaient de cent dix pièces ; un grand nombre de frégates, quatre galiotes à bombes, neuf brûlots et des vaisseaux de transport de la première force ; que l'armée de terre était composée de quinze mille hommes réduits à treize mille hommes effectifs. Ils assurèrent aussi que l'ennemi avait débarqué trente ou trente-quatre pièces de canon et deux ou trois mortiers. Tout cela m'a été confirmé par le déserteur dont j'ai parlé.

Le même jour, mylord Malborough envoya sommer la ville de se rendre ou de capituler. M. de la Châtre répondit que la capitulation était dans la bouche de son canon. Malborough demandait en même temps qu'on renvoyât les habitants des campagnes qu'il disait s'être retirés dans la ville, ou qu'il se croirait en droit de mettre le feu aux habitations, ne pouvant tirer les contributions.

Le 7, arriva à la ville le bataillon de Fontenay-le-Comte.

La nuit, M. le duc d'Aiguillon vint à Dinard avec trois compagnies du régiment de Marbœuf; il entra dans Saint-Malo.

Pendant ce temps, notre armée s'assemblait à Jugon avec la plus grande diligence. La nuit du 7, vers dix heures du soir, les dragons des ennemis entrèrent à Saint-Servan que les habitants avaient abandonné. Ils mirent le feu aux navires des ports de Trichet et des Talars, aux corderies et magasins de Saint-Servan; l'incendie fut considérable.

Ce jour-là, il se fit quelques escarmouches par les partis du régiment de Boulonnais que l'on envoyait en campagne.

Malborough fit publier un manifeste où l'ostentation ne manquait point. « Etant maître, disait-il, des pays situés
» entre les villes de Saint-Malo, Dinan, Rennes et Dol, il
» assurait les habitants qu'ils pouvaient vaquer à leurs oc-
» cupations ordinaires, sans craindre qu'on les troublât,
» pourvu qu'ils payassent les contributions qu'il exigerait,
» outre les droits qu'ils payaient au Roi. On achèterait aus-
» si, ajouta-t-il, les denrées qu'ils apporteraient au camp. »

Le 8, de grand matin, les ennemis parurent sur la Cité; mais le canon de la ville les en chassa. Une autre partie des ennemis voulut s'avancer sur la chaussée, du côté de Paramé; le canon du Fort-Royal les obligea de se retirer avec perte (1). Il ne se passa pas autre chose de remarquable ce jour-là; on voyait deux petits camps des ennemis entre Paramé et Saint-Coulon. La nuit, huit mille hommes de l'armée ennemie s'avancèrent jusqu'à St-Servan, et brûlèrent tous les navires des ports de Solidor et de Châle; ils coupaient les amarres de ceux qui étaient à l'ancre. On voyait

______

(1) Le même jour, M. de Breville, qui commandait au Fort-Royal, fit tirer un coup de canon sur la vedette des ennemis qui était à la pointe du Sillon, du côté de Paramé; le boulet coupa la cuisse du cavalier et tua le cheval.

dans la rade plus de trente bâtiments, tous en flammes, flotter au gré du vent : dans des moments plusieurs se rencontraient ; ils étaient ensuite séparés ou jetés dans des anses, où ces feux durèrent plusieurs jours. On ne peut pas voir un temps plus affreux que celui qu'il fit toute la nuit : la pluie tombait avec tant de force et l'orage fut si violent, que le bruit du tonnerre et de la mer, le feu continuel des éclairs joint à celui des vaisseaux incendiés, faisaient un spectacle d'horreur. Cependant, comme dans la ville on craignait une escalade, la garnison entière et tous les habitants passèrent la nuit sur les remparts et, en dehors de la ville, aux palissades devant le château. La crainte n'était pas mal fondée, puisque l'ennemi vint jusqu'à la tête de la chaussée avec des échelles (1). On dit que l'ingénieur de l'armée de Malborough le fit changer de dessein, en lui remontrant que la ville méritait un siége en forme ; mais il est à présumer que ce fut le mauvais temps qui l'empêcha d'avancer jusqu'aux murs.

La frégate du Roi l'*Orphelin de la Chine*, commandée par M. le marquis d'Ars, et mouillée dans la Rance, louvoya pendant toute la nuit, pour éviter les brûlots ; malgré cela et la tempête, elle sauva de l'incendie un navire espagnol chargé de toiles, estimé plus d'un million. Elle aida aussi à sauver la *Comtesse* et le *Moras*, corsaires.

Le lendemain, vendredi 9, de grand matin, les ennemis, qui étaient encore à Saint-Servan, firent une décharge de leurs armes qui avaient été mouillées. On crut, dans la ville, que M. le duc d'Harcourt, qui devait amener des troupes de Normandie, arrivait, et qu'il combattait l'enne-

---

(1) Il ne peut monter qu'un homme dans chaque échelle ; elles sont faites d'un mât de navire gros comme la cuisse, fendu en deux, et dépassent de cinq pieds le plus haut mur de la ville.

mi ; on envoya à la découverte un parti de vingt dragons qui pensèrent être pris.

Le matin, j'allai à bord de la frégate l'*Orphelin de la Chine*, mouillée au devant de la Cité, à l'entrée de Solidor. Après midi, nous découvrîmes dans le fond de cette baie un parti de dragons qui tirait sur deux bateaux qui sortaient de Solidor. Une demi-heure après, cinq autres dragons parurent sur la montagne vis-à-vis de nous ; nous les laissâmes s'avancer jusqu'à sur la pointe de la Cité. Un officier était en tête, ayant le sabre à la main (j'ai su depuis que c'était un des premiers officiers de l'armée) ; il s'arrêta, regardant la ville. Alors nous pointâmes un canon sur eux ; le coup ne porta pas : il fit seulement disparaître l'officier, qui passa de l'autre côté de la montagne (1). Nous pointâmes un autre canon dont le boulet fut mieux dirigé : il coupa un dragon par l'épaule gauche ; les autres défilèrent au petit pas, du côté qu'ils étaient venus (2).

Tout le soir, une partie de l'armée des ennemis fut sous les armes, dans la plaine entre Paramé et Saint-Malo ; ils travaillaient à former un retranchement et à établir une batterie de mortiers dans cet endroit qui n'est pas éloigné de la ville de 1,500 pas géométriques. Ils avaient une grand'garde au pied d'un moulin à vent, près de Paramé, sur le chemin de la ville, et une petite garde de cavalerie entre les piliers de la justice, à la tête du Sillon.

Le 10, les ennemis ne parurent plus à Saint-Servan ; ils abandonnèrent les deux petits camps de Paramé et de St—

(1) Le Père François, de Dinan, alors gardien aux Capucins de Saint-Servan, m'a dit avoir entendu cet officier raconter, à la porte du couvent, le danger auquel il venait d'échapper sur la pointe de la Cité.

(2) Ce fut M. d'Ars qui pointa les deux canons que nous servîmes nous-mêmes en badinant.

Coulon ; cependant , ils envoyaient encore des partis en campagne qui ravageaient le pays. Les paroisses de Cancale, de Paramé et de Saint-Coulon ont surtout été désolées. Mais le plus grand dommage a été fait dans les belles maisons de campagne des Malouins, où tout fut mis en pièces. L'Anglais occupait toujours le camp de Cancale. Le soir du 10 , mylord Malborough envoya à M. de la Châtre les vases sacrés de l'église de Cancale , qui avaient été pris par des maraudeurs de son armée. On assure qu'il en fit pendre deux.

Le 11, les ennemis commencèrent à se rembarquer. On dit que ce qui précipita leur retraite, fut un courrier qu'ils arrêtèrent chargé de lettres que des particuliers envoyaient à Saint-Malo , par lesquelles on mandait que M. le duc d'Harcourt arrivait de Normandie, avec 20,000 hommes. Quoi qu'il en soit, je penserais que la ruse eut moins de part à cet événement que la vigilance de notre général. Sans doute la nouvelle de la marche de notre armée , qui , par les soins de M. le duc d'Aiguillon , s'était rassemblée à Jugon en quatre jours , hâta le rembarquement des ennemis.

Le 12 , on détruisit les retranchements du camp de Cancale ; le 13 , le 14, il ne se passa rien. La flotte des Anglais resta mouillée dans la baie de Cancale, sans aucune manœuvre ; on disait que deux de leurs vaisseaux avaient touché, et qu'ils attendaient le vent pour mettre à la voile.

Le 16 , au matin , le vent ayant un peu tourné à l'est, la flotte appareilla et parut faire route pour Granville ; vers le soir, elle mouilla à la hauteur de Chausey. Il s'éleva un vent un peu fort ; il augmenta pendant la nuit. Le 17 , à neuf heures du matin, la flotte rentra dans la rade de Cancale et jeta l'ancre au même endroit ; deux ou trois de leurs vaisseaux étaient démâtés de leurs perroquets.

Le vent continuant à être contraire , les Anglais restèrent

à l'ancre fort tranquilles jusqu'au 21. Ils n'étaient éloignés de la côte que d'une bonne portée de canon. On comptait 115 voiles ; il y avait des vaisseaux de transport de 800 tonneaux.

Enfin, le 21, à midi, ils appareillèrent ; et vers le soir, ils jetèrent l'ancre à hauteur de Chausey.

Le 22, à la pointe du jour, la flotte anglaise mit à la voile ; elle courut une bordée à deux portées de canon de l'île de Saint-Cast. Lorsqu'il fallait virer de bord, il était tiré un coup de canon du bord de l'amiral ; aussitôt tous les vaisseaux changeaient de manœuvre. Le même signal d'un coup de canon tiré de l'amiral, avec un pavillon mis tantôt dans un endroit du vaisseau, tantôt dans un autre, selon la manœuvre qui se devait faire, annonçait que l'on devait ou mouiller ou appareiller. A midi, la flotte doubla le cap Fréhel avec beaucoup de peine, ayant, pour ainsi dire, le vent debout ; elle ne pouvait s'élever qu'avec la marée, ce qui fit que l'on ne la perdit de vue que le soir.

Notre armée eut ordre d'aller reprendre ses quartiers d'hiver.

SECONDE DESCENTE DES ANGLAIS

SUR LES COTES DE BRETAGNE, EN 1758.

La flotte était commandée par lord Howe, et l'armée de terre par le général Bligh.

Dimanche, 3 septembre 1758, à la pointe du jour, on eut connaissance de l'armée navale des Anglais à hauteur de Dahouet. La frégate du Roi la *Renoncule*, que M. de la Châtre envoyait tous les jours à la découverte, fit un signal de trois coups de canon, qui furent répétés par les batteries d'Erquy et par le château de la Latte, qui mit pavillon rouge, ensuite par la Conchée, comme l'ordre en était donné. Environ deux heures après midi, la flotte, favorisée d'un vent d'ouest, doubla le cap Fréhel ; elle passa à portée et demie du château de la Latte. Les vaisseaux étant sur la même ligne, on comptait facilement jusqu'à 113 voiles, du nombre desquelles étaient sept gros vaisseaux, plusieurs frégates, mais surtout grand nombre de petits bâtiments à un mât ; ils vinrent mouiller entre la pointe de Saint-Cast et l'île de Césambre ; l'arrière-garde était si près de la côte, que l'on voyait l'équipage à bord : on entendait leurs instruments de musique avec la même facilité.

Lundi 4, au matin, les bâtiments qui étaient près de l'île de Saint-Cast se rapprochèrent de Césambre, et, à trois heures après midi, par le plus beau temps, ils débarquèrent un grand nombre de chaloupes, qu'ils chargèrent de troupes. On crut que l'ennemi allait descendre à St-Cast ; mais ces bateaux firent voile pour le port de Saint-Briac, sous l'escorte de cinq frégates. La construction de ces bateaux est extraordinaire : ils ont sur la proue un pont qui leur sert de voile lorsqu'il est levé, et qui s'abat sur le rivage, si on veut débarquer.

Le petit fort de Saint-Briac tira cinq coups de canon et toucha une des frégates. Jusqu'au soir, les bateaux ne cessèrent d'aller et venir des vaisseaux à Saint-Briac. On a su que les ennemis avaient débarqué le fonds de treize mille hommes, réduits à dix mille hommes, dont était composée l'armée sous les ordres du général Bligh ; ils n'avaient presque pas de cavalerie.

Vers les six heures, la flotte commandée par lord Howe mit à la voile et s'approcha encore plus de Césambre ; plusieurs frégates s'avancèrent même jusqu'au Décolé (1) et

____

(1) Pointe située à l'entrée de la rade de Saint-Malo.

mouillèrent si avant, que les meilleurs marins du pays les jugeaient très-exposées. On avait lieu de croire que les Anglais se préparaient à entrer dans la Rance, et qu'ils prenaient ce côté pour éviter le fort de la Conchée.

La nuit, les ennemis brûlèrent toutes les barques de Saint-Briac et les magasins; ils mirent aussi le feu aux dîmes, à tous les amas de blé qu'ils rencontraient, et à plusieurs maisons : ils exerçaient dans le pays toutes sortes de cruautés : viols, meurtres, tous les excès furent commis.

Le mardi 5, la flotte passa le jour où elle avait mouillé la veille, c'est-à-dire le long de Césambre, au milieu des rochers; les frégates qui s'étaient avancées jusqu'au Décolé se retirèrent un peu, et les cinq autres qui avaient escorté les bateaux plats allèrent mouiller en dehors, dans l'est de Césambre. Tout le jour, on vit plusieurs feux sur la côte de Saint-Briac et aux environs, en allant à Dinard; les ennemis continuaient de brûler et de ravager le pays. Un parti s'avança jusques au port de Dinard; mais il se retira aussitôt et n'y fit aucun ravage.

Le camp ennemi était établi le long de la côte, en s'allongeant près d'une lieue entre Saint-Briac et Dinard; il faisait face du côté de la terre.

Entre onze heures et midi, il s'éleva un grand vent de nord-ouest qui poussait les vaisseaux sur les rochers du Décolé, ce qui obligea la flotte d'appareiller; elle vint mouiller sur la côte, à un quart de lieue et demi de la pointe de Saint-Cast. L'alarme se répandit dans le pays, parce qu'il semblait que l'ennemi voulait faire une seconde descente.

Le 6, il ne se passa rien de remarquable.

Le jeudi 7, la flotte ne fit aucune manœuvre, mais tout le jour on vit aller et venir un grand nombre de bateaux des vaisseaux à Saint-Briac. On pensait que les ennemis retiraient leurs troupes ; mais c'était le butin qu'ils embarquaient.

Par la lenteur de leurs mouvements, on présumait qu'ils n'avaient pas dessein d'attaquer Saint-Malo, ou qu'ils n'osaient le tenter. On a su depuis que la vue des nouvelles fortifications que M. de la Châtre et M. Scot, lieutenant du Roi, y ont fait faire, et qu'ils découvrirent de Dinard et de leurs vaisseaux, les avait fait changer de résolution (1). Le même jour, ils envoyèrent plusieurs bateaux sonder la baie de Saint-Cast et mettre des bouées sur toutes les pierres, ce qui causa une juste crainte dans le pays.

Jeudi 7, vers midi, un parti de soixante dragons de l'armée anglaise s'avança jusques au port du Guildo (2). Les officiers entrèrent dans le couvent des Carmes, s'informèrent beaucoup de la distance qu'il y avait du Guildo à Matignon et à Lamballe, disant qu'ils voulaient aller dîner le

(1) Ce fut sans doute la trop grande distance de Dinard à Saint-Malo qui les empêcha de bombarder cette place de cet endroit, comme on dit qu'ils en avaient eu le dessein.

(2) M. de la C..... de la M....., demeurant près de Saint-Jacut, sortant de sa maison, bien monté, armé d'un fusil à deux coups, deux pistolets d'arçon, une épée, vingt cartouches en poche, tomba dans le parti anglais qui venait sonder le Guildo. On le désarma, on le monta sur une haridelle et on le menaça de le pendre le soir. On l'interrogea sur la distance du Guildo à Matignon, à Lamballe, etc.; il exagéra. On l'amena au Guildo, où ayant interrogé les Carmes en sa présence, les Anglais disaient aux religieux : Tu dis vrai, moine ; tu ne mens pas comme ce coquin qui sera pendu ce soir. Le parti des ennemis, en s'en retournant au camp de Saint-Briac, rencontra un autre parti qui venait du côté de Plancoët ; les officiers s'abouchèrent. La nuit venait ; M..... se laissa tomber par dessus l'arçon, se jeta dans une haie et se sauva. Il revint au Guildo, passa le gué et se rendit à Sainte-Brigitte, village à une demi-lieue de Matignon, où l'abbé Félin, chanoine, était à coucher pour dire la messe le lendemain. M..... lui apprit le dessein que les ennemis avaient de passer le Guildo. L'abbé Félin revint dans la nuit à Matignon pour sauver ses effets ; il m'avertit en arrivant et nous dit la messe avant jour, le vendredi 8 septembre étant une fête de la Vierge.

lendemain à Matignon et le samedi à Lamballe. Le parti se retira après avoir fait sonder le gué du Guildo qui est très-dangereux, parce qu'il change presque tous les jours. Dans la nuit du 7, nous fûmes avertis à Matignon du projet de l'ennemi ; c'est pourquoi le vendredi 8, dès le grand matin, quelques bourgeois de Matignon et moi, nous rassemblâmes le plus que nous pûmes des habitants de Matignon et des environs, gens de bonne volonté ; et avec notre petite armée composée tout au plus de cent hommes, nous nous mîmes en marche dans le dessein de nous opposer fortement au passage de l'armée ennemie, que l'on disait monter à 12,000 hommes. Arrivés au Guildo, après avoir posté nos gens dans les maisons du port et derrière les murs des jardins qui sont en forme de parapets, le long de la rivière, du côté de Matignon, je passai de l'autre côté pour reconnaître l'ennemi ; j'appris bientôt qu'il avait levé le camp de Saint-Briac, et qu'il était déjà bien avancé vers le Guildo. Un peu plus loin, ayant découvert six dragons qui étaient en avant, j'eus à peine le temps de gagner le port, et je n'étais pas passé du côté de Matignon, que les dragons parurent sur la montagne. Ils venaient pour sonder le gué ; la mer était alors retirée (1). Nous aurions pris ces cinq dragons, sans l'ardeur de nos gens qui tirèrent sitôt qu'ils les virent à portée ; ils tournèrent bride, et remontèrent en poste. Un quart-d'heure après, vers midi, les ennemis parurent au nombre de 12 à 1,500 ; ils se divisèrent en deux corps : le moins nombreux, qui pouvait contenir 200 hommes, s'avança par derrière le vieux château du Guildo, afin de passer un gué qui est à une portée de fusil au-delà, du côté de Saint-Jacut. Quand ce corps fut à cent pas

(1) Je fis partir sur-le-champ un exprès pour apprendre ce qui se passait à M. d'Aiguillon.

de la grève , les soldats commencèrent à courir de toutes leurs forces , comme s'ils avaient voulu brusquer le passage ; mais dès qu'ils arrivèrent au bord de la rivière, quinze ou vingt des nôtres , qui étaient embusqués dans le bois du Val (1), leur firent une décharge qui arrêta leur ardeur. Aussitôt les ennemis tirèrent sur ce bois où ils ne pouvaient découvrir personne. Pensant que ce mouvement était une feinte pour nous attirer de ce côté-là , je retins plusieurs de nos gens qui voulaient sortir des jardins pour y aller. Je ne me trompais pas : ce corps d'Anglais se replia et alla rejoindre le gros de l'armée qui , pendant ce temps , s'était avancé jusques au bas du Guildo , sur le bord de la grève. Nous le repoussâmes heureusement. Il nous fit plusieurs décharges , auxquelles nous répondîmes de notre mieux ; et comme souvent il arrive que le plus faible est le plus arrogant , on entendait de grands cris de notre côté : plusieurs défiaient même l'ennemi de venir, le traitant de voleur. Les troupes remontèrent dans le Guildo , et peu de temps après , toute l'armée arriva. Elle se répandit sur la montagne , devant le château ; l'espace qui règne le long du jardin des Carmes et tout ce côté du Guildo en furent couverts. Alors les ennemis nous firent un très-grand feu. Dans ce temps j'étais sur la grève , à dix ou douze pas devant les jardins , où j'essuyai la décharge de l'armée entière et ne reçus qu'une balle dans la cornière du chapeau (2).

(1) Petit bois taillis situé le long de la falaise du Guildo.

(2) Je ne puis taire l'action d'un tailleur de Matignon, nommé Ruffet. Me voyant sur la grève, il sortit du jardin où il était posté, vint me joindre , en me disant qu'il allait se mettre à mon côté. Je le remerciai et lui dis que je ne resterais pas dans cet endroit, où j'étais aussi exposé aux coups de fusil de nos gens qu'à ceux des ennemis. Si vous voulez, me dit-il , je vais me mettre dans ce canot, en me montrant une petite chaloupe qui était à sec sur la grève et penchée du côté des ennemis. Je lui dis encore qu'il y serait trop exposé ; enfin je l'emmenai avec moi sur le rocher.

L'ennemi

L'ennemi, après avoir rechargé, fit demi-tour à gauche, s'ébranla pour entrer dans la grève; la tête de la colonne s'avança jusques sur le bord. Alors je me portai sur un rocher que l'on appelle la Pierre, auprès duquel passait le gué ce jour-là, et où le chevalier de Prémorvan et un cavalier de maréchaussée de Lamballe, nommé Galiot, vinrent me joindre, et se tinrent avec moi tout ce jour-là. Il est à croire que le bruit des gros fusils de nos paysans, répété par les échos des montagnes, fit juger que nous étions beaucoup plus de monde, car les ennemis n'osèrent risquer le passage; ils se replièrent encore une fois sur le haut du Guildo, où ils furent en bataille le reste du jour. De ce poste avantageux, ils tiraient continuellement sur les jardins et les maisons; mais plusieurs soldats ou officiers se retranchèrent dans la maison vis-à-vis du rocher sur lequel j'étais; par les fenêtres, ils ne cessaient de tirer sur nous. Quoique nous fussions découverts, nous eûmes le bonheur de n'être pas touchés. L'après-midi se passa à se fusiller de part et d'autre (1).

Environ deux heures, les ennemis obligèrent, par deux différentes fois, deux religieux Carmes de s'avancer sur la grève, en nous priant de les laisser passer, disant vouloir nous parler de la part du général anglais. Nous craignîmes que, sous ce prétexte d'un pourparler, ils se servissent de ces religieux pour se faire montrer le gué : nous tirâmes deux coups sur eux, et ils ne parurent plus (2).

---

(1) J'ai appris depuis, des Carmes du Guildo, que le prince Georges, actuellement roi d'Angleterre, étant à la fenêtre du réfectoire de leur communauté, manqua d'être tué d'un de nos coups de fusil : une balle cassa un vitrage à côté de lui. On le conduisit aussitôt au couvent de Saint-Jacut, où il s'embarqua pour rejoindre la flotte.

(2) Les religieux me nommaient, et quoique je leur criasse de ne pas avancer

8

Dans ce temps, un homme que j'avais posté sur la montagne , pour voir si l'ennemi ne ferait point quelques tentatives par les gués au-dessus et au-dessous du Guildo, vint m'avertir que la cavalerie descendait pour passer à Quatre-Vaux, à un demi-quart de lieue du côté de la mer ; j'y courus aussitôt avec vingt hommes. Soixante ou quatre-vingts dragons étaient sur le haut de la falaise et deux au pied , prêts à entrer dans la grève ; un guide était déjà avancé jusqu'au milieu : je fis tirer sur lui, ce qui l'obligea de retourner. Nous restâmes quelque temps à nous regarder sans tirer , la grève étant trop large dans cet endroit ; ensuite la cavalerie défila vers la baie de Saint-Jacut , et la mer qui montait , commençant à entrer dans la rivière , nous revînmes au Guildo.

ou que je tirerais sur eux , ils se déchaussèrent ; mais lorsqu'ils entrèrent dans le gué , je fus le premier à faire feu.

Nous ajouterons à cette note la lettre suivante trouvée dans les papiers de M. Rioust des Villes-Audrains :

« Monsieur ,

» J'ai fait toute diligence possible pour copier votre lettre à Monseigneur l'Intendant et ai fait partir ma lettre le 7 juin , ayant reçu la vôtre le 6, samedi , veille de la Pentecôte. C'était moi-même que les ennemis obligèrent de vouloir passer le gué , pour vous annoncer l'arrêté de leur conseil de guerre tendant à mettre tout à feu et à sang , si vous ne cessiez vos décharges de mousqueterie. Vous fîtes en cela un coup d'état digne d'être transmis à la postérité. Lamballe et Saint-Brieuc vous en sont redevables de la plus grande obligation , vu le retardement du passage des Anglais et la facilité à nos troupes françaises de joindre l'ennemi à Saint-Cast. Ma vie réchappa à plus de cent balles dont j'entendis plusieurs siffler à mes oreilles. J'ai inséré dans ma lettre à l'Intendant , que les ennemis me forcèrent moi-même à ce hasard critique et non tragique heureusement, dont je croyais jusqu'alors que le froc m'aurait mis à couvert. Je désire seconder vos souhaits et vous souhaite le succès possible, et que vous me mettiez à lieu de vous prouver le respect avec lequel j'ai l'honneur d'être ,

» Monsieur ,

» Votre très-humble et obéissant serviteur,

» F. Pierre BOIRON , religieux Carme.

» Angers , le 6 juin 1778. »

Vers les cinq heures (1) , les ennemis amenèrent trois pièces de canon , dont ils placèrent deux au corps-de-garde et une devant le portail des moines ; tirant de si près et d'une si belle élévation , je laisse à penser comme ils foudroyaient les maisons du Guildo (2). Le feu de leurs canons continua jusqu'à la nuit. Enfin , ils ne passèrent pas ce jour-là. Comme l'ennemi avait levé le camp de Saint-Briac , à dessein de le porter à Matignon , il fut obligé de camper cette nuit , par le plus mauvais temps , sur les montagnes , le long de la rivière , appuyant sa gauche au Guildo et la droite à Saint-Jacut.

Le prince Georges , qui était à l'armée, coucha à Saint-Jacut et s'embarqua le lendemain. J'ai oublié de dire qu'il manqua d'être tué à une fenêtre du réfectoire des Carmes ; une balle cassa un vitrage à côté de lui (3).

Le samedi 9 , la mer était retirée de grand matin. On pouvait passer, mais l'ennemi ne fit aucune tentative ; il se mit seulement sous les armes , et on commença à se fusiller comme la veille : le canon des Anglais tirait sans discontinuer.

L'après-midi, les ennemis firent partir un de leurs espions , habitant du pays , qui , ayant pris un grand détour, vint de notre côté , vit le peu de monde que nous étions ,

(1) Ce soir, j'envoyai un autre exprès à M. le duc d'Aiguillon , et j'écrivis à M. de Balleroy qui était au château de la Latte et qui y reçut ma lettre.

(2) Deux compagnies garde-côtes , qui étaient à Saint-Cast, arrivèrent lorsque la mer entrait dans la rivière et dans le moment que les ennemis commencèrent à tirer du canon ; elles prirent congé au premier coup. Je leur avais écrit deux fois pour les prier de nous donner du secours. Ces compagnies étaient commandées par M. ***.

(3) Voyez la note première de la page 113.

et, par le même détour, alla en rendre compte au général Bligh (1).

Aussitôt, c'est-à-dire à quatre heures et demie ou cinq heures, on battit la générale dans le camp ; les tentes furent pliées en un moment, et nous vîmes l'armée en bataille : elle se partagea en deux colonnes, dont l'une marcha par Quatre-Vaux et l'autre passa au Guildo. Les dragons, qui formaient l'avant-garde, ne nous donnèrent que le temps de leur faire une décharge et de nous retirer promptement. Heureusement, j'avais fait barricader et boucher avec des fagots les deux petites rues ou chemins qui viennent du port aboutir au grand chemin ; cette précaution nous sauva, quoique nous nous retirâmes au travers des champs. Nous eûmes trois hommes tués et quelques blessés. Les ennemis eurent trente ou quarante hommes tués ou blessés.

Le port du Guildo, du côté de Matignon, paya ce retardement : les ennemis réduisirent en cendres jusques aux moindres maisons et toutes celles des environs ; le château du Val fut à moitié brûlé. Ils tuèrent tous les hommes qu'ils rencontrèrent, armés ou non armés ; leur vengeance s'étendit sur tout.

L'armée n'avança pas plus loin ce jour-là. Comme elle s'était divisée en deux, elle campa en deux endroits, à Saint-Jacut et sur les hauteurs au-dessus du Guildo, du côté de Matignon.

Le dimanche matin, 10, dès la pointe du jour, le général Bligh leva le camp et se mit en marche pour Matignon. Il détacha 3 ou 4,000 hommes de l'armée qui allèrent à

_____

(1) Je n'eus aucune connaissance de cet homme. Je l'eusse mis dans l'étable où étaient gardés les gens inconnus, par des enfants armés de broches et de bâtons ferrés.

Saint-Cast et campèrent des deux côtés du bourg , dans les plaines qui bordent les dunes où s'est donnée la bataille.

Un parti de vingt Anglais, envoyé au château de Galinée, y mit le feu , tua trois ou quatre hommes aux environs ; mais un détachement de volontaires étrangers le surprit , en tua trois hommes et en fit treize prisonniers.

Pendant ce temps , nos troupes , pressées par l'ardeur de M. le duc d'Aiguillon et par l'envie de combattre les Anglais qui les faisaient courir depuis si longtemps , se rassemblaient avec tant de vitesse , que le régiment Royal-des-Vaisseaux vint en trois jours de Brest à Saint-Pôtan. Le rendez-vous de notre armée était à Matignon ; deux escadrons du régiment de Marbeuf , dragons , et les grenadiers du régiment de Penthièvre , infanterie , y arrivèrent de grand matin. On eut aussitôt connaissance que l'armée anglaise approchait. M. de Balleroy, qui commandait ce détachement , se préparait à recevoir l'ennemi , dans l'attente qu'il viendrait d'autres troupes ; mais comme elles n'arrivèrent point assez vite , les dragons se replièrent sur Hénan , étant trop faibles pour résister à une armée , dans un lieu ouvert de tous côtés, comme Matignon. Je montai dans notre tour (la tour du Pont-Brûlé), avec M. de Balleroy, et nous découvrîmes l'armée de Bligh qui marchait en bataille dans le grand chemin , sur une colonne de quatorze hommes de front , divisée par pelotons de trois ou quatre cents hommes et distants l'un de l'autre de cent pas ; Bligh faisait conduire trois pièces de canon à la tête de son armée. A une portée de fusil de la ville, elle se mit sur deux colonnes et entra à Matignon par deux endroits , par le chemin de Plancoët et par celui de Saint-Malo. Elle ne trouva aucune résistance : il n'y avait pas dix hommes en ville (1).

(1) C'est ici le plus beau jour de ma vie : j'évitai la corde. En descendant de la

Les ennemis firent une décharge en entrant. M. le chevalier de Saint-Pern, colonel du régiment de Penthièvre, arrivait en même temps avec le second bataillon, du côté de Plancoët ; il manqua d'être pris. L'Anglais fit volte-face et le suivit longtemps, tirant du canon sur lui. M. de Saint-Pern, n'étant pas en force, se retira à Plancoët.

La même chose fut arrivée au régiment Royal-des-Vaisseaux, sans la diligence à tout prévoir de M. le duc d'Aiguillon, qui dépêcha des courriers avec des ordres aux troupes de s'assembler à Saint-Pôtan.

Bligh établit son quartier-général à Matignon et se logea dans ma maison (ou celle de ma mère), le Pont-Brûlé. Il partagea son armée en deux : la plus grande partie alla camper au-delà de Matignon, le long de la route de St-Brieuc ; l'autre forma un petit camp dans la plaine qui touche Matignon, du côté du Guildo. Ce n'étaient que des camps volants, sans retranchements ; ils faisaient face du côté du terrain. Tout le pays était abandonné. Les maraudeurs ravagèrent librement les paroisses de St-Germain, Pléboulle et St-Cast. J'ai dit que, le matin, les dragons de Marbeuf s'étaient repliés sur le chemin de Lamballe : je fis retraite avec eux (1). M. le duc d'Aiguillon se rencontra à Hénan avec un corps d'infanterie ; nous allâmes ensemble à Saint-Pôtan.

fuie ou de la tour, je dis à M. de Balleroy que j'avais dessein de demeurer à Matignon ; que j'avais des provisions pour recevoir un officier général, mais que je craignais que les ennemis ne me reconnussent pour m'avoir vu au Guildo. M. de Balleroy me répondit avec un grand flegme : *Retirez-vous, Monsieur, retirez-vous avec nous ; nous pourrions vous trouver pendu.* Je suivis heureusement son conseil ; car, en entrant dans la maison, Bligh demanda où était « ce beau » Monsieur qui était au fait des armes, pour qu'il le fît pendre à sa poutre. »

(1) L'après-midi, je revins à un demi-quart de lieue de Matignon reconnaître le camp des ennemis ; j'en rendis compte à M. le duc d'Aiguillon.

Je passai la nuit au quartier-général (1), où je traçai un plan des environs de Matignon, de Saint-Cast et de la côte. J'appris la disposition et la force de notre armée : elle pouvait se monter à sept mille hommes effectifs. L'ordre était donné de marcher sur trois colonnes, afin d'attaquer l'ennemi par trois endroits en même temps ; on devait forcer l'ennemi dans Matignon et dans son camp. Toute la nuit, d'heure en heure, il partit des patrouilles de Saint-Pôtan, pour reconnaître l'ennemi. Il y en eut quelques-unes qui en vinrent aux mains et causèrent des alertes, les tambours de nos premières gardes ayant rappelé deux fois, au bruit de ces décharges de mousqueterie. La première se fit à un quart de lieue de Saint-Pôtan, du côté de la Lande-Basse ; la seconde, qui fut beaucoup plus considérable, du côté de la chapelle Saint-Jean : c'était trois cents gardes-côtes Bas-Bretons couchés dans un verger, qui, entendant passer une patrouille de dragons de Marbeuf, demandèrent : Qui vive ? La patrouille répondit : *Marbeuf !* Les Bas-Bretons, croyant qu'on disait *Malborough*, firent feu ; les dragons tombèrent sur eux le sabre à la main, et en tuèrent quelques-uns ; tout le reste fut dissipé, sans qu'on pût les rallier.

Enfin, le lundi 11, une heure avant le jour, il fut tiré un coup de canon au grand camp des Anglais, du côté de Saint-

(1) Le quartier-général était dans le grenier d'un cabaret ; on y avait fait une table avec deux barriques couchées et des planches allongées dessus, sur laquelle il n'y avait que de mauvaises chandelles. Comme nous étions bien avancés dans la nuit du dimanche au lundi, et que je n'avais rien mangé depuis le samedi au soir, je fus obligé de sortir et d'aller chez le recteur de Saint-Pôtan, qui me donna un grand pain de ménage, deux bouteilles de vin, une de cidre et du beurre, avec quoi je ravitaillai les officiers généraux qui mouraient de faim comme les autres. M. le baron de P..... était endormi les coudes sur la table. Au premier glouglou de la bouteille, il se réveilla, tira de sa poche une grande tasse de cuir qu'il remplit. Si je n'avais éloigné les bouteilles, en lui disant que nous n'étions pas chez la Lambert, à Saint-Malo, en six coups il nous mettait à sec.

Brieuc, auquel le camp du côté du Guildo répondit d'un autre coup ; aussitôt on entendit battre l'assemblée à Matignon et dans les camps ennemis. On a su depuis que les coups de canon étaient le signal pour décamper, et que Bligh partit aussitôt. Il avait été averti par un dragon de Marbeuf, qui déserta la nuit, que notre armée était assemblée et prête à tomber sur lui. Peu de temps après, nous battîmes la générale à Saint-Pôtan.

Vers la pointe du jour, notre artillerie, composée de treize pièces de canon et de deux mortiers, arriva sous la conduite de M. de la Ville-Patoux. Notre armée se mit en marche ; mais ayant eu avis que les ennemis avaient levé le camp et prenaient le chemin des vaisseaux, la disposition de l'attaque fut changée. M. le marquis de Broc, colonel du régiment de Bourbon, eut le commandement du centre de l'armée ; M. le comte d'Aubigny commandait l'aile gauche ; l'aile droite était sous les ordres de M. de Balleroy. On passa par Matignon, que les ennemis avaient déjà entièrement évacué. Trois ou quatre compagnies de grenadiers, détachées de l'aile de M. de Broc, joignirent l'arrière-garde de l'armée anglaise, vers le milieu du chemin ; ils escarmouchèrent quelque temps d'assez loin. On se forma dans les landes de la Ville-Salou.

L'aile gauche de notre armée arriva la première à Saint-Cast. Les ennemis commencèrent à s'embarquer ; et, ce qui prouve ici leur crainte, leurs drapeaux étaient envoyés à bord des vaisseaux.

Sitôt qu'ils découvrirent nos troupes, ils se rangèrent en bataille sur la grève, un peu plus du côté de la pointe de la Garde que de l'Isle, derrière les vieux retranchements qui avaient été élevés dans l'autre guerre pour empêcher une descente, et qui, dans cette occasion, servirent beaucoup aux Anglais, afin de soutenir et de favoriser l'embarquement. Six frégates et quatre galiotes à bombes s'étaient rangées sur une ligne, si près de la grève, qu'une balle de mousquet aurait pu aller à bord ; plusieurs petits bâtiments étaient encore plus proches : ils commencèrent à tirer dès que nos troupes parurent sur la montagne. Il est difficile de concevoir le feu que firent les bâtiments ; il était alors dix heures ou dix heures et demie. Si nos soldats n'avaient pas été aussi braves et aussi animés qu'ils l'étaient par la présence et la bravoure du général, ce début aurait suffi pour les décourager. Il en arriva un effet tout contraire : ce grand feu augmenta leur ardeur, outre qu'il était de leur intérêt de descendre promptement dans les dunes, où l'élévation des retranchements qui les bordent le long de la rivière les aurait mis à couvert du boulet. Notre aile gauche, sous les ordres de M. le comte d'Aubigny, composée des régiments de Boulonnois, Brie, Fontenay-le-Comte, Marmande, un bataillon des volontaires étrangers, avançait avec vitesse vers le village de Lesrots ; lorsqu'elle fut à l'abri des maisons, on lui fit faire halte un moment, tant pour donner aux soldats le temps de prendre haleine, que pour mettre la colonne en bon ordre. Ensuite elle déboucha par le bas chemin qui descend sur les dunes ; plusieurs volontaires, mêlés avec les grenadiers de Boulonnois, étaient à la tête. Les ennemis commencèrent un feu de mousqueterie très-vif, se croyant bien forts derrière ces retranchements ; ils faisaient signe du chapeau et défiaient nos soldats d'avancer. Ils le firent aussi avec intrépidité, et allèrent se mettre en ligne à quarante pas des retranchements ; alors le combat devint des plus sanglants à notre aile gauche, qui était jusques alors la seule qui en fût venue aux mains. Si nos soldats combattaient vaillamment, l'Anglais ne témoignait pas moins de courage ; même après avoir jeté son cri de *Hourra*, le feu des vaisseaux et de la mousqueterie parut être plus violent. Alors les ennemis, criant victoire, formèrent une colonne, passèrent les retranchements et s'avancèrent sur les dunes ; nos soldats, que rien n'intimidait, soutinrent ce choc sans s'ébranler. Dans ce temps, M. le duc d'Aiguillon fit avancer la colonne de M. de Broc, formée de six compagnies de grenadiers, quatre cents dragons de Marbeuf à pied, dix piquets d'infanterie ; elle déboucha par l'avenue du château de Saint-Cast : j'étais dans cette colonne (1).

Les ennemis, qui avaient avancé sur nous, se replièrent dans la grève et firent face à M. de Broc, qui forma une ligne le long des retranchements. Le centre de l'armée anglaise combattait contre le centre de notre armée, et notre aile gauche contre l'aile droite de l'ennemi. Pour juger combien le combat devait être opiniâtre, il suffit de penser que, du côté des Anglais, les gardes à pied de la maison du roi, les grenadiers de tous les régiments de l'armée et les volontaires de la marine étaient à terre (2), et que, de notre côté, outre les régiments que j'ai dit être à la tête des colonnes, le reste était composé de volontaires de l'armée. Cependant l'aile gauche des Anglais s'embarquait continuellement. Notre artillerie, commandée par M. de la Ville-Patoux, arriva à propos. M. le duc d'Aiguillon la fit placer lui-même sur la montagne, au-dessus du moulin d'Anne, et la fit avancer par trois fois ; elle faisait un grand carnage des ennemis, qu'elle prenait, pour ainsi dire, en flanc ; elle coula deux ou trois bateaux chargés de troupes.

L'artillerie des frégates ne nous faisait pas tant de mal

(1) M. le chevalier de Saint-Pern, colonel du régiment de Penthièvre, était en réserve à l'entrée des dunes, avec un bataillon de Penthièvre et trois bataillons de volontaires étrangers.

(2) Ces différents corps furent, pour ainsi dire, tous détruits.

que l'on aurait pensé : ses boulets portaient trop haut, ce qui rendait M. le duc d'Aiguillon très-exposé, courant sans cesse du moulin d'Anne au moulin du Chêne ; il pensa être emporté par un boulet au pied de ce moulin ; plusieurs bombes crevèrent assez près de lui. Les frégates tiraient à ricochet dans les dunes ; il sortait surtout de leurs hunes et des petits bâtiments un feu terrible de biscayens et de pierriers. Les galiotes à bombes tiraient sans discontinuer, et jetaient jusqu'à des pots à feu ; croyant nous faire plus de mal, ils faisaient crever leurs bombes en l'air. Malgré tout cela, leur artillerie ne nous a pas tué trente hommes, quoiqu'ils aient tiré plus de dix mille coups de canon.

Sur la fin, les boulets leur manquant, ils tiraient jusqu'à des chandeliers et des bouteilles. M. de Balleroy, qui commandait notre aile droite, formée des régiments des Vaisseaux, Bourbon, Brissac, Bresse, Quercy, déboucha par la Vieuxville. Les ennemis, forcés par la valeur de nos soldats, plus que par le nombre, commençaient à plier et à se retirer du côté de la pointe de la Garde. Nous nous rendîmes maîtres des retranchements, non sans une grande perte, puisque ce fut là que MM. de Polignac, de la Tour-d'Auvergne, de Cucé, de Montaigu et quelques autres officiers distingués furent blessés très-dangereusement. Nous entrâmes sur la grève : les ennemis gagnaient en désordre leurs chaloupes, faisant cependant volte-face de temps en temps ; c'est ce qui causa leur plus grand malheur. Nos soldats, animés par la résistance, fondirent dessus, les tirant à portée de pistolet. Alors les ennemis prirent la fuite de tous côtés ; ils se jetaient à la mer pour entrer les premiers dans les chaloupes, dont plusieurs coulèrent, étant trop chargées ; nos soldats les suivaient dans l'eau à coups de baïonnettes. Il y eut des officiers anglais qui, quoique déjà embarqués, furent traînés hors des bateaux et faits prisonniers. On ne peut savoir le nombre des morts et des blessés que les ennemis eurent dans ces bateaux, sur lesquels on tirait beaucoup.

M. le duc d'Aiguillon, voyant sa victoire complète, fut homme; quoique vainqueur, il arrêta le carnage et donna ordre de faire des prisonniers. On coupa le chemin à cinq ou six cents Anglais que l'on prit. Les chaloupes abandonnèrent le rivage; les Anglais qui restèrent à terre furent faits prisonniers. Les frégates mirent pavillon blanc et cessèrent de tirer. Nos soldats trouvèrent, dans les dépouilles de l'ennemi et dans le butin qu'il avait fait sur la côte, quelque récompense de leur valeur.

Le combat ne dura que deux heures et demie, mais on ne peut pas voir un feu plus vif ni mieux soutenu; il est vrai que le rivage était plein de sang et que les flots de la mer étaient rouges. La mer, qui montait, noya bien des Anglais. On ne commença à retirer les blessés qu'après la victoire. Les dunes sont labourées par les boulets de canon. La perte que l'Anglais a faite est d'autant plus importante, que tous les gardes à pied de la maison du roi et tous les grenadiers de l'armée sont presque détruits; outre plusieurs officiers de la première distinction, mylord Dury, major-général de l'armée, a été tué, ainsi qu'un capitaine des gardes et un capitaine des vaisseaux, car il y en avait à terre pour ordonner le rembarquement. Nous avons fait prisonniers vingt et quelques seigneurs considérables, surtout mylord Frédéric, qui fut pris dans des rochers où il s'était retiré; les signaux qu'il faisait pour demander un bateau le firent découvrir.

Comptant les morts, les blessés et les prisonniers, les ennemis peuvent perdre trois mille hommes. Nous n'avons pas eu deux cents hommes tués et autant de blessés; mais parmi nos blessés, il y a plusieurs officiers de marque : M.

de Polignac, colonel de Brie, est mort d'une blessure à l'épaule ; M. de la Tour d'Auvergne, colonel de Boulonnois, a été blessé aux reins et à la jambe ; M. le marquis de Cucé et M. le chevalier de Montaigu sont morts de leurs blessures ; M. de Redmon eut une foulure à la main ; plusieurs officiers de moindre distinction ont été tués.

Quand l'action fut finie, les Anglais envoyèrent une chaloupe à terre pour savoir ceux de leurs officiers qui étaient morts ou prisonniers. On apprit que le prince Edouard avait débarqué le matin sur la grève de Saint-Cast et s'était rembarqué aussitôt. La désolation était grande dans les vaisseaux : les mylords avouent qu'ils n'attendaient nos troupes que le jeudi, et qu'ils espéraient aller se rembarquer à Saint-Brieuc et prendre le château de la Latte en passant.

M. le duc d'Aiguillon accorda aux mylords prisonniers tout ce qu'ils demandèrent ; il leur permit d'écrire à bord, de faire venir leurs suites et de choisir pour séjour la ville qui leur plairait le plus : ils ont choisi la capitale de la province.

Monsieur le duc, maître du champ de bataille, laissa M. de Beon, lieutenant-colonel du régiment de Boulonnois, avec une partie de ce bataillon, pour enterrer les morts, et fit défiler les troupes par différents endroits, afin qu'elles fussent moins gênées et qu'elles se rendissent à leurs quartiers plus commodément. Notre général vint ensuite coucher à Matignon, et j'eus l'honneur de le voir loger dans ma maison en la place de Bligh (1). Je revins à Matignon

____

(1) On ne peut exprimer dans quel état je trouvai la maison ; il n'y restait plus la moindre provision. Les ennemis avaient emporté tout le linge, rideaux de lits, de fenêtres, tapisseries, défoncé les couettes pour avoir le coutil. Il restait dans la maison un gobelet de porcelaine et un petit pot à eau pour tous vases. Dans le

sans aucune blessure (1). Le lendemain mardi , je le suivis au champ de bataille : la mer avait jeté un grand nombre de morts. Les vaisseaux étaient mouillés au même endroit ; les frégates , les galiotes à bombes et les petits bâtiments étaient rapprochés du gros de la flotte. M. le duc envoya un bateau à bord avec des lettres et deux sauvegardes qui étaient restées dans une maison. Comme les Anglais , en abandonnant Matignon , avaient emmené avec eux tous les hommes qu'ils trouvèrent , ceux qui étaient sur la grève quand nous attaquâmes se sauvèrent ; on fit des échanges des autres qui avaient été embarqués.

Monsieur le duc revint le soir à Matignon et alla coucher à Lamballe.

La flotte resta deux jours à l'ancre , à la même distance de la pointe de l'île de Saint-Cast ; elle ne mit à la voile que le 14.

jardin , ils avaient attaché au pied des arbres les bestiaux , qui les avaient mis en pièces. Les éventails et les vignes le long des murs étaient couchés dans les allées. Dans l'enclos , ils avaient coupé à quelques pouces de terre un semis de pommiers et de chênes qui contenait plus de vingt mille pieds d'arbres. Une grange , qui est dans la cour , était pleine de quinze cents gerbes de froment ; la grand'garde , qui faisait bouillir ses chaudières autour de la cour, où on voyait plus de cinquante petits foyers composés de trois pierres , ne faisait du feu qu'avec des gerbes , quoique la provision du fagot fût logée au haut de la grange ; mais les gerbes de blé étaient plus à leur portée. La cour en était jonchée, et c'est un miracle comme le feu ne se communiqua pas à la grange. Ils avaient abattu plus de 180 pieds de longueur de mur de l'enclos du Pont-Brûlé.

(1) J'eus seulement un fusil coupé entre les mains et une foulure sur la main droite.

LETTRE

SANS SIGNATURE

Prise aux Archives du Département.

—◦●◦—

« A la Ville-Théart , le 12 septembre 1758.

» Je trouvai le colonel de Bresse chés M. le recteur de
Plancoët qui me conta que M. le duc D'Aiguillon avoit dis-
tribué ses troupes sur 3 colonnes, l'une du côté de la pointe
de St-Cas , l'autre du côté de la tour des Ebihens , et l'autre
entre ces deux colonnes ; qu'il avoit fait placer deux batteries de cannons qui se croisoient. Qu'environ les 10 heures du matin lundy il avoit fait attaquer les ennemis qui se
retiroient au petit pas et toujours en se desfendant , que le
fort du feu et de la tuerie avoit été à la pointe de St-Cas et
que là on fesoit tomber les Anglois comme des mouches
malgré la continuation de leur feu et de celuy de leurs frégates qui , dit-on , ont tiré plus de deux mille coups. Le
courage des troupes françoises a enfin prévalu et ils ont
contraint les Anglois de fuir et de rentrer dans leurs vaisseaux. Notre artillerie , a , dit-on , bien fait et elle a coulé
plusieurs chaloupes chargées de monde. Les Anglois ont eû
environs 1,500 hommes tués , 600 prisonniers et 90 bles-

sés encore prisonniers et qui sont actuellement au château de St-Cas, où Dupont de Rennes et tous les autres chirurgiens sont occuppés à les panser après avoir pansé les François. De l'aveu de tout le monde M. D'Aiguillon s'est comporté avec une habileté et une bravoure non commune et on l'a autant admiré dans la disposition de l'action et dans le combat, qu'on le remercie actuellement de la victoire qu'il a procurée. On ne crois que 100 François de tués, autant de blessés; du nombre des premiers est un capitaine de Brie, le plus bel homme du régiment, nommé M. de Beauchamp, qui est de Languedoc; un capitaine et un lieutenant des gardes-côtes de Dol dont je n'ai pû sçavoir le nom. Parmi les blessés, M. le marquis de Cussé blessé légèrement à la mâchoire et dangereusement dans le côté. M. de Polignac légèrement, M. de la Bretonnière gouverneur de Dinan, M. de la Châtre qui commandoit, m'a-t-on dit, une compagnie de 300 grenadiers choisis dont étoit lieutenant M. le chevalier de la Villethéart : pour luy il est grâce à Dieu sain et sauf; après le combat il a suivy M. D'Aiguillon à Matignon, mais je n'ai pû l'y trouver.

» M. Duvauroüault étoit perdû sans que les troupes sont arrivées. Les Anglois avoient dessein de prendre son château par terre et ils étoient déjà venûs auprès du Temple entre le Temple et Matignon, ils y ont fait des ravages et des pillages affreux, volailles, moutons, vaches, bleds, fruits, tout leur étoit bon : le vin, le cidre, rien n'étoit épargné. Ils n'ont esté dans ce camp que 18 heures ou environs, c'est-à-dire dimanche midy jusqu'a lundy 5 ou 6 heures qu'ils virent les troupes qui venoient du côté de Lamballe et les forcèrent de se replier en si grande hâte qu'ils ont laissés partie de leur butin pour se retirer plus promptement. Je l'ai vû en y passant. Ils ont dépoüillés et profannés les églises, pillés les recteurs et tué de guet-à-
pens

pens plusieurs personnes, des vieillards et des enfans. Mme de la Villecadre en a été dépoüillée deux fois — à ce qu'on m'a dit. Le fortuné Fauvelais en a été mieux traité. Il en a été quitte pour leur donner à boire et à manger, et un soldat anglois aïant cassé chez lui une belle fayence, sa cuisinière s'en pleignit aux officiers qui firent pendre ce soldat au vû et au sçeu de cette fille.

» Le recteur de Pléboul après les avoir abreuvé de tout ce qu'il avoit de boisson, en a esté pillé jusqu'au dernier sou, on lui a enlevé son linge, hardes, tabatière même, et le petit Coupé de la Fresnaye se trouvant par hasard là avec son cheval, ils le lui demandèrent pour emporter leur butin ; il répondit que son cheval n'étoit assez fort pour cela ; pour toute réplique il reçût un coup de fusil au travers du corps dont il mourut aussitôt. Seullement les Anglois voullurent bien permettre à M. le recteur de lui parler de Dieu, en lui disant : Ministre, fais ton devoir, le nostre est fait.

» St-Germain a esté égallement abimé, mais le recteur s'est éloigné. Ils descendirent environs 5o au port le dimanche au soir, mais comme ils virent un nombre considérable de personnes de l'autre côté sur minuit, ils y restèrent peu et n'ont pas fait de dommage.

» Ils ont été punis sans doute de tant de désordres, mais on ne sçait encore ce qu'ils pensent. Ils sont encore tous actuellement devant St-Cas. M. D'Aiguillon a disposé ses troupes de façon à se pouvoir rendre ensemble en peu de temps. »

DÉTAIL CIRCONSTANCIÉ

DE

LA DEUXIÈME DESCENTE DES ANGLAIS

SUR LES COTES DE BRETAGNE,

ET DU

COMBAT DE SAINT-CAST (1).

Le trois septembre, à cinq heures du matin, la flotte anglaise, composée de 109 voiles, parut à six lieues du Cap-Fréhel, et à six heures du soir, vint mouiller à une lieue par l'est du château de la Latte.

(1) Cette relation à laquelle nous restituons son véritable titre, et dont le manuscrit se trouve dans le cabinet de M. Lecourt de la Villethassetz, a été imprimée, en grande partie, dans la brochure éditée par M. de Saint-Pern, sous le titre de *Récit du militaire*. On y trouve, en effet, des appréciations et des remarques qui dénotent un homme du métier. Ogée, qui avait eu connaissance de ce manuscrit, s'en est servi pour broder à la gloire de MM. d'Aubigny, de Villepatour et autres militaires qui ont pris part au combat, un article dans lequel le duc d'Aiguillon est tenu presque constamment à l'écart. Nous laisserons au lecteur curieux le soin de relever les assertions de cet écrivain, et les différences qui existent entre son travail et le récit qui lui a tervi de thème.

G. DU M.

Le quatre, à dix heures du matin, elle vint mouiller devant la baye de Saint-Briac (1) et y débarqua sans obstacle huit mille hommes, dont deux cents dragons à cheval. L'infanterie campa au bas de la montagne *Garde-Guérin*, et les dragons dans les villages voisins. Quelques détachements de dragons, pour reconnaître le pays, s'avancèrent jusqu'à la pointe de Dinard et se retirèrent le soir. Six corsaires de Saint-Malo et la frégate du roi la *Renoncule* s'embossèrent devant Dinard et à l'ouvert de la rade, pour défendre aux Anglais l'entrée de la rivière de Rance. On craignait qu'ils n'eussent dessein de venir par là s'emparer de la pointe *de la Cité*, pour y établir des batteries et bombarder Saint-Malo.

La nuit du quatre au cinq, les Anglais brûlèrent vingt-deux barques de pêcheurs dans le port de Saint-Briac. Le cinq, à quatre heures du matin, ils dérangèrent leur premier camp; ils le divisèrent en trois, dont un fut poussé jusqu'à une demi-lieue de la pointe de Dinard : ils avancèrent sur la rive gauche de la rivière de Rance quelques détachements d'infanterie et de dragons, que le feu de nos corsaires obligea de se retirer.

Le six et le sept, les troupes débarquées restèrent dans le même état, et les vaisseaux ne remuèrent que pour éviter les courants et les mauvais mouillages.

(1) Saint-Briac, où les Anglais débarquèrent, est un village à trois lieues trois quarts de Saint-Malo, dans l'arrondissement duquel il est compris ; la population de cette commune est d'environ deux mille habitants ; elle est située à peu de distance de l'Océan, près de l'embouchure du Frémur.

On y remarque l'église élevée dans le quatorzième siècle, après une abondante pêche de maquereaux. La reconnaissance des habitants de Saint-Briac pour ce poisson, principale source de leur richesse et dont ils venaient de retirer de si grands profits, les porta à en faire représenter de tous côtés sur les murs, sur la voûte et même dans le bénitier où on les voit à la nage. (*Note de* M. de St-Pern).

Le huit, à trois heures du matin, les Anglais battirent la générale. A sept heures, ils baissèrent leurs tentes et restèrent en bataille à la tête de leur camp, jusqu'à midi, que, se reployant par leur droite, ils allèrent camper à Saint-Jacut, appuyant la droite de leur nouveau camp à la rivière du Guildo et la gauche au marais *Drouët*. M. le duc d'Aiguillon arriva à Lamballe, d'où il envoya un bataillon des Volontaires-Etrangers avec un escadron des dragons de Marbœuf, aux ordres de M. d'Aubigny, pour occuper Dinan, dont la sûreté était importante tant pour conserver la communication que parce que nous y avions des magasins de vivres, et que c'était le lieu de rassemblée d'une colonne de nos troupes (1). Vers les cinq heures du soir, quelques détachements anglais s'étant montrés au bas de la montagne, sur la rive droite du Guildo, cinq ou six cents gardes-côtes, établis sur la rive gauche, firent feu. Quoiqu'ils n'eussent tué personne et qu'ils fussent à plus de trois portées de fusil, les Anglais les ayant pris pour la tête d'une troupe nombreuse, n'osèrent pénétrer et se replièrent sur leur camp, en brûlant toutes les maisons du village sur la rive droite de la rivière.

M. le duc d'Aiguillon se porta le soir à Plancoët avec deux escadrons de Marbœuf et huit cents gardes-côtes. Il envoya ordre à M. d'Aubigny de se porter à Plouër avec le régiment de Brie, le premier bataillon des Volontaires-Etrangers, le bataillon de Marmande, trois bataillons de gardes-côtes et deux escadrons de Marbœuf. M. de Polignac avança jusqu'à Pleurtuit, avec un fort détachement. M. de Beon, lieutenant-colonel du régiment de Boulonnois, sortit

----

(1) On pouvait d'autant plus craindre pour Dinan que la milice de cette ville s'était réunie aux troupes qui se dirigeaient vers Saint-Cast, et qu'une partie des habitants s'y était aussi rendue pour combattre les Anglais.   (S. P.)

de Saint-Malo avec un détachement de cinq cents hommes pour se porter sur Ploubalay, à la droite de M. de Polignac et à la gauche des ennemis.

Le neuf, au matin, les Anglais passèrent le Guildo et vinrent camper entre Saint-Jeguhel et le bois du Val. Le troisième bataillon des Volontaires-Etrangers entra à Plancoët. M. de Saint-Pern fut détaché pendant la nuit avec six cents hommes, pour occuper Saint-Pôtan et éclairer la marche des ennemis.

Le dix, à quatre heures du matin, les Anglais se portèrent à Matignon et y établirent leur camp. Les régiments de Bourbon, Brissac, Bresse et Quercy arrivèrent à Hénan, conduits par M. de Balleroy et à ses ordres. M. d'Aubigny passa le Guildo avec son détachement et fut joint par le régiment de Boulonnois, le bataillon de Fontenoi-le-Comte et deux bataillons de gardes-côtes.

M. le duc d'Aiguillon, après s'être porté avec un gros détachement sur Matignon pour reconnaître les ennemis, les tourna par leur gauche et marcha à Saint-Pôtan, où il établit huit compagnies de grenadiers, douze piquets et deux cents dragons aux ordres de M. de Broc. Tandis que M. le duc tournait les ennemis par la gauche, M. d'Aubigny, vers les quatre heures du soir, arriva par leur droite avec sa division ; il n'était séparé du camp que par une haie donnant d'un côté sur le grand chemin, et de l'autre sur un pré où ils étaient campés. Ils n'avaient aucune patrouille ni aucun corps-de-garde avancé. On voyait à cent pas une grande partie des hommes couchés, l'autre partie faisant cuire de la viande et allumant du feu sous des marmites ; les chevaux étaient dessellés et au piquet dans le bas de la prairie. M. d'Aubigny jugeant l'ennemi trop nombreux, la colonne qu'il conduisait trop légère, et n'ayant point ordre d'attaquer, établit ses troupes par échelons dans les champs à droite et à gauche du grand chemin pour s'assurer une retraite en cas d'attaque, et se reploya sur la droite de Saint-Pôtan, où il fut mis en potence. Le reste des troupes fut établi à Pluduno, et le régiment Royal-des-Vaisseaux arriva la nuit à Hénan, avec une division d'artillerie. M. de Broc, avec un détachement de trois cents hommes, fut chargé d'inquiéter les postes avancés des ennemis et d'éclairer leurs mouvements pendant cette nuit. Les gardes-côtes de Dol et de Tréguier, qui avaient perdu le soir la file de la colonne, se rencontrèrent environ minuit, et s'étant pris réciproquement pour des ennemis, ils se fusillèrent et se tuèrent cinquante à soixante hommes. Trois dragons de Marbœuf, faisant patrouille sur l'enceinte, furent tués par la même méprise et sans plaisanterie, par le rapport que les Bas-Bretons trouvèrent entre Marbœuf et Malborough (1).

Le onze, à six heures du matin, M. de Broc rendit compte de sa nuit à M. le duc, et l'informa que les ennemis avaient commencé leur retraite et qu'ils travaillaient au rembarquement de leurs troupes dans l'anse de Saint-Cast. Sur-le-champ, nos troupes répandues tant à Hénan qu'à Saint-Pôtan et Pluduno, se mirent en marche et arrivèrent en courant sur les hauteurs de Saint-Cast. Il était neuf heures : la flotte ennemie était en ligne, et les chaloupes travaillaient au rembarquement. L'arrière-garde des ennemis, composée de trois cents hommes, était sur la plage dans le fond de l'anse et se présentait dans le plus bel ordre de ba-

____

(1) Nous craignons que l'auteur ne confonde ici un fait regardé comme constant dans le pays. Des détachements de milices, qui avaient reçu l'ordre de tirer sur les *habits rouges*, firent feu sur des dragons de Marbœuf et sur un bataillon Irlandais, dont les uniformes étaient rouges ; ces deux corps perdirent, par cette méprise, chacun plusieurs hommes. (S. P.)

taille, derrière des retranchements de terre hauts d'environ trois pieds. Dès que notre infanterie fut aperçue sur la montagne, sept frégates et quatre bombardières, embossées le plus près de terre qu'il avait été possible, commencèrent un feu très-vif qui nous tua cependant là peu de monde, parce que les boulets étaient tirés à toute volée, et que la terre étant fort grasse sur la montagne, les bombes s'enterraient auparavant d'éclater. Nos troupes restèrent en bataille dans cet endroit environ une demi-heure, tandis qu'on pressait la marche des canons qui suivaient nos régiments. Huit de ces canons arrivèrent et furent mis en batterie avec beaucoup de promptitude et de valeur par MM. de Villepatour et d'Urtuby. Ils retinrent même dans les retranchements les ennemis qui parurent se former en colonne par leur centre, pour marcher à nous sur la plage, et on ne doute point que si douze pièces de fonte de douze livres, parties le sept de Saint-Malo, n'eussent pas trouvé des difficultés insurmontables dans les mauvais chemins et eussent pu arriver dans ce moment, il n'y eut eu plusieurs vaisseaux coulés. Les dispositions de M. le duc étaient d'attaquer en même temps les ennemis par la droite, par la gauche et par le centre ; M. de Balleroy devait marcher par la droite avec les régiments de Bourbon, Brissac, Brest et Quercy ; M. d'Aubigny par la gauche avec les régiments de Boulonnois et Brie, les bataillons de Fontenoy, Marmande et le premier des Volontaires-Etrangers ; M. de Broc, par le centre avec son détachement ; et le reste des troupes fut mis en réserve sur le revers de la montagne. Mais soit que MM. de Balleroy et de Broc ne trouvassent point de défilé, soit que M. d'Aubigny jugeât sa colonne capable d'enfoncer l'ennemi, et qu'il lui tardât d'acquérir de la gloire, il n'y eut que la gauche à donner : elle arriva au village de Saint-Cast par un chemin coupé et bas, derrière la montagne, vers les dix heures ; rendue au village, la tête fit une halte d'environ un quart d'heure pour donner le temps à la queue de joindre. M. d'Aubigny arriva et commanda à la tête de marcher. Elle était composée sur la gauche d'une compagnie de grenadiers des Volontaires-Etrangers ; au centre, douze à quinze officiers et gentils-hommes de la province et les grenadiers de Boulonnois ; sur la droite, les grenadiers de Brie. Ceux de Boulonnois débouchèrent les premiers du village par un défilé qui ne comportait que trois hommes de front : ils essuyèrent des vaisseaux un feu terrible que les ennemis avaient dirigé sur ce débouché.

Ils gagnèrent en courant environ trente pas une petite dune formée par l'inégalité du terrain, derrière laquelle ils se formèrent et dont ils s'épaulèrent pendant trois à quatre minutes, ne jugeant pas qu'il fût possible de franchir près d'une demi-lieue de grève plate presque sous les vaisseaux pour aller attaquer l'ennemi. M. d'Aubigny, qui donna, dans cette occasion, des preuves de la plus grande valeur et de la plus grande intrépidité, les anima plusieurs fois au combat, et voyant qu'on ne remuait pas malgré les invitations qu'en faisait également M. de la Tour d'Auvergne, colonel de Boulonnois, qui conduisait l'attaque et qui donna aussi des preuves du plus grand courage, il courut aux Volontaires qui faisaient le front de l'attaque : *Allons, messieurs, leur dit-il, donnez l'exemple à ces gens-là.* Sur-le-champ les Volontaires se levèrent et coururent de toutes leurs forces aux retranchements. Les grenadiers de Boulonnois les suivirent de très-près et se mêlèrent même avec eux, et en courant à toutes jambes sous le feu continuel de l'artillerie et de la mousqueterie des vaisseaux, et en essuyant cinq décharges roulantes de mousqueterie de terre, on arriva à vingt pas des retranchements ; mais les premiers arrivés voyant que la queue était encore loin, firent une halte d'un moment en se couvrant de leur mieux de l'inégalité du terrain. On remarqua sur les retranchements un officier anglais, l'épée à la main, qui prenant cette halte pour un découragement, provoquait nos troupes en leur disant : Avancez donc, *b......*, avancez donc, *f...... canaille !* Les trois compagnies de grenadiers qui se trouvèrent rendues quoique déjà considérablement entamées et qui avaient conservé leur feu jusques-là, tirèrent et crièrent de toutes leurs forces : *Victoire, vive le Roi !* en courant aux retranchements avec les baïonnettes. Cette valeur dont il n'y a peut-être point d'exemple, puisque nous n'étions pas trois cents hommes rassemblés et que nous arrivions par deux, par trois, sans ordre et dans la plus grande confusion, épouvanta l'ennemi et lui fit prendre la fuite. Chacun jeta ses armes en criant : *Miséricorde, brave France !* et chacun chercha à se sauver soit en gagnant la pointe de l'anse où étaient les chaloupes, soit en se jetant dans la mer pour se rendre aux vaisseaux à la nage.

Les premiers des nôtres, rendus dans les retranchements, appelèrent les étendards et il en avança trois, savoir : deux de Boulonnois et un de Brie.

Les ennemis qui n'avaient pu sortir des retranchements y étaient à genoux (1) et nous criaient miséricorde ; mais comme le feu continuait des vaisseaux, qui tiraient dans ce moment à mitraille et nous tuaient beaucoup de monde, les soldats furieux ne firent guère de quartier dans le commencement, et il y a grande apparence qu'ils auraient fini de même si M. d'Aubigny, qui conserva toujours, sur la gauche, la hauteur de la première ligne, ne se fût porté

(1) C'est ici qu'Ogée s'est avisé d'insérer la plus incroyable des bourdes ; on lit dans cet écrivain qu'Albert-Le-Grand scandalisait : « Les ennemis y étaient à genoux, se *couvrant de chapelets*, et criant miséricorde, etc. »

partout avec autant de valeur que d'humanité pour arrêter la rage du soldat, faire cesser le feu et ordonner qu'on fît des prisonniers. De trois barques chargées qui essayaient de regagner la flotte, deux furent coulées par leur charge et la troisième fut obligée de revenir à terre. Les officiers et les soldats français entraient dans la mer jusqu'à la gorge pour arrêter les ennemis qui cherchaient à se sauver ou grimpaient après eux sur les rochers. De trois mille Anglais qui étaient à terre aucun ne regagna les vaisseaux ; mille à douze cents furent tués sur la place ; huit cents périrent dans l'eau et le reste, dont trente officiers de marque, fut fait prisonnier. Quatorze compagnies de grenadiers de cent hommes chacune, et deux bataillons des gardes à pied du roi d'Angleterre, l'élite des troupes de cette nation, furent défaits dans ce combat où les troupes françaises ont donné les plus grandes preuves de valeur, et où la noblesse bretonne a signalé son zèle pour le service du roi et la défense de sa patrie. Le feu finit à une heure après-midi ; les troupes se formèrent sur la montagne, et M. le duc les renvoya sur-le-champ dans leurs quartiers, laissant seulement six cents hommes pour enterrer les morts et observer la flotte.

REFLEXIONS.

L'armée française était de huit à neuf mille hommes. — Il n'y avait aucune subsistance. — Point de chirurgien commandé sur les lieux pour recevoir les blessés. — Point de chariots pour les enlever. — Lors de la bataille, il y avait plus de trente-six heures que les soldats n'avaient mangé. — Si on eût attaqué deux heures plus tôt, aucun ennemi n'aurait pu se rembarquer. — Si M. le duc eût joint M.

d'Aubigny le dix au soir, ou qu'il lui eût envoyé des ordres, on aurait défait en totalité, et sans perdre beaucoup de monde, l'armée ennemie qui pour lors n'avait pas connaissance de nous, qui n'avait aucune patrouille autour de son camp, qui n'avait point de canons et qui ne pouvait être protégée du feu des vaisseaux. — Si l'on eût fait défiler en même temps les trois colonnes le jour du combat, nous aurions perdu moins de monde parce que l'ennemi eût été obligé de partager son feu, et peut-être eût-il mis bas les armes. — Etait-il sage d'ôter la garnison de Saint-Malo, tandis qu'il y avait suffisamment d'autres troupes ; et n'était-il pas à craindre que les Anglais, profitant de ce moment pour venir donner l'assaut à la ville, les bourgeois n'eussent pas été en état de la défendre ou que la terreur les eût pris, n'ayant point de troupes réglées ? — Etait-il prudent de congédier les troupes immédiatement après la bataille, et n'était-il pas à craindre que l'ennemi ne mît à terre, pour ravager le pays, les cinq mille hommes qui lui restaient ? — Etait-il impossible, en prenant les mesures convenables, que l'artillerie, partie le sept de Saint-Malo, arrivât à temps à Saint-Cast ?

Noms des officiers et gentilshommes qui sortirent de S.-Malo à la tête des Grenadiers de Boulonnois et qui s'y sont distingués pendant le combat. (1).

MM. De Robien, lieutenant de la compagnie des grenadiers à cheval du Roi.

Le Marquis de Cucé, sous-lieutenant de la 1re compagnie des mousquetaires du Roi (tué). (2).

(1) M. de Saint-Pern, omet dans sa brochure tout ce qui suit.

(2 On lira avec intérêt la lettre suivante écrite par le père du marquis de Cucé,

Le Comte du Bois de la Motte, capitaine des vaisseaux du Roi.

Le Marquis de Montaigu, officier retiré et chevalier de Saint Louis (tué).

Darcy (1), capitaine des invalides et chevalier de Saint Louis (plusieurs balles dans les habits).

De Caux, garde du corps du Roi, de la compagnie de Villerez (trois blessures).

Du Bois-au-Voyer, mousquetaire de la 1re compagnie.

De Tullais, mousquetaire de la 2e compag. (3 blessures).

près du lit de son fils. Elle est adressée à l'un de ses parents, officier de l'armée d'Allemagne.

« Je vous écris de Saint-Malo, Monsieur et très-cher cousin, où j'ai volé au secours de mon fils ainé qui a reçu trois coups de feu à la bataille que M. le duc d'Aiguillon a livré aux Anglois, auprès de Saint-Cast, près Matignon, le 11 de ce mois et a remporté sur eux une victoire complète. Mon fils, M. de Robien mon beau-frère, M. du Bois de la Motte, mon gendre, ont donné comme volontaires à la tête des grenadiers du régiment de Bolonois, M. de la Tour-d'Auvergne, colonel. Mon fils s'y est distingué d'une façon si singulière que je ne peux vous l'exprimer. Il s'est fait la plus grande réputation; il a reçu trois coups de feu, le premier au menton, mais seulement dans les chairs, l'os n'a pas été touché; le second dans la cuisse gauche, la balle est entrée d'un côté et est sortie de l'autre, heureusement les os, les fibres, les nerfs, les veines et artères principales n'ont pas été touchés, la balle a seulement traversé les chairs, cette plaie est douloureuse, la guérison sera longue, mais il n'y a aucun danger; le troisième est au haut de l'épaule, la balle a entré d'un côté et est sortie de l'autre, l'os a été touché et on en a retiré deux esquilles, cette blessure est la plus sérieuse. Les chirurgiens m'assurent qu'il n'y a pas de danger ny pour la vie, ny pour les bras, mais je ne serai tranquille que quand les jours critiques seront passés. J'ay sssisté au pansement, les chirurgiens sont très-contents des playes; ainsi j'ay tout lieu d'en bien espérer.......

A Saint-Malo, le 13 septembre 1758.

Signé: G. De Cucé.

(*Adresse*) A M. le comte du Boisgeslin, colonel de France, à l'armée autrichienne en Bohême, par Strasbourg.

(*Archives départementales*).

Comme on le voit, le pauvre père fut cruellement déçu dans ses espérances pour la guérison de son fils.

(1) On peut lire également dans le manuscrit Dorcy ou Dassy on a écrit et imprimé ailleurs Dassy.

De Kerguezec, gentilhomme breton.

De la Motte de Montmoron, gentilhomme breton.

De Scott, neveu, gentilhomme breton (blessures).

De Pontfily-Péan, gentilhomme breton (tué).

De Vaucouleurs, — Sohier, officiers de Corsaires.

*Noms des officiers et gentilshommes qui se rendirent les 9,
10 et 11 Septembre auprès de M. le duc d'Aiguillon pour
lui servir d'aides-de-camp.*

MM. de Quelen, exempt des gardes du corps du Roi.

De la Bélinaye, lieutenant au régiment des gardes françaises.

De la Bélinaye, officier au régiment de la reine-dragons.

De la Vigne, officier de cavalerie.

Du Boisgeslin-Kerdu, gentilhomme breton.

De Ligouyer-Saint-Pern, gentilhomme breton. (1).

De Pontual, gentilhomme breton.

De Calan, gentilhomme breton.

De L'Aumosne, gentilhomme breton.

De la Baronnais, gentilhomme breton.

De Melesse, grand Prévost.

Il n'y eut à rejoindre les drapeaux, après le combat,
que Messieurs de Robien, de Caud et des Tullais. Ce fut

---

(1) Trois Saint-Pern figuraient à la bataille de Saint-Cast, savoir : Deux volontaires : M. de Saint-Pern-Ligouyer, René-Célestin-Bertrand et M. de Saint-Pern du Lattay; puis M. le chevalier Louis-Bonaventure de Saint-Pern, officier supérieur en activité de service, qui commanda la réserve et qui devint lieutenant-général. M. de Saint-Pern-Ligouyer se trouva presque par hasard à la bataille ; il venait, en qualité de colonel chargé de la défense des côtes de Bretagne, de faire une tournée d'inspection et se disposait à prendre quelque repos chez son frère aîné René-Célestin-Bertrand, au château de Couellan, quand il y apprit la nouvelle de la descente des Anglais.

M. de Caud qui le premier cria dans les retranchements ennemis de faire avancer les étendards. Il se servit par habitude de cette expression qu fut répétée dans toute la colonne, au lieu de dire drapeaux ; il fit, ainsi que M. des Tullais, plusieurs officiers prisonniers, dans l'eau jusqu'à la ceinture. » (1)

(1) On pense que l'auteur de ce récit qui signe seulement des deux lettres C. N. est un M. de Couessin. C'était, selon toute apparence et comme le pense M. de Saint-Pern, un ancien militaire. Mais il n'appartenait plus à l'armée et s'il faut en juger par un passage de son écrit (page 136, ci-devant), c'est en qualité de volontaire qu'il aurait pris part à la bataille. Selon d'autres personnes, cette narration serait due à un M. Carousin.

LETTRE

ÉCRITE PAR UN FRÉRE CAPUCIN

A L'ABBÉ DE S.-VINCENT DU MANS (1).

Le dimanche 27 aoust, le corsaire *la Mimi*, de St-Malo, mouilla dans ce port. Le capitaine rapporta à M. le marquis de la Châtre qu'étant poursuivi par deux frégates angloises, il avoit été obligé de passer au milieu d'une flotte qui sortoit de Plimouth, qu'il s'en étoit retiré en arborant pavillon anglois et faisant leurs signaux, et enfin qu'elle paroissoit faire voile sur ces côtés ici. Ce zélé commandant profita de cet avis, et, dès le lendemain, fit imprimer, afficher et publier dans les paroisses circonvoisines et ici les ordres suivants :

---

(1) Cette lettre, dont l'original existe à la bibliothèque du Mans, a été publiée avec une autre missive du même religieux qui donne des détails sur l'attaque dirigée au mois de Juin précédent contre la ville de Saint-Malo, par la flotte anglaise, dans la *Revue des provinces de l'Ouest*, tome III, 3ᵉ livraison. Nous devons à l'extrême obligeance du directeur de cette Revue, M. A. Guéraud, la communication de cette pièce et de plusieurs documents qu'on lira dans le cours du présent volume.   G. DU M.

« A sçavoir qu'au bruit de quatre coups de canon tirés des forts *Royal*, la *Reine*, la *Hollande* et *Saint-Philippe*, les gens de la campagne conduisissent en ville tous leurs bestiaux et qu'ils en seroient dédommagés si on les consommoit ; que tous les gardes-côtes se rendissent sur la place Dunais pour être distribués sur les forts. » Malgré ces ordres, on ne pouvoit s'imaginer qu'après une descente où l'ennemi avoit ruiné la marine, il revînt encore, et nous jettions le sort sur Grandville. Nous nous trompions lourdement. Nous étions tous à St-Malo et ici encore dans ces frivoles sentiments, le 2 de septembre. Cependant l'ennemy voguoit en s'approchant et nous ne prévoyions pas notre malheur. Le 3, le château de la *Latte* nous réveilla à 6 heures du matin par deux coups de canon auxquels on ne fit nulle attention, s'imaginant que c'était un corsaire qui entrait : ledit château n'entendant point qu'on lui répondît, récidiva deux autres et hissa pavillon anglois ; aussitôt la *Conchée* (1) en tira deux de 48, et fit de même, et les autres forts pareillement, en sorte qu'en moins d'un quart d'heure on entendit douze coups. Ce fut alors que la prévention cessa.

Après avoir été plus d'une heure à notre bibliothèque, d'où nous ne voyions rien, nous prîmes le parti de monter dans notre clocher ; ce fut inutilement. Je me défiai de mes yeux ; en conséquence, j'eus recours à ma longue-vue ; le tout en vain. M. le marquis de la Châtre se leva promptement au bruit du canon de la Conchée et des forts, et fut vite à Saint-Malo y donner ses ordres, rassura le peuple un peu inquiet, prit un bateau, fut à la *Conchée* et visiter les autres forts en y donnant ses ordres. Revenu sur les huit

---

(1) Fort bâti sur les plans de Vauban. Il est situé à deux lieues en pleine mer.

heures ,

heures, il examina de dessus la *Hollande* l'ennemi qui venoit sous ses huniers déferlés ; à la faveur de ma longue-
vue, je comptai dans ce même temps, de notre clocher,
trois navires de ligne et quatre frégates. M. le marquis fit
promptement travailler sur les quais et couper le Sillon,
travaux immenses qui durèrent le dimanche depuis midi
jusqu'au lundi 8 heures du soir, jour et nuit, et auxquels
il présida toujours, ce qui lui a attiré l'affection du peuple
malouin.

Sur les dix heures, il fit faire les quatre signaux ci-dessus
marqués. Le vent favorable pour l'ennemi le faisoit avancer
et à 11 heures nous comptâmes dix-huit navires. Ils n'é-
toient encore qu'à l'horison, je veux dire, à l'estime de
nos marins, à plus de 10 lieues. On ne laissoit pas perdre
le temps à la ville ; l'habitant et le soldat travailloient avec
ardeur à sa fortification, tandis que le païsan et les gardes-
côtes s'empressoient à l'envie les uns des autres à remplir
les ordres publiés. Dans le même jour les cours de l'Evêché
et du Château furent remplies de bétail de toute sorte de
genre et espèce. Vers les trois heures j'eus recours à ma
longue-vue et montai promptement à notre clocher. La
flotte ennemie composée de 105 voiles paroissoit déjà en
plein au-dessus du cap Frehel, où elle mouilla jusqu'au
lendemain matin, sans qu'il se passât rien de particulier.

Le lundi 4, dès 5 heures du matin, je remarquai, de
notre clocher, la flotte ennemie dans la même position où
elle resta jusqu'à 6, qu'elle leva l'ancre, mit à la voile et
vint sous son foc, ses petits huniers et ses perroquets mouiller vis-à-vis de la baye de Saint-Briac, où elle demeura jusqu'à 9 heures, que l'amiral, qui seul avoit pavillon carré
à son grand mât, tira un coup de canon, signal qui fit mettre à la voile trois frégates qui passèrent devant lui et tous
les bateaux plats, par ordre (rien de plus beau à voir ! mais

c'étoit l'ennemi, et il n'en falloit pas davantage pour dé-
goûter). Ils s'avancèrent dans le fond de cette baye vers la
terre. Un quart d'heure après, les trois frégates qui s'étoient
embossées tirèrent chacune leur bordée sur terre pour favoriser le débarquement, qu'ils firent au nombre de 4 à 5
mille hommes, avec la plus grande réussite ; il y avoit dans
ce nombre 200 cavaliers. Depuis 10 heures jusqu'à 2, ils se
rendirent maîtres de Saint-Briac où ils brûlèrent vingt-deux
barques, de Saint-Lunaire et de Dinar où ils mirent leur
camp de réserve : l'autre étoit placé au bas de la montagne
de la première paroisse ci-dessus nommée. De dessus la
place Dunais nous voyions tout ce camp de réserve ; pour
la flotte, elle étoit toujours dans la même position. La plus
grande cruauté qu'ils ont exercée sur ces côtés-là, ce fut de
brûler deux métairies de M. de Pontual, par la faute de ses
fermiers qui leur refusèrent du foin. Les généraux donnèrent un sauve-garde à M. de la Vicomté et à Mme de Pont-
briand chez lesquels ils mangèrent une fois.

Le mardi 5, l'ennemi tenta à passer Dinar pour venir à
Saint-Servan. Deux de leurs gens en furent victimes. La
Renoncule, frégate du Roy, mouillée en rade depuis trois
jours, et deux de nos corsaires, la *Mimi* et le *Perdreau*,
firent soursoubrer leur bateau par deux coups de canon.
Ce premier échoué, ils en tentèrent un autre ; ils voulurent
établir une batterie sur la pointe de Dinar, afin de brûler
de cette sorte nos navires qui leur avoient échappé la première fois ; mais dès qu'il en paroissoit un, les navires tiroient à force dessus. Ainsi échoua cette deuxième comme
la première, et se bornèrent, ce jour là, à examiner de
leur camp et des environs la ville et les forts, qui les attendoient à pied ferme, ayant déjà plus de 7,000 hommes dans
leur enceinte tant en troupes réglées que gardes-côtes et
volontaires, et qui leur tiroient souvent du canon.

Le mercredy 6, dès la pointe du jour, nous vîmes le camp et la flotte dans leur même position. Sur le midy, les vents ayant tourné et fraichi de la partie de l'ouest, la flotte appareilla, et après avoir couru deux bordées, vint mouiller en avant de la pointe de Saint-Cast. Les vents ayant forcé de la même partie, l'après-midy, elle reçut quelque avarie.

Le jeudy 7, la flotte et le camp toujours dans la même position, les troupes firent l'exercice à la tête de leur camp, et quelques bâtiments ont appareillé pour se tirer des mauvais mouillages.

Le vendredy, dès l'aurore, on entendit battre la générale dans le camp ennemy : au jour, ils étoient cependant encore dans leur position. Sur les huit heures, nous les vîmes, de dessus la Cité, lever leur camp, et ils demeurèrent jusqu'environ onze heures et demie rangés en bataille, faisant divers mouvements, et disparurent ainsi à notre vue. Ils se divisèrent encore en deux corps ; les uns furent placés à la Villegueuri et les autres à l'entrée de Saint-Jagû (1), tirant du côté de Guildo.

Le samedy 9, sur la nouvelle qu'eut M. le Duc d'Aiguillon de la position de l'ennemy, il se porta à Plancouët, distant du camp de l'ennemy d'une lieue, avec deux escadrons de dragons et 800 gardes-côtes. M. d'Aubigny se porta à Plouer avec le régiment de Brie, le 1er bataillon des volontaires, celuy de Marmande-milice, et trois de gardes-côtes, avec escadrons de dragons, et poussa le chevalier de Polignac, avec un détachement, jusqu'à Pleurtuit. M. de la Châtre se porta sur Ploubalai, à la droite du chevalier de Polignac. Ils avoient tous pour objet d'inquiéter

(1) Saint-Jacut, abbaye de l'ordre de Saint-Benoit, où était mort précédemment l'historien dom Lobineau.

l'ennemy sur leur gauche. Ce dit jour, l'ennemy passa le Guildo et se porta sur Matignon et Pleboul, son camp étant entre cette ville nommée et le bourg de Saint-Cast, où ils ont partout là pillé les maisons ; et, après avoir brûlé toutes les maisons de Guildo, du côté de Matignon, ils ont commis dans cette ville et Pleboul, après en avoir pillé les maisons, des cruautés inouïes et que la pudeur ne permet pas de tracer ici.

Le dimanche 10, les régiments de Bourbon, Brissac, Bresse et Quercy, arrivés la veille à Lamballe, avancèrent à Henan, à une lieue de Matignon. M. de Balleroy les commandoit, avec deux escadrons de dragons. M. de la Châtre, qui conduisoit Boulonnois, Fontenoy-le-Comte et deux bataillons de milice gardes-côtes, rejoignit M. d'Aubigny, et passèrent le Guildo. Sur le midy, M. le Duc se porta de Henan sur Matignon, avec un gros détachement, pour reconnoître la position de l'ennemy : il le trouva avantageusement placé pour être attaqué, aussi se tourna-t-il sur sa gauche et marcha pour cela sur Saint-Pôtan. M. le marquis de Broc y fut établi, avec huit compagnies de grenadiers, douze piquets et 200 dragons ; M. d'Aubigny fut mis en potence sur la droite de ce bourg, et le reste des troupes se porta à Pleuduno, excepté Royal-Vaisseau qui n'arriva qu'à la nuit à Henan.

Le lundy 11, M. de Broc fut chargé la nuit d'inquiéter les postes avancés des ennemis et d'examiner leurs mouvements ; ce qui réussit au mieux. Dès le matin, il informa M. le Duc que les ennemis avoient commencé leur retraite et qu'ils travailloient à leur rembarquement dans l'anse de Saint-Cast. D'abord que les ennemis le virent, ils embossèrent deux bombardières et sept frégates qui firent un feu impossible à dépeindre, pendant lequel nos troupes avançoient toujours dessus. Les chemins qu'ils prenoient pour les cerner étoient si étroits, que le marquis de la Châtre prit le party de ne faire avancer que quatre régiments qui sont Normand, Milice-Gascon, Boulonnois, Brie, et un bataillon de Fontenoy-le-Comte, et se mit à leur tête avec quelques volontaires de Saint-Malo.

Le feu toujours très-violent de l'ennemy, par les canons, bombes, pots-à-feu et grenades, fit faire un demi-tour à droite à Marmande. M. le Marquis, animé et déjà blessé, courut dessus et, à coup de crosse de fusil, leur dit que dans une conjoncture pareille, il fallait vaincre ou mourir; que puisqu'ils craignoient la bombe, le boulet, etc., etc., il les mettroit à l'abry. Ce qu'il fit sur-le-champ. Nos troupes, qui n'avoient pas encore d'ordre de tirer, se rongeoient le poing, voyant l'ennemy qui avoit déjà fait deux décharges sur elles.

M. le Marquis, quoique blessé à la jambe, fut demander des ordres de tirer au Duc, qui s'écria, en disant : — « Hélas ! mon artillerie n'est pas encore arrivée ! »

— N'importe, reprit le Marquis, nos troupes sont courageuses, nous sacrifierons du monde, mais nous gagnerons.

M. le Duc lui dit de donner.

A l'instant, il descendit et se mit à la tête avec M. de la Tour-d'Auvergne, faisant face à l'ennemy qui faisoit sa troisième bordée.

Laquelle étant tirée, le marquis s'écria, fonçant le premier sur l'ennemy : — « A moy, enfants courageux du Boulonnois, de Brie et de Fontenoy !.... Feu ! et peu de prisonniers ! »

A ces paroles, les soldats acharnés, ne connaissant plus ny commandants, ny généraux, soutenus de sept canons qui venoient d'arriver, forcèrent avec la plus grande valeur les retranchements de l'ennemy, dont ils s'emparèrent après une demi-heure de combat. M. de la Châtre, s'apercevant de dessus les retranchements qu'il avoit perdu bien du monde, prit une grenade en main, y mit le feu et la jetta vers M. le Duc qui étoit sur une des hauteurs, qui lui envoya pour renfort le régiment de Marbœuf-Dragons à pied, qui, joints avec les autres, furent prendre les fuyards dans les bateaux jusqu'au milieu de la mer.

La flotte tiroit toujours. M. le Marquis fit mettre sur les retranchements le pavillon françois en criant trois fois : « Vive le Roy ! » La troupe fit de même. Aussitôt la flotte cessa et arbora pavillon françois en berne. Ils envoyèrent un bateau pour demander trève et leurs morts. Ce dernier article leur fut refusé. Trois de leurs bateaux chargés de soldats pour rembarquer ont été coulés, et on peut être moralement sûr qu'il ne s'est pas sauvé cent hommes : tout a été tué, noyé ou fait prisonnier. Il est impossible de voir une action plus vigoureuse et mieux conduite. Le régiment de Boulonnois s'est distingué par dessus tous, également que Brie, Fontenoy-le-Comte, et quelques volontaires gentilshommes de la province, et ceux de Saint-Malo. Cette action dura depuis dix heures jusqu'à deux. Marbœuf-Dragons conduisit à Dinan, le soir, 800 prisonniers, parmi lesquels il y a 30 des plus grosses têtes d'Angleterre.

Le mardy 12, dès le matin, à la pointe du jour, on apperçut que la flotte s'étoit éloignée, toujours avec un pavillon françois en berne. Sur les huit heures, nous apperçûmes trois de leurs frégates avec vent sud-sud-ouest. Sur les dix heures, le marquis de la Châtre, revenu à Saint-Malo dès la veille avec les régiments de Boulonnois et de Fontenoy-le-Comte, envoya cinq panerées de pêches à l'amiral. Ceux qui les ont portées nous ont dit qu'ayant été dans presque tous leurs navires, ils n'avoient pas vu beaucoup de monde, et qu'ils étoient tous consternés. Ils parlèrent au prince Edouard , petit-fils du Roy, qui avoit pensé être pris. Ce présent fut très-bien reçu et remplacé par de la bière double , avec une lettre adressée à M. le Marquis , pour le supplier de leur permettre d'aller reconnoître leurs morts , parmy lesquels ils ont reconnu le lieutenant-colonel des troupes de terre ; et d'envoyer à leurs milords et officiers leurs meubles. Tout cela leur fut accordé , mais pas plus.

Le mercredy 13 , quatre navires du Roy et trois frégates levèrent l'ancre , sur les huit à neuf heures , et à dix , nous ne les voïons plus. Ce jour fut employé , de notre côté , à dépouiller et à enterrer nos morts dans un champ béni à cet effet , et à ensabler les leurs sur la grève. Sur les trois heures , s'étant levé un bon vent de Nord-Est , nous vîmes du champ de bataille où j'arrivay sur les deux heures , la flotte se retirer en faisant plusieurs bordées et reçut encore quelqu'avarie. Nous vîmes encore 1,400 des leurs sur le rivage , nus comme la main , dont le plus petit étoit de cinq pieds et demy : il y avoit douze compagnies de grenadiers de 100 hommes, de la maison du Roy. Nos prisonniers nous ont rapporté qu'ils étoient venus prendre une partie de plaisir sur les côtes de France ; aussi presque tous les gros de leur nation y étoient-ils venus avec le prince Edouard et la moitié de la maison du Roy ; que leur commandant de terre seroit très-mal reçu , vû qu'il avoit ordre de ne pas exposer les troupes. On estime que l'ennemy a jetté plus de 6,000 bombes, 4,000 pots-à-feu et tiré plus de 8,000 coups de canon. Ce qu'il y a de vray , la pleine de Saint-Cast en est remplie ; je l'ai vu, j'en puis parler. On n'y voit que bombes éclatées , grenades , boulets, pots-à-feu, sang, cervelles , bras , jambes , et des corps coupés par la moitié ; cela fait horreur.

Le jeudy 14 , dès le matin , sept heures , nous vîmes la

flotte lever l'ancre , mettre à la voile , et , sur les huit à dix heures , nous les perdîmes de vue. Ils nous dirent de même *adieu !* ou du moins *jusqu'à revoir !* avec leur pavillon anglois en berne. Dieu les conduise ! nous ne les regrettons pas.

NOMS DES PRINCIPAUX OFFICIERS ANGLAIS PRISONNIERS A

SAINT-MALO.

MM.

Le duc DE NEUGLAS , milord et chevalier de la jarretière , cordon R.

NAPPER , milord , colonel de la maison du Roy , cordon R.

WLIGC , maître de camp des Suisses du Roy , cordon bleu.

ROURD , capit. des vaisseaux de ligne.

HYDE , milord et chevalier de la jarretière , cordon bleu.

ROESLEY , colonel des grenad.

CASUEL , capit. marin.

ELPHUGSON.

MEIRY.

ROSE , offi. des grenadiers.

Les autres sont à Rennes. Je souhaite , mon R. P. , que cela vous satisfasse. Excusez mon écriture , je vous prie ; la poste me presse.

Je suis avec un très-profond respect ,

Mon R. P. ,

F. BRUNO DU M. R. C.

A S. S. ce 20 septembre 1758 (1).

____

(1) Nous pensons que ces deux initiales indiquent la ville de Saint-Servan. Il s'y trouvait en effet une succursale de la communauté des Capucins de St-Malo.

RELATIONS

EXTRAITES

DES REGISTRES DE PAROISSE.

RÉCIT DU RECTEUR DE SAINT-CAST.

Quod vidimus et audivimus, annuntiamus.
(Joannis Epist. 1. v. 3.)

Nous aperçûmes, le dimanche trois septembre, sur les cinq heures du matin, une flotte anglaise de cent trente voiles ou environ, composée de sept vaisseaux de ligne et le reste de frégates, de galiotes et de navires de transport. A la première vue, on fit sonner le tocsin dans toutes les paroisses de la côte et les paroisses limitrophes, et l'on donna réciproquement et alternativement les signaux convenus et ordonnés ; le soir, elle vint mouiller devant St-Cast. Le lundi quatre, sur les dix à onze heures du matin, elle appareilla et fut jeter ses troupes à terre entre St-Lunaire et St-Briac, sans aucune résistance ; l'après-midi et le lendemain, l'armée fit plusieurs tentatives pour bâtir à Dinard quelques retranchements, mais une frégate et deux corsaires de Saint-Malo s'y opposèrent vigoureusement par de fréquentes décharges de coups de canon, et forcèrent les ennemis d'abandonner leurs projets. Le six et le sept, ils s'occupèrent à brûler et piller partout ; ils mirent en cendre la dixme de M. Hardy, recteur de Saint-Briac, lui firent mille avanies, le dépouillèrent honteusement, endommagèrent considérablement son église et son presbytère, et le forcèrent d'abandonner sa paroisse. On y compta dix-huit à vingt barques incendiées et plus de quarante maisons entièrement consumées. M. Frère, recteur de Trégon, éprouva, dans son particulier, un sort à peu près semblable. M. le baron de Pontual, M. de la Menardais-Lesquen, M. de la Ville-ès-Comte, gentils-hommes du canton, et M. de Courville (1), ont été aussi beaucoup ravagés.

Le vendredi huit, ils vinrent à Saint-Jacut, où la communauté, moyennant la bonne chère et le bon vin, ne reçut aucun dommage. L'après-midi, ils descendirent au Guildo, dans le dessein de passer la rivière ; mais quelques particuliers de Matignon, Saint-Pôtan et Saint-Cast, s'y étant trouvés, par une violente mousquetade, retardèrent leur passage jusqu'au lendemain. Les bons pères Carmes firent comme les religieux de Saint-Jacut et eurent le même succès. Le samedi, les Anglais corrompirent par argent un nommé Grumellon de la paroisse de St-Lormel, qui, après avoir examiné et rapporté aux ennemis la petite poignée de monde qui s'opposait à leur passage, les conduisit vis-à-vis de Sainte-Brigitte. Ils profitèrent de la basse mer et se rendirent sur les confins de Saint-Cast, par la grève de Quatrevaux ; sitôt passés, ils remontèrent promp-

---

(1) M. de Courville, major garde-côte de la capitainerie de Dinan, et auteur d'un des plans de la bataille.

tement au Guildo, pour massacrer nos défenseurs qui, la veille, s'étaient opposés à la rapidité de leur course ; mais n'y trouvant plus qu'un ancien capitaine de paroisse, oncle du traître à sa patrie (Villoreu-Grumellon, capitaine de Saint-Lormel), et un sourd qu'ils tuèrent l'un et l'autre à coups de baïonnettes, de rage et de fureur ils incendièrent toutes les maisons du Guildo, au nombre de trente-une. Après cette belle prouesse, ils établirent leur camp aux environs et employèrent le reste du jour à voler partout. Ils entrèrent à Beaulieu, près de Sainte-Brigitte, où ils enlevèrent quatre couverts d'argent et beaucoup de linge ; de là ils furent à Galinée où, après avoir brûlé les écuries et plus de vingt-cinq charretées de foin et tenté de mettre le feu dans plusieurs appartements, ils brisèrent glaces, fauteuils, armoires, buffets, etc. ; vidèrent tous les fûts de vin et de cidre, tuèrent le gardien et trois hommes du voisinage ; et la perte eût été encore plus considérable, sans une compagnie de nos troupes qui, passant fort à propos par là, tua six de ces maraudeurs et en fit sept prisonniers. Le dimanche matin dix, ils levèrent leur camp et vinrent l'asseoir entre Matignon et Montbran ; une partie des soldats se répandit dans Matignon, Saint-Pôtan, Saint-Germain, Pléboulie et Saint-Cast, et y firent un grand dégât. (Il faut cependant avouer ingénument que tous les ecclésiastiques, capitaines, lieutenants et tous les habitants des paroisses avaient fait transporter au loin leurs principaux effets et avaient abandonné leurs domiciles, pour se soustraire par une fuite prématurée à la fureur de l'ennemi.) Mais laissons là tous ces poltrons fugitifs ; leur terreur panique nous aurait été infiniment préjudiciable, et n'aurait servi qu'à rendre l'Anglais plus intraitable. Arrêtons-nous constamment à Saint-Cast ; il y avait là du fil à retordre et de quoi embesogner de valeureux champions. Quoique je susse avec certitude que j'étais presque seul depuis plusieurs jours, je crus néanmoins qu'il était de mon devoir de dire la sainte messe et de demander au souverain arbitre un secours proportionné aux malheurs qui nous menaçaient. Je la sonnai à dix heures et la commençai à dix heures et demie; à laquelle assistèrent M. Claude-François Tourneuf, procureur; demoiselle Jeanne Lequeret, veuve du sieur Légué, procureur au présidial de Rennes; Jean Bouton, Mathurin Hamon, Jean Rouaült et cinq vieilles femmes. Ma messe basse finie, j'invitai les deux premiers à dîner avec moi; le repas fini, le sieur Tourneuf fut à la découverte, et s'occupa à prémunir son manoir de la fantaisie de l'incursion de l'ennemi. La demoiselle Légué me pria de lui accorder pendant ce temps critique un refuge chez moi et de la qualifier de ma sœur en temps et lieu; sa demande me paraissant très-judicieuse, j'y acquiesçai très-volontiers. Sur les deux heures, ennuyé de ma clôture, je pris l'essor dans le bourg; aussitôt je vis de loin un espion (croyais-je) qui venait à moi : c'était M. Le Moine, mon curé, qui, après une absence de sept jours, arriva en bonnet de nuit, en veste, sans autre rabat que le collet de sa chemise, sans boucles à ses souliers, en un mot, et pour le peindre au naïf, un marmiton eût été alors aussi monsieur que lui; à peine l'eus-je reconnu, que je me figurai dans le moment qu'il sortait des griffes anglaises et qu'elles l'avaient ainsi poupiné. Il me rassura en me disant qu'il avait laissé sa dépouille en sûreté; nous entrâmes ensemble au presbytère et nous barrâmes bien nos portes. Peu après on vint frapper si violemment que je fus obligé, pour obvier à un enfoncement, d'aller moi-même faire ouverture; c'était justement le commencement de la comédie, c'était, dis-je, une escouade de vingt-cinq maraudeurs, qui, les armes à la main et comme autant de loups affamés, me demandèrent brusquement du pain, du vin, du cidre, du beurre, de la viande, des hardes, des souliers, etc. ; ils avaient besoin de tout, et tout leur était bon. Je leur répondis sans paraître nullement déconcerté, avec toute la gravité et un phlegme peu ordinaire dans une pareille circonstance, que j'allais satisfaire à une partie de leurs demandes, à condition qu'ils n'entreraient point chez moi, ou que j'en allais porter mes plaintes à M. leur général. Soit que ce fût l'air imposant avec lequel je leur parlais, soit que ce fût la menace que je leur faisais, n'importe, ils obéirent, et mon curé plus mort que vif, que j'appelai, leur fit servir à boire et à manger à discrétion ; après s'être bien rassasiés, ils me remercièrent et prirent congé.

Environ les trois heures, survinrent dans notre bourg, où je me promenais, quatre compagnies de grenadiers anglais bien montés, qui entendant nos forts tirer sur leurs bateaux plats, y allaient pour en jeter les canons et les munitions à la mer, pour passer les canonniers au fil de l'épée, et pour brûler le village de l'Isle qui consiste dans plus de cent maisons et qui fait le plus bel ornement de la paroisse ; j'avance vers eux, je salue très-respectueusement le chef, et après lui avoir demandé sa protection, je le suppliai très-instamment de ne mettre le feu nulle part, et de m'accorder une sauve-garde pour mon église et pour mon presbytère ; après bien des rebuffades, ma persévérance et mes suppliques eurent leur plein et entier effet.

Vers les cinq heures, quatre mille Anglais se détachèrent du camp d'auprès Matignon et vinrent dans la plaine du moulin d'Anne, qui borne presque ma maison, établir plus de trois cents tentes pour y passer la nuit. M. le Commandant, y étant arrivé, me députa deux colonels et trois capitaines qui m'enjoignirent de sa part de disposer à souper pour vingt-cinq officiers. Cette demande m'embarrassa, d'autant plus qu'il n'y avait dans la paroisse et les adjacentes ni viande, ni bouchers ; cependant, comme tous mes effets étaient à la maison, j'avais lieu d'appréhender de les aigrir, et de payer par la suite les pots cassés d'un refus mal placé. Après leur avoir exposé simplement la disette de grosse viande où j'étais et l'impossibilité d'en trouver, je leur dis que ma basse-cour allait y suppléer, et que je les priais en grâce de me fournir quelques soldats pour aider à ma servante ; je n'eus pas plus tôt parlé, que voilà un cuisinier et quatre goujats qui firent main-basse sur douze de mes canards et vingt poulets. Et pendant que tous ces gens travaillaient à nous préparer le souper, nous parlâmes, en vidant bouteille, de choses et d'autres ; je m'informai de plusieurs Anglais avec qui j'avais fait mes études au collége de la Flèche ; nous nous étendîmes beaucoup sur la prise du Port-Mahon, d'Hanovre, de Louisbourg, etc. La compagnie arrivée et le repas servi, nous nous divertimes à merveille, répétant cent fois *fortune de guerre* ; ils insistèrent fortement sur la supériorité maritime qu'ils avaient sur nous, et ils me jurèrent différentes fois qu'ils seraient maîtres de Saint-Malo en 1759. Comme tout ce langage n'était que *verba et voces, prætereàque nihil*, je leur accordai tout. Le souper couru et bien rougement arrosé, la plus grande partie se retira au camp, et les autres restèrent au presbytère à jouer le reste de la nuit au piquet avec ma sœur prétendue ; pour moi je fus me coucher aussi tranquillement qu'en temps de paix.

Le lundi matin, 11 septembre (jour remarquable, jour glorieux, jour qui éternisa notre mémoire et qui rendra notre paroisse respectable à toute la postérité), je descendis de ma chambre sur les six heures, et après avoir donné le salut à nos hôtes, je déjeûnai par pure complaisance avec eux ; et après avoir pris le café, je fus, accompagné d'un colonel, traverser tout le camp pour réitérer au commandant mes profonds respects. Je fus reçu avec l'accueil le plus favorable, remercié du bon souper de la veille, et assuré d'une sauve-garde fidèle pour tout le temps que je serais à portée des maraudeurs. De retour au presbytère, un Suisse rébarbatif entre et m'annonce que le général Bligh est sur le point d'arriver, m'ordonne de sa part de faire ouvrir le château et de lui servir un déjeûner convenable. Je voulus m'excuser, comme j'avais fait le soir précédent, pour le souper du commandant, sur l'impossibilité actuelle de pouvoir obéir à mon gré à ses ordres ; il me répliqua d'un air fier et arrogant : *Monsieur, monsieur, pour une bagatelle, vous pourriez bien vous susciter de mauvaises affaires.* Aussitôt, et sans balancer, je fis ouvrir le château, j'envoyai vingt-cinq bouteilles de vin que je n'ai jamais revues, et pendant que je me donnais tous les mouvements imaginables pour faire apprêter quelque fricot honnête, un capitaine de mes hôtes vint prendre congé de moi et m'assurer que toute l'armée s'embarquait dans le moment ; qu'un dragon transfuge du régiment de Marbeuf venait de les avertir que nos troupes, incomparablement supérieures aux leurs, étaient sur le point d'arriver et de fondre sur eux. (Notez que c'était un jeu joué et une ruse de guerre de M. le duc d'Aiguillon, notre général, qui se sachant inférieur en nombre et craignant un dessous honteux, inventa ce stratagème pour en faire embarquer une partie et n'avoir plus que l'autre à combattre ; finesse qui réussit en plein.) Sur les huit heures et demie, je les vis tous défiler sur la même ligne au travers de la plaine, où ils avaient dressé leurs tentes, pour descendre sur la grève où étaient leurs bateaux plats. Tout le corps était au moins de dix à douze mille hommes, et gens pour la plupart de cinq pieds six à huit pouces et faits au tour. Quand j'aperçus par une fenêtre de ma chambre qu'ils commençaient à s'embarquer, je sortis sur les dix heures dans notre bourg, où je fis rencontre de plusieurs cavaliers qui vinrent à moi ; c'était M. le duc d'Aiguillon, M. le marquis de la Chastre, M. de la Tour-d'Auvergne, M. le chevalier de Polignac, etc. Ils me demandèrent où étaient les Anglais. Je les assurai qu'ils étaient tous sur le rivage, et qu'il y en avait déjà plus du tiers d'embarqués. Ils s'informèrent de la route qu'ils avaient prise ; je leur répondis qu'ils avaient tous défilé sur une colonne au travers de la champagne du moulin d'Anne. Dans un moment je vis tous les chemins jonchés de nos soldats, qui, oubliant la fatigue qu'ils venaient d'essuyer pendant plusieurs jours, et le besoin extrême qu'ils avaient de rafraîchissement et de repos, ne respiraient que l'envie et le seul plaisir d'éteindre leur soif dans le sang ennemi. Comme un éclair, je les vis, pour précipiter plus brusquement l'action, se partager en trois colonnes et voler sur leur proie. Les uns suivirent la trace ennemie par le moulin d'Anne, les autres enfilèrent la rabine du château de Saint-Cast, et les troisièmes descendirent par le village de Lesrots.

L'amiral Howe nous ayant aperçus sur les hauteurs, travailla de son côté avec un empressement incroyable à faire approcher de terre et embosser six frégates et quatre galiotes à bombes, et fit faire sur nos troupes un feu d'enfer. Au bruit de plus de dix mille coups de canon et d'une infinité de bombes, je me figurais que tous nos pauvres bataillons allaient être écrasés, et qu'après leur défaite nous allions devenir la triste victime de la rage et de la fureur des vainqueurs. Mais non, la Providence ne permit pas que leurs coups portassent ; et quoiqu'il m'ait passé plus de cinq cents boulets sur la tête, il n'y a eu que notre église qui en ait reçu deux fortes blessures que j'ai fait guérir.....

Malgré

Malgré cette affreuse canonnade qui, loin de ralentir la marche de nos braves guerriers, ne servait au contraire qu'à les animer davantage, ils continuèrent toujours leur course avec la même rapidité; et enfin arrivés au champ de bataille, les Anglais accoururent sur nous chantant *houra! houra!* (vive le roi) et firent une première décharge. Nos piquets, à cette acclamation et à ce premier feu, parurent timides, chancelants et presque déconcertés; mais les régiments de Brie et du Boulonnois qui les suivaient de près, rassurèrent leurs cœurs vacillants; alors, prenant leur revanche, ils fondirent sur l'ennemi, firent une attaque des plus vigoureuses, et après une vive mousquetade d'une grosse heure et demie, sans jamais se ralentir, ils forcèrent enfin l'ennemi de plier et d'abandonner le terrain. Nos soldats, profitant de leur fuite, les poursuivirent avec tant de chaleur, que plusieurs d'entr'eux se précipitèrent dans la mer jusqu'aux épaules pour arrêter ceux qui cherchaient à s'embarquer; il y en eut même d'assez acharnés pour aller jusqu'aux pieds de leurs bateaux leur enfoncer la baïonnette dans le corps. Notre artillerie, qui n'arriva qu'à la fin, vint néanmoins assez à temps pour couler trois bateaux chargés d'Anglais.

Le feu cessé, le pavillon amené, nous entendîmes de toutes parts crier *Vive le Roi!* et nous eûmes la consolation de voir nos soldats chargés des dépouilles de l'ennemi. Aussitôt, mon curé et moi nous nous transportâmes dans les mielles et nous rendîmes tous les services que notre ministère exigeait aux moribonds et aux plus dangereusement blessés. La perte que nous avons faite dans cette bataille peut se monter à 400 hommes, parmi lesquels il y avait beaucoup d'officiers; mais nous avons été bien dédommagés par la destruction de plus de 2,000 Anglais et de 7 à 800 prisonniers, qui, tous grenadiers et de la maison du

Roi, faisaient l'élite de l'armée..... Cette cruelle et sanglante tragédie terminée, mon presbytère devint le refuge et la retraite de nos officiers et de leurs soldats, et j'eus table ouverte pendant plus de huit jours. Les curieux même, pendant plus de six mois après le combat, sont venus journellement des quatre coins du monde visiter le lieu où nous savons aussi bien réprimer l'insolence d'autrui que signaler notre bravoure, et ont pris ma maison pour une gargotte banale et y ont hardiment planté le piquet.....

.Monseigneur notre prélat me croyant totalement ruiné, m'honora, le premier jour du mois d'octobre suivant, d'une visite, muni de fortes provisions, et passa trois jours avec moi. Au mois de décembre, on tint les Etats de la Province à Saint-Brieuc, où je fus appelé, et après y avoir reçu un applaudissement universel sur la conduite que j'avais gardée, on me proposa de faire une déclaration de mes pertes. Je répondis que j'étais bien dédommagé d'avoir trouvé l'occasion de signaler mon obéissance et ma fidélité au Roi et mon attachement à la Province ; qu'au reste j'étais dans le cas du curé de Fontenoy et pour le moins autant en avance que lui, et par conséquent que la paroisse de Saint-Cast aujourd'hui si renommée et si illustrée, méritait bien que Sa Majesté de son petit recteur en fît un abbé. Après avoir réclamé la protection de l'illustre assemblée pour les pauvres de ma paroisse et pour ceux qui avaient été pillés par l'ennemi, je me retirai et revins à mon poste.

Les Etats finis, Monseigneur l'Evêque m'envoya trois bourses de cinquante louis, savoir : douze cents livres pour les pauvres, douze cents livres pour ceux qui avaient été pillés, et douze cents livres pour moi. En 1760, je distribuai en blé la somme qu'on m'avait adjugée, et par là je

prolongeai la vie à un grand nombre de mes paroissiens,
qui, sans ce secours, l'auraient indubitablement perdue (1).

Nous croyons devoir faire suivre ce récit du Prône que
le même M. Maurice prononça le jour anniversaire de la
bataille, à l'occasion d'une cérémonie qui s'est ensuite con-
tinuée tous les ans, jusqu'en 1790.

« Vous n'ignorez pas, mes très-chers Frères, les malheurs qui nous ont menacés et les dangers auxquels nous
avons été exposés ; nos mielles teintes de sang, nos terres
toutes parsemées de bombes, de pots à feu et de boulets,
parlent éloquemment et doivent sans doute nous rappeler
de tristes souvenirs, ou plutôt la grandeur du péril. Je ne
doute nullement que vous n'en ayiez été effrayés et que
vous ne le soyiez encore ; mais en êtes-vous pour cela plus
convertis ? Les cabarets en sont-ils moins fréquentés ? La
charité, l'union, la paix, la concorde règnent-elles plus
parmi vous ? Voit-on plus de piété, plus de religion ? plus
de régularité, plus d'exactitude à approcher des sacrements
et à vous acquitter de vos devoirs et de vos obligations ? En
un mot, n'êtes-vous pas tels aujourd'hui que vous étiez auparavant ? Quoi ! mes très-chers Frères, n'appréhenderez-
vous jamais de lasser la patience d'un Dieu qui vient de
faire éclater à vos yeux et en votre faveur les traits les plus
signalés d'une protection toute singulière ? je n'en dis pas

----

(1) En 1824, M. Lecourt de la Villethassetz a fait imprimer cette relation dans
le *Lycée Armoricain*, tome 3, p. 324 ; mais les rédacteurs du *Lycée* ont cru
devoir faire quelques changements à la narration du curé, que nous rétablissons
en entier, telle qu'elle est écrite sur le registre des sépultures de l'année 1758,
folio 5, recto.   (S.-P.)

assez : d'une miséricorde sans bornes ? Car, enfin, si vous n'avez pas éprouvé le même sort que ceux de Saint-Briac et du Guildo, je veux dire, si nous n'avons pas été consumés, réduits en cendres, à qui en sommes-nous redevables qu'à la main toute-puissante qui a détourné les coups meurtriers et enflammés que la rage et la fureur d'un ennemi déjà vaincu lançait sur nous et sur nos domiciles ? Ah ! mes très-chers Frères, croyez-moi, nous ne sommes point échappés, nous ne sommes point à couvert d'un retour qui pourrait fort bien être le moment décisif que le Seigneur a fixé pour se venger, pour punir vos prévarications. Et quels traitements peut-il nous réserver, s'il les mesure, s'il les proportionne à nos infidélités ? Prévenons, mes très-chers Frères, prévenons les suites funestes d'une bonté toujours méprisée et irritée, et faisons tous nos efforts pour apaiser, par les sentiments de la plus vive componction et par les larmes amères d'une sincère pénitence, ce Dieu redoutable qui ne nous montre les verges de sa fureur que pour nous rappeler de nos égarements, qui ne nous menace que pour n'être point forcé de frapper..... C'est pour faire naître dans vos cœurs de si saintes dispositions, ou plutôt pour les seconder, que Monseigneur notre illustre prélat a accordé à notre paroisse seule la permission de faire après vêpres une procession solennelle au champ de bataille, en action de grâces des maux dont nous avons été préservés ; de chanter, de l'aller et du venir, les litanies des Saints qui ne seront interrompues que par un *Libera* pour le repos des âmes de ces braves et généreux guerriers qui ont sacrifié leur vie pour notre défense ; et demain matin nous chanterons une grand'messe pour les mêmes intentions, à laquelle je vous prie et vous exhorte d'assister ; la religion, le devoir, l'honneur, la reconnaissance et votre propre intérêt doivent vous y porter. »

RÉCIT DU RECTEUR DE TRÉGON.

« Comme je crois bien que dans la suite des temps mes successeurs seront bien aises de savoir la manière dont se fit la descente des Anglois, en 1758, en voici un petit mémoire. Le 4 du mois de Juin, jour de notre patron saint Patroch, après vêpres, un nommé Pierre Hervé, de Saint-Jacut, annonça dans le cimetière qu'on voyoit une grande flotte de vaisseaux anglois paroître. On crut d'abord que c'étoit pour épouvanter ; mais nous fûmes sur le tertre de devant les maisons nommées les Hotieux Benais. Nous aperçûmes cette flotte au milieu d'une grosse brume qui s'éleva, qui prit le chemin de Cancale, où elle fit descente le lendemain, et ensuite à Saint-Servan brûla tous les vaisseaux de Saint-Malo ; de sorte que nous croyions, le soir que cet incendie fut fait, qu'ils avoient mis le feu dans la ville même, tant l'incendie étoit grand. Mais, par un coup du ciel, n'ayant pu prendre Saint-Malo à cause d'un grand orage qui arriva la nuit, ils s'en retournèrent. Mais le 4 de septembre suivant, ils revinrent et firent descente à Saint-Briac, où ils passèrent trois jours, ravagèrent et brûlèrent plusieurs maisons. La vigile de la Nativité, ils détachèrent une troupe d'environ deux cents cavaliers pour sonder le gué du Guildo. Et le lendemain, jour de la Nativité de la Sainte Vierge, environ deux heures de l'après-midi, l'armée composée d'environ quatorze mille hommes arriva à Drouet, sous la chapelle Saint-Jean ; la digue de Drouet n'étoit pas encore faite. J'étois resté seul à la maison ; j'avois congédié tous mes domestiques. Et la véprée il me vint trois visites de ces messieurs Anglois composées de quatre personnes chaque, un capitaine et trois soldats. Le capitaine de la première fut fort doux et fort poli ; nous bûmes une bouteille de vin ensemble et trinquâmes comme bons amis, pendant que les soldats buvoient du cidre. Le capitaine de la seconde bande ne fut pas si doux : il me mit le sabre sur la gorge trois fois, en me faisant de grandes menaces. Le troisième fut assez doux. Mais l'armée n'ayant pu passer le Guildo, et ayant campé depuis Bas-Bior jusqu'au Bouillon, il vint au presbytère, pendant la nuit, plus de cinq cents maraudeurs qui me dépouillèrent, me pillèrent, et ravagèrent tout à l'église et au presbytère. Tout le monde avoit pris la fuite, excepté un ancien homme qui étoit resté dans la maison de la Hauteville, qui ne pouvoit marcher, et auquel ils firent beaucoup de peine également qu'à moi ; de sorte que je fus vingt-quatre heures entre les mains de ces maraudeurs, pendant lequel temps je souffris un martyre continuel. Mais ma peine ne fut pas inutile, car sans ma présence ils auroient brûlé l'église et le presbytère, comme ils firent en plusieurs maisons. Ce qui me fit plus de peine, ce fut de les voir casser et briser tout dans l'église, jusqu'au tabernacle. Je prie Dieu que nous ne les revoyions jamais ici (1). »

(1) Une partie des ravages commis par les Anglais est consignée dans l'extrait suivant :

« Le vingtième jour du mois d'octobre 1758, Renée-Jeanne Samson, fille du légitime mariage de Jean Samson et de Renée Guillaume, née d'hier, a été baptisée par moi soussignant Recteur de Trégon dans l'église Notre Dame de Landouard en Saint-Jacut, attendu qu'à cause de la descente des Anglois, dans la nuit d'entre le huit et le neuf de septembre dernier, notre église fut entièrement pillée, le Saint-Chrème emporté et les fonts baptismaux cassés ; et a eu pour parrain Jean Guillaume et pour marraine Françoise Guillaume, en présence de Perrine Pelard et Jean Samson, père. — E. Fatne, Recteur. »

NOTE DU RECTEUR DE CRÉHEN.

On lit à la fin du registre des baptêmes et mariages de Créhen, année 1758, la note suivante :

« Le huit septembre 1758, les Anglais descendus le...... à Saint-Briac, où ils brûlèrent toutes les barques de ce port, se présentèrent au Guildo pour se rendre à Saint-Cast et s'y rembarquer. M. de la Motte-Ville-Comte, gentilhomme de la paroisse de Trégon, avec six autres volontaires, dont deux de la paroisse de Créhen, savoir : M. Ruellan, homme d'affaire de M. Scott, seigneur de cette paroisse, et Joseph Gautier, maître-menuisier, postés sur la rive opposée du côté de Saint-Pôtan et couverts d'un petit mur de jardin, firent feu sur l'avant-garde de l'armée anglaise, lorsqu'elle tenta le passage, et la firent reculer. Ce feu toujours soutenu dura deux ou trois heures et trompa l'ennemi, lui donnant à croire qu'il y avait de ce côté un corps de troupes considérable en embuscade. La mer entra vers les cinq heures du soir ; les Anglais furent obligés de lever un camp aux environs du Guildo et ne purent passer que le lendemain après midi, ce qui donna le temps aux troupes françaises, commandées par M. le duc d'Aiguillon, d'arriver et de vaincre les Anglais à Saint-Cast le onze septembre. Du huit au neuf, les Anglais pillèrent tous les environs, et firent beaucoup de dégât dans les maisons ; les habitants avaient pris la fuite et s'étaient retirés avec la plus grande partie de leurs bestiaux.

» L'église de Créhen fut pillée, le tabernacle enfoncé ; mais le Recteur avait retiré tous les vases sacrés.

» Tout le village du Guildo, en Saint-Pôtan, où le feu fut fait contre l'Anglais, fut incendié (1).

———oo:o:oo———

RÉCIT DU RECTEUR DE SAINT-DENOUAL.

« Le détail du combat ou affaire de Saint-Cast, qu'on a fait imprimer, fait bien voir qu'on trompe le peuple et le Souverain lui-même, puisqu'on a exagéré notre victoire. Le général fit même des fautes essentielles : il venoit de recevoir de gros canons de 24 et de 36 livres de balles. Tous les Anglois échappés à la mort étoient acculés dans un recoin, d'où ils ne pouvoient échapper ; la mer étoit retirée. Ainsi la flotte angloise, ne pouvant lever l'ancre, étoit dans la nécessité ou de se rendre ou d'être coulée bas ; mais le bénin d'Aiguillon leur permit de se retirer, aux conditions qu'ils lèveroient l'ancre le jeudi suivant, ce qu'ils firent ; et je les vis partir le matin. L'honneur de

(1) On lit sur le registre des sépultures de la paroisse de Créhen :

« Ecuyer Guy-André-Bernard de Courville, fils d'autre écuyer Julien-Bernard et de dame Anne-Catherine Cousin, sr et dame de Courville, ancien officier au régiment de Berri, major de la capitainerie, garde-côte de Plancoët, chevalier de l'ordre royal et militaire de Saint-Louis, âgé d'environ 65 ans, décédé d'hier au château de la Pichardais, a été inhumé le 27 décembre 1777, en présence de M. Lesquen de St-Lormel et de la Ménardais et autres.— DAMAR, Recteur. »

Ce M. de Courville était l'auteur d'un des plans de la bataille que nous publions.

la victoire étoit plutôt dû aux officiers généraux qu'à lui. J'allai au champ de bataille : il me sembla, à l'estime, que la perte des Anglois montoit à 5 ou 600 hommes restés sur la place, outre environ 5 ou 600 prisonniers, parmi lesquels il y avoit plusieurs officiers généraux , et 4 ou 500 hommes estropiés que les Anglois emportèrent. Ils perdirent encore plusieurs soldats , qui furent submergés ou moururent de leurs blessures sur la mer, et qui nourrirent les poissons ; en sorte que la côte fut fort poissonneuse pendant quelques années. On estimoit la perte des Anglois à deux mille hommes au plus , les prisonniers compris, et la nôtre à 5 ou 600 hommes. Le combat se donna le lundi onze septembre 1758.

» Pour instruire mes successeurs de la manière dont ils doivent se conduire en pareil cas, je leur dirai d'abord que j'ai appris de deux anciens capitaines de cavalerie qu'à l'approche de l'ennemi il est plus sûr de fuir que de l'attendre , et d'enlever ses effets de bonne heure ; parce que 1° les soldats sont très-diligents à chercher ce qu'on a caché, et très-heureux à découvrir les cachettes ; 2° si vous êtes assez heureux pour adoucir un parti de maraudeurs ou coureurs, en leur faisant bonne chère , à la fin il en viendra d'autres qui ne trouveront plus rien , et vous feront mille insultes et vous incendieront peut-être. Souvent même de ceux que vous régalerez, il s'en trouvera de furieux ou ivres, qui briseront les meubles , etc. , et peut-être vous tueront. Un prêtre de la côte fut dépouillé nud , et obligé de se couvrir avec une juppe de femme, ensuite habillé à la dragone par l'ennemi et très-maltraité , etc. Je tiens cela de lui-même : il se nommoit Rosé , de la paroisse de Saint-Briac. Les églises de Saint-Germain , etc., furent profanées et dépouillées, etc. ; les couettes de plumes vuidées dans les rues, les tonneaux enfoncés , les blés brûlés également

que les maisons incendiées. Cependant les Anglois ne faisoient pas encore autant de mal que les François.

» Après avoir mis à couvert ses meilleurs effets, on peut
faire honneur à l'ennemi de ce qu'on ne peut sauver. On
peut porter au camp du vin, du cidre, etc., et prier les
chefs d'user de son bien comme du leur propre. Ainsi un
bourgeois à Dinard et à Pléboulle sauva son bien et se pré-
serva de l'incendie ; il s'appeloit Fermal.

» Le plus sûr est d'aller à l'ennemi demander une sauve-
garde que l'on paye par jour au général, et l'on nourrit
bien le soldat de sauve-garde. Avec tout cela, il faut, si
l'on peut, sauver le meilleur ; car souvent le sauve-garde
n'est pas le maître, ou il s'entend avec ses camarades.

» Des espions ou coureurs ennemis se répandirent jusqu'aux portes de Lamballe. M. de la Reigneray, ancien capitaine demeurant près Monbran, en trouva un détachement proche la Folinaye ; et comme il connoissoit les routes détournées, il se sauva en poste sans être poursuivi.
C'étoit la nuit, et ces ennemis étoient aussi à cheval. Plusieurs de mes paroissiens essuyèrent des décharges de
coups de fusil au port à la Duque et aux landes d'ahaut,
pour n'avoir pas répondu au qui vive des François ; c'étoit
la nuit. Pendant trois jours je ne fis point sonner les cloches, de peur d'attirer l'ennemi ; il y avoit cependant des
jours de fête et dimanche. Les officiers m'approuveront.
Tous les habitants étoient en armes sur la côte, ou occupés à charroyer et voiturer pour nos troupes. Cependant je
reçus ordre, le 8 septembre au matin, jour de vendredi,
1758, de faire accommoder les chemins et ouvrir les terres
pour le passage des troupes et artillerie. Monsieur le maréchal des logis ou de camp donnoit les ordres. Je dis donc
la messe à basse voix, je commandai toutes les filles et
femmes de me suivre avec leurs outils. La nuit et le lende-

main, plusieurs régiments passèrent avec des canons. Le 8
même, quinze cents gardes-côtes de Basse-Bretagne passèrent par le Boulai, en venant de Lamballe, pour se rendre à Plancoët. Je donnai la collation à tous les officiers et
à plusieurs soldats, dans la chesnaye du Boulai, de bonne
grâce. Je fis apporter aussi quelques bouteilles de vin.....
Le régiment dragon-Marbœuf logea à la Touche-à-Loup ;
je fis les honneurs de la maison. Il y avoit du vin : j'offris
pain, cidre, chandelle et tout ce qui m'appartenoit ; je fis
l'officieux en tout. Non-seulement il n'y eut aucun dégât
dans ma paroisse ; mais la noblesse de Basse-Bretagne surtout, ayant M. de Pénélé à sa tête, et les officiers de divers
régiments, demandèrent pour moi un prieuré que je n'eus
point, parce que je n'en savois rien ; mais j'eus la somme
de six cents livres de gratification du Roi, que je donnai
pour réédifier l'église. Je vis le gros de l'armée commandée
par M. d'Aiguillon, qui suivoit le grand chemin de Hénan,
le 10 septembre, jour de dimanche. Il me vint dans la pensée de faire porter du vin, pain, beurre, etc., aux généraux. Je fis même quelque mouvement pour avoir un cheval ; malheureusement je ne le fis pas, ou plutôt je ne
trouvai point de cheval. Ce seigneur ne trouva pas même
de l'eau à Hénan, où l'armée fit halte ; personne ne s'avisa
d'offrir quoi que ce soit. Les ennemis occupant Matignon,
les troupes tournèrent par un bas chemin derrière Hénan,
et se rendirent par Saint-Pôtan et Ruca, et les autres par
Pluduno, et tournèrent l'ennemi qu'on voyoit du Bois de
la Ville-au-Maître, au bourg de Hénan. — Ainsi, en pareil
cas, il est toujours à propos de faire des générosités, ne
fût-ce que pour l'honneur. Il m'en coûta six ou sept livres
en tout, et ce peu me procura six cents livres de récompense. L'état-major anglais logea chez le Recteur de Saint-
Cast, qui eut douze cents livres aux Etats suivants. — En

cas de fuite, on doit laisser les clefs dans les portes des maisons et des armoires et caves, et laisser pain et boisson, afin de ne pas irriter l'ennemi. Malgré ces précautions, il n'arrive que trop souvent que l'on est incendié, comme au Guildo et à Saint-Briac et ailleurs.

» Avant la venue des Anglois, nous nous imaginions que le canon des forts étoit capable d'arrêter une flotte pendant quelque temps ; mais nous fûmes désabusés quand nous vîmes, à Cancale et à Saint-Briac, et ailleurs, deux seules frégates culbuter les forts et les réduire en poudre presque dans un instant. Lorsqu'on essaya la couleuvrine du château de la Latte, tout le pavé s'enfonça et les pierres se déjoignirent.

» Un Recteur avait caché soigneusement son argenterie. Le général anglais alla prendre son logement chez lui, et il lui dit qu'il n'était pas possible qu'un homme comme lui n'eût de l'argenterie, et il l'engagea à la servir à table, lui promettant qu'on ne lui feroit aucun tort. Le jour du départ du général, l'argenterie fut volée. Le Recteur se plaignit en vain : le général plaignit son sort et rien de plus.

» On est assuré d'être mis à mort, si l'on se trouve avoir des armes à la main quand les ennemis arrivent. Un avocat de Matignon, nommé Quétissan, fermier de la terre de la Chesnaye, ayant entendu un grand bruit causé par un détachement anglois qui arrivoit à Matignon, et ayant entendu tirer quelques coups de fusil, sortit de la maison pour savoir ce que ce pouvoit être. Au bout d'une champagne, au débouché d'un chemin, il aperçut un corps anglois, dont il fut aussi aperçu. Cet homme prit la fuite ; l'Anglois lui cria d'arrêter. Il n'en fit rien ; on lui tira plusieurs coups de fusil, dont il ne fut point atteint. A cette première décharge, il se jeta par terre ; la troupe s'avança vers lui. Le commandant lui demanda s'il étoit blessé. Tenant son chapeau à la main , il répondit : Non. Le commandant lui dit de se lever ; ensuite il le fit fouiller , pour voir s'il avoit des armes. Voyant qu'il n'en avoit point , il lui fit plusieurs interrogations , et alla avec sa troupe établir sa demeure chez lui ; il y mit une sauve-garde , tandis qu'il continuoit à exécuter ses ordres. (1).

(1) Le récit du Recteur de Saint-Denoual est extrait d'un registre spécial tenu par M. de la Marre et qui contient diverses annotations pour servir à l'histoire de sa paroisse. Nous devons ce fragment ainsi que ceux des registres de Créhen et de Trégon, aux démarches bienveillantes, à l'intervention active de M. Gagnoux, Juge de paix du canton de Plancoët.

EXTRAITS DES REGISTRES

DE DÉCÈS.

Nous avons eu occasion de dire que l'on était loin de connaître le nom et même le nombre des victimes de la bataille de Saint-Cast et de l'expédition des Anglais sur le littoral. Les omissions portèrent principalement sur les volontaires ; quelques extraits des registres des paroisses voisines nous révèlent plusieurs noms que nous recueillons avec respect.

SAINT-POTAN.

« Jean Chauvel , notre paroissien , fils de Robert et de Jeanne Benoît , âgé d'environ 3o ans, mort à la bataille donnée entre Matignon et le Guildo , a été inhumé dans l'église de Saint-Pôtan le onze septembre 1758 , en présence de Marc Chauvel et de Françoise Chauvel , frère et sœur du mort , qui ont déclaré ne savoir signer de ce interpellés. — Delaunay , Recteur. »

« Ecuyer de Saint-Pair , chevalier, seigneur de Corlay, capitaine de la capitainerie de Dol , de la paroisse de Saint-

Brolade , évêché de Dol , mort à l'attaque du rembarquement des Anglais sous Saint-Cast , reconnu par Écuyer
Charles-Pierre de Kerpoisson , capitaine de la dite capitainerie , a été inhumé dans l'église de Saint-Pôtan , le douze
septembre , en présence d'écuyer Charles-Pierre de Kerpoisson , qui a signé , et de Louis Blanchet et François Le-
taconnoux qui ont déclaré ne le savoir, de ce interpellés.—
Delaunay , Recteur de Saint-Pôtan. »

« Vincent Robert , mari de Rose Mahé , âgé d'environ 40
ans , mort à l'attaque du rembarquement des Anglais sous
Saint-Cast, reconnu par Pierre et Christophe Robert ses
frères qui ont signé , et par Joseph Guelavas , René Lucas
son domestique , François Bourdonnais , qui ont déclaré ne
le savoir, de ce interpellés , a été inhumé dans le cimetière
de l'église de Saint-Pôtan en présence des dénommés ci-
dessus. »

PLANCOET.

« Le quatorzième jour de septembre mil sept cent cinquante-huit mourut , après avoir reçu les sacrements de pénitence et d'extrême-onction , n'étant pas en état de recevoir l'eucharistie , Edme Vallée de Bussianot en Bourgogne,
du régiment des Volontaires-Etrangers , compagnie de Carrière , ayant reçu une blessure dans la bataille de Saint-
Cast , et fut enterré le quinze du présent mois , dans la chapelle de la Madeleine , par moi recteur soussigné , en présence des soussignants et en particulier des sieurs Pierre-
Paul Lochon , de Jean Gaultier , sieur de Boisgenson , et du
sieur Gilles Lefebure , tous de cette paroisse , qui signent.
—Lochon. Gaultier. G. Lefebure. G. Bocqueho , Recteur de Plancoët. »

DINAN.

PAROISSE DE SAINT-MALO.

« Antoine Gilles, du comté d'Avignon, sergent au régiment des Volontaires-Etrangers, compagnie de Carière, décédé d'hier chez les Révérends Pères Cordeliers, âgé d'environ 5o ans, a été, ce jour 15 septembre 1758, inhumé dans le cimetière de cette église, en présence des soussignants. — François MAINGUY. DE BEAUFRETON, Prêtre, Curé.

» Jean-Georges Hitz, de Grison en Suisse, sergent au régiment des Volontaires-Etrangers, compagnie de Carière, décédé d'hier chez les Révérends Pères Cordeliers, a été, ce jour 20 septembre, inhumé dans le cimetière de cette église, en présence des soussignants.

» François Le Bail, de la paroisse de Prat, évêché de Tréguier, garde-côtes de la compagnie de monsieur Boisbouëssel, âgé de 4o ans, décédé d'hier chez les Révérends Pères Cordeliers de cette ville. Son corps a été inhumé dans le cimetière de cette église le 3o septembre 1758. »

PAROISSE DE SAINT-SAUVEUR.

« Jean-François Nadul, dit Nadal, originaire de Périgord, paroisse de Bers, soldat au régiment de..... infanterie, de la compagnie de Martony, décédé à l'hopital des Révérends Pères Cordeliers, de ses blessures reçues à la bataille de Saint-Cast, a été inhumé dans notre cimetière, ce jour 5 octobre 1758. — BARRE, Recteur.

» Guillaume Jussin, dit Jassin, originaire de Guilbauduc en Languedoc, soldat au régiment de Boulonnois, de la compagnie

compagnie de M. de Saint-Fond, décédé à l'hopital des Révérends Pères Cordeliers, de ses blessures reçues à la bataille de Saint-Cast, a été inhumé dans notre cimetière ce jour 9 octobre 1758.

» Julien Guibert, de la paroisse de Saint-Marc-le-Blanc, évêché de Rennes, soldat du régiment de Brie, infanterie, compagnie de Sarasin, décédé d'hier à l'hopital des Révérends Pères Cordeliers, par la suite de ses blessures reçues à la bataille de Saint-Cast. Son corps a été inhumé dans notre cimetière ce jour 12 octobre 1758.

» Jeremith Hence, Irlandais de nation, prisonnier de guerre, décédé d'hier à l'hopital des Révérends Pères Cordeliers, dans la foi de l'Eglise Catholique Romaine. Son corps a été inhumé dans notre cimetière ce jour 19 novembre 1758.

» Peter Georges Noolensund, Holandais de nation, fait prisonnier sur un vaisseau anglais amené à Saint-Malo, mort hier à l'hopital des Révérends Pères Cordeliers, dans la foi de l'Eglise Catholique Romaine, ainsi qu'on nous l'a assuré. Son corps a été inhumé dans notre cimetière, ce jour 8 décembre 1758.

» Hion (Hugues) Karre, Irlandais de nation, fait prisonnier sur le vaisseau le *Rainbord* amené à Brest, mort le 17 décembre 1758 à l'hopital des Révérends Pères Cordeliers, dans la foi de l'Eglise Catholique Romaine. Son corps a été inhumé dans notre cimetière le lendemain 18. »

SAINT-GERMAIN.

« H. H. (honorable homme) Marc Lucas, âgé d'environ 70 ans, fut tué et occis par la main meurtrière des Anglais le dixième jour de septembre 1758, et le mardi suivant son corps fut inhumé dans la chapelle Saint-Jean par le curé de la dite paroisse.

» H. H. François Rouiller, âgé d'environ 55 ans, eut le même sort que le précédent, le dixième jour de septembre 1758, et le mardi suivant son corps fut inhumé dans la chapelle Saint-Jean par le curé de la dite paroisse. »

SAINT-CAST.

« Le douzième jour de septembre mil sept cent cinquante-huit, le corps d'un nommé Claude Roy (Rouhet) dit Dauphin, âgé de vingt-deux ans ou environ, originaire de la ville et paroisse de Raon, Franche-Comté, soldat dans la compagnie des grenadiers régiment de Brie, blessé dans la bataille sanglante qui se donna hier dans notre Baye entre nos troupes et les Anglais, mort après s'être confessé, a été inhumé dans le cimetière neuf de cette paroisse avec plusieurs autres soldats inconnus, en présence d'un grand nombre de soldats qui ont déclaré ne sçavoir signer, de ce interpellés. — MAURICE, Recteur de Saint-Cast. »

On lit à la fin du registre de la paroisse de Saint-Méen, pour l'an 1758 :

« Cette année 1758 se donna la bataille de Saint-Cast aux environs de Saint-Malo. On amena icy quatorze cens Anglois prisonniers qui logèrent dans l'Eglise du Séminaire, dont on tira le Saint Sacrement et plusieurs statues. Plusieurs officiers occupèrent le second corridor. Après quelques jours de résidence icy on les transféra au chateau de Josselin (1). »

(1) On a dû lire précédemment une note empruntée à un article de M. de Bréhier et qui contient quelques détails sur la triste fin de ces prisonniers et sur leur inhumation.

APPENDICE.

LE TRAITRE DE SAINT-LORMEL.

Le nom qui est resté le plus populaire, parmi ceux que la victoire de Saint-Cast a mis en relief, c'est, dans tout le pays parcouru par les Anglais, celui du traître Grumellon. Les hommes de la côte ne vous parleront pas deux minutes de cette grande bataille, sans vous avoir dit comment les défenseurs du Guildo furent vendus. Les vieillards ont connu Grumellon : dans les dernières années du xviiie siècle, vers 1780, il habitait, au Guildo, vis-à-vis du couvent des Carmes, une petite maison d'où il pouvait voir le théâtre même de sa trahison. C'était un homme grand, maigre, marchant droit et avec une sorte de tournure militaire. Il vivait seul, et personne ne le hantait. Souvent, les enfants le poursuivaient, en lui criant : « Va donc montrer le passage aux Anglais ! »

Il semble ensuite avoir disparu du Guildo pour aller mourir ailleurs, et l'on perd sa trace.

La même obscurité plane sur sa naissance ; tout au rebours des villes qui se disputent l'honneur d'avoir donné le jour à un grand homme, Pluduno, Saint-Pôtan et Saint-Lormel, malgré le témoignage du curé de Saint-Cast, repoussent pour elles-mêmes et se renvoient réciproquement le déshonneur d'avoir été la patrie d'un traître.

Les recherches persistantes de mon beau-frère, M. Gagnoux, m'ont mis à même d'éclairer complètement cet infiniment petit point d'histoire locale. Il faut bien le reconnaître : le curé de Saint-Cast a raison, et c'est à Saint-Lormel qu'est né le misérable qui, pour quelques pièces de monnaie, ouvrit au plus dévastateur des fléaux, à l'invasion anglaise, les portes de son propre pays.

C'est aussi à Saint-Lormel que naquit Grumellon Villoreu, la première victime de la trahison du fils de son frère.

Voici la généalogie qu'on relève sur les registres de St-Lormel.

Simon Grumellon, que l'on qualifie d'honorable homme, mourut en 1701 et fut inhumé dans l'église de Saint-Lormel. Il laissait, de son mariage avec Julienne Tricot, trois fils : René, né en 1690 ; Jean-Simon, né en 1693, et René-Adrien, né en 1700.

René-Adrien, qui fut baptisé à Saint-Lormel le 31 octobre 1700, eut pour parrain écuyer René de Saint-Meloir, sieur de la Ville-Robert, et pour marraine Marguerite Le Roy, dame de la Courdoire. S'il fut marié et s'il eut des enfants, je n'en sais rien ; mais les registres compulsés, tant à Saint-Lormel que dans les paroisses circonvoisines, ne font plus mention de lui.

« Jean-Simon Grumellon, fils de Simon et de Julienne Tricot, né le 20 avril 1693, fut baptisé sur les fonts de la paroisse de St-Lormel, le 22 du mois, par le Recteur ; où furent parrain vénérable et discret prêtre Messire Jean Le Febvre, recteur de Pluduno, et marraine demoiselle Jeanne Gouyon, dame de la Villemen. »

Ce Jean-Simon n'était autre que Grumellon-Villoreu, ainsi surnommé d'une sorte de gentilhommière, en Saint-Lormel, où il demeura. Les registres de Saint-Pôtan conservent la mémoire de l'horrible boucherie dont il fut victime :

« Jean Grumellon, dit Villoreu, assassiné par les Anglais au Guildo, lors de leur passage audit lieu, a été inhumé par ma permission dans la chapelle de Sainte-Barbe, dépendante de la paroisse de Saint-Pôtan (1). »

J'ai dit que le fils aîné de Simon Grumellon portait le prénom de René ; son acte de naissance est ainsi conçu :

« René Grumellon, fils de Simon et de Julienne Tricot, sa femme, enfant né le 20 octobre 1690, fut baptisé sur les fonts de Saint-Lormel, le 22 du mois, par le ministère de moi Recteur soussigné, où furent parrain Maistre René Gerard, sieur de la Ville Hingand, et marraine Dame Geneviève Boüan, dame de l'Argentaye, soussignés, en présence du dit Grumellon, père, et de plusieurs de ses amis. »

René Grumellon épousa Jeanne Vaumeloysel, et, par une fatalité de race, il fut assassiné, comme son frère devait l'être quarante ans plus tard. On lit en effet sur les registres de Saint-Lormel :

« Le corps de René Grumellon, tué, en Pluduno, par un assassinat épouvantable, a été inhumé dans l'église paroissiale de Saint-Lormel, le 21 juin 1718, en présence de

---

(1) La chapelle Sainte-Barbe, aujourd'hui ruinée, montre quelques fragments pleins d'élégance sur la rive gauche de l'Arguenon, vis-à-vis du couvent des Carmes du Guildo.

Jeanne Vaumeloysel, sa femme, B. Trotel, Jean Le Clerc et M. le Curé de Pluduno. »

Le malheureux laissait un fils âgé de trois ans.

« Julien-Charles Grumellon, né d'hier, fils légitime de René et de Jeanne Vaumeloysel, a été baptisé dans l'église paroissiale de Saint-Lormel, ce 11 novembre 1715 ; ont été parrain Julien Dibonnet, et marraine demoiselle Anne Varin. »

C'est indubitablement ce Julien-Charles qui est le traître, et le récit du recteur de Saint-Cast se trouve confirmé de point en point.

Il avait quarante-trois ans, quand il vendit son pays. Il n'avait pas l'excuse du besoin. Il suffit d'avoir jeté les yeux sur tous les noms de parrains et de marraines qui figurent dans les actes baptismaux, pour être certain que sa famille tenait un rang distingué dans la paroisse ; les inhumations dans l'intérieur de l'église, le grade de capitaine de paroisse assigné à Jean-Simon, son surnom même de Villoreu, tout vient corroborer cette opinion. Julien fut donc poussé par l'ambition la plus honteuse, ou par la crainte ; à moins qu'il n'ait voulu venger le sang de son père, sur les paroisses de la rive gauche de l'Arguenon.

Quoi qu'il en soit, la Bretagne garde tout son mépris pour le Judas du Guildo, et les enfants même honnissent encore le nom de celui qui « montra le passage aux Anglais. »

S. ROPARTZ.

COMBAT DE SAINT-CAST.

Sous ce titre, la narration suivante fut rédigée à Nantes et répandue dans la population immédiatement après que les brillants résultats de l'affaire de Saint-Cast y furent connus. Nous regrettons de ne pouvoir indiquer le nom de l'auteur de ce récit dont le style épique produisit, dit M. Mellinet (1), une vive impression.

« L'Anglois arme une flotte formidable, et, dans la résolution où il est de risquer sa ruine, pourvu qu'elle entraîne celle des François, il part; les vents soumis à ses ordres forcent les flots écumans de le conduire sur les rives de l'Armorique; là, l'ambition dont il est animé lui fait déjà envisager comme recueillis les beaux fruits de ses travaux, et l'orgueil dont il est épris l'excite à chanter ses propres louanges avant que la victoire paroisse..... Où cours-tu, insensée Albion ? L'expérience ne t'a-t-elle pas déjà fait voir qu'il est dangereux d'attaquer les Bretons ? Que ce peuple, toujours prêt à combattre, est presque toujours sûr de vaincre; qu'il ne cherche pas à produire les événemens, mais qu'il est toujours en état de les maîtriser, et

(1) *La Commune et la milice de Nantes*, par M. C. Mellinet (1841).

qu'il sait surmonter les obstacles quelque difficiles qu'ils paroissent..... Réflexions inutiles ! Les Anglois sont sourds à tout ce qui les prévient du sort qui les menace, ils n'écoutent plus que l'animosité, ils ont juré la perte de la France, ils ne respirent plus qu'un carnage qui puisse répondre à leur ambition. Pleins d'une téméraire audace, ils s'avancent à Saint-Cast, y dressent des batteries, et déjà cent bouches à feu menacent les remparts de Saint-Malo (1) et ceux qui se présentent pour les défendre. Au bruit du tonnerre de Mars qui présente le danger en même temps qu'il l'annonce, d'Aiguillon, qu'une sage précaution tient toujours en garde contre les attaques de ses ennemis, rassemble ses troupes, les exhorte et les encourage. *François, dit-il, montrez qui vous êtes, quel est le roi que vous servez et le chef qui vous conduit.*

» A ces mots, il s'avance vers l'ennemi..... L'ordre qu'il donne est son exemple ; il fait briller cette épée victorieuse qui doit forcer les Anglois à se retirer promptement, ou à s'exposer aux vifs effets de sa valeur. Il voit le danger de l'exécution, mais il ne le voit que comme un attrait pour l'entreprise ; son assurance passe dans tous les cœurs : on l'écoute, on le regarde ; mais on s'arme sur sa parole et on marche sur ses pas. A l'aspect de ce héros, l'ennemi est saisi d'effroi, et il se passe alors quelques instants dans le camp d'Albion, où les uns délibèrent, les autres craignent, chacun s'étonne, tous s'alarment et personne n'agit. Cependant, comme il faut soutenir l'honneur de la patrie, et que la gloire ou la honte des Anglois dépend du bon ou du mauvais succès de cette expédition, ils raniment leur courage ; et déjà des tourbillons de fumée, la flamme, les

---

(1) On voit que l'auteur du récit était étranger à la topographie de ces deux localités. Saint-Malo est à plus de 17 kilomètres de Saint-Cast.

éclairs, l'airain meurtrier, la mort vole aux côtés et devant les François.

» D'Aiguillon ne s'en étonne pas ; la confiance qu'il a dans la bravoure des soldats qui le secondent lui fait mépriser le danger. Il place le hardi Balleroy sur la droite pour se longer sur les haies et une rampe de sable qui conduisent à la gauche des retranchements ennemis ; l'intrépide d'Aubigny prend la gauche pour déboucher sur la droite ; le vaillant de Brock marche droit à leur centre ; de Brémont, de Fontette et du Bousquet, connus par leur valeur, sont chargés de conduire ces différentes colonnes.

» Pendant que d'Aiguillon décide son attaque avec une prudence sans égale, le général Bligh redouble la vivacité de la sienne ; un feu roulant parcourt toutes les colonnes françoises, et déjà plusieurs officiers sont atteints des coups mortels que leur portent les frégates et les galiottes à bombes des ennemis. L'opiniâtreté des Anglois croit-elle ici triompher de la bravoure des François ? Non : d'Aiguillon lui a prescrit des bornes. Les généreux guerriers qui le soutiennent s'aperçoivent qu'ils ne sont pas invulnérables, ils n'ont même jamais désiré de l'être ; mais ils se croient invincibles et le prouveront. Dans ce moment, la colonne de la gauche se porte avec vigueur sur les retranchements des ennemis ; son exemple engage bientôt celle de la droite et celle du centre. Les ennemis, entourés partout, s'efforcent de répondre à tout en faisant un feu prodigieux ; mais leurs efforts deviennent inutiles, et les étincelles de feu qu'ils veulent allumer sur l'armée françoise portent l'incendie dans leur camp. Villepatour leur oppose une artillerie qui ralentit la vivacité de la leur.

» Alors Boulonnois et Brie, qui viennent d'essuyer presque tout le feu des Anglois, se distinguent par une nouvelle preuve de valeur. Semblables à la foudre qui frappe la terre au moment qu'elle fend la nue, ils fondent avec impétuosité sur l'ennemi : leur attaque est si courageuse et si bien concertée, que l'Anglois s'ébranle, sa colonne se rompt et se disperse, une partie reste sur le champ de bataille, l'autre le cède en cherchant son salut dans une fuite précipitée ; le chemin qu'il suit ne présente que des monceaux de morts et de blessés qui embarrassent plus les vainqueurs que la résistance des vaincus ; et la mer reçoit dans son sein presque tout ce qui vient d'échapper au fer des François. Enfin la fumée se dissipe, le bruit des armes cesse et les alarmes s'éloignent. Balleroy, d'Aubigny, de Redmont, La Châtre, Polignac et plusieurs autres, couverts de sang et de poussière, se rendent auprès de leur général et lui présentent les lauriers qu'ils viennent de cueillir. Illustres compagnons des périls que d'Aiguillon vient d'affronter, ce héros vous connaît, c'en est assez ; votre récompense est assurée, et la victoire va graver vos noms et vos exploits dans les fastes immortels de l'histoire (1). »

(1) On remarquera que l'auteur de cette narration, qui devait être un rhétoricien nouvellement sorti du collége, laisse dans l'oubli le plus complet les braves volontaires qui ont contribué au succès de la bataille ; il y avait pourtant là belle matière à période.

SAINT-CAST.

TROISIÈME PARTIE

HISTORIENS.

L'ABBÉ MANET.

EXTRAIT DE SON HISTOIRE MANUSCRITE

DE LA VILLE DE SAINT-MALO (1).

*Descente des Anglais entre Saint-Briac et Saint-Lunaire,
sur la côte ouest de Saint-Malo. — Leur séjour sur le conti-
nent. — Leur défaite à Saint-Cast, le 11, etc.*

Ces orgueilleux insulaires, ne croyant pas nous avoir fait
assez de mal dans leur descente à Cancale, le 4 juin précédent, résolurent, au commencement de septembre de

(1) Nous devons la communication de cet important document, qui se trouve
aux archives de la mairie de Saint-Malo, à deux honorables habitants de cette
ville, MM. Cunat et Guynot de Boismenu, qui ont bien voulu nous en adres-
ser copie. Le journal *Le Commerce breton*, des 26 et 30 décembre 1857, en avait
publié quelques fragments.　　　　　　　　　　　　　　G. DU M.

la même année, d'en tenter, sur la côte opposée, une seconde, qui se termina, comme on sait, par le combat de Saint-Cast. — Voici le résumé fidèle de ce qui fut publié dans les relations du temps sur cet événement devenu à jamais célèbre dans les annales malouines.

Tout était tranquille en nos murs, quoiqu'on y sût ce qui venait de se passer, le 7 août, à Cherbourg (1), et nous ne pensions qu'à réparer nos dernières pertes, lorsque, le dimanche, 3 septembre 1758, les signaux du château de La Latte et des autres forts avancés, nous annoncèrent l'approche d'une escadre anglaise, qui se montrait à 6 lieues du cap Fréhel.

Cette flotte était composée de 120 à 130 voiles, et sous les ordes encore de l'amiral Howe. — Le lieutenant-général Bligh (2) en commandait les troupes de débarquement.

(1) Le port de cette ville n'était, à cette époque, qu'une rade foraine : ce qui mit la flotte ennemie, sortie de Portsmouth le 30 juillet, à même de s'en emparer aisément au jour que nous avons dit. — Maîtres de cette place malheureuse, les vainqueurs y levèrent de fortes contributions, démolirent les travaux publics, brûlèrent 27 navires, enclouèrent 173 pièces d'artillerie en fer et 3 mortiers, dévastèrent toutes les maisons à deux lieues à la ronde, en emmenèrent une fort grande quantité de bestiaux, emportèrent avec eux 24 canons de fonte et les cloches, et ne s'embarquèrent enfin que dans la nuit du 15 au 16 du même mois d'août, à l'approche des troupes françaises.   (*Note de l'abbé Manet.*)

(2) Cet homme était né le 15 janvier 1685, à Brittes, en Irlande, et avait beaucoup augmenté sa fortune par l'acquisition des biens confisqués en 1641, sur les rebelles de ce pays. — Tel était le personnage qui avait été chargé en cette circonstance de rendre parmi nous recommandable l'honneur anglais. Mais on ne sait que trop combien, dans tous les siècles, le gouvernement de cette nation mercantile a constamment mis son intérêt au-dessus de sa gloire : peu lui importe le repos de tous les peuples du monde, comme il le prouve encore si honteusement au moment où nous écrivons ceci (28 janvier 1839), pourvu qu'il réussisse à empiler l'un sur l'autre des monceaux d'or; l'antique adage latin : *Virtus post nummos,* n'a jamais cessé d'être sa devise : des écus d'abord! des écus! viendra ensuite la vertu, si elle peut.   (M.)

Elle fut aperçue de dessus nos remparts à 9 heures. — On y distingua alors sept vaisseaux de lignes, 6 frégates, 4 galiottes à bombes et 17 sloops. Le surplus était en navires de transports.

Tous louvoyèrent dans le courant de la journée ; mais sur les 6 heures du soir, ils vinrent mouiller, pour la plupart, entre l'île des Ebihens et l'île Ajot, mouillage que nos pilotes les plus expérimentés regardèrent comme très-périlleux pour une aussi grande multitude de bâtiments.

Le lundi 4, à 8 heures du matin, ils levèrent l'ancre, et vers les 10 heures ils s'approchèrent des deux petites anses qui accolent, à droite et à gauche, ce monticule situé entre les bourgs de Saint-Briac et de Saint-Lunaire, qu'on appelle le Tertre-de-la-Garde-Guérin, distant de Saint-Malo d'environ 4,200 toises.

Trois de leurs frégates se détachèrent aussitôt et s'embossèrent dans celle de ces deux anfractuosités qu'on nomme la Fosse, pour y protéger le débarquement. — Elles commencèrent par lâcher quelques bordées sur les falaises, où personne ne se présenta pour leur opposer de résistance, et, à une heure de l'après-midi, s'effectua le débarquement. — Sur 12 à 13,000 hommes qui furent mis à terre en cette occasion, ils n'en perdirent qu'une soixantaine par la mauvaise manœuvre d'une des frégates qui passa sur un de leurs bateaux plats.

L'infanterie campa, sans retranchements, au bas de la montagne même, dans toute l'étendue des hameaux de la Chapelle, de la Ville-Hue, du Mesnil, de la Fosse, de la Marre, etc. ; et la cavalerie s'établit dans les champs joignant à l'occident le bourg de Saint-Lunaire, bourg où fut aussi fixé le quartier général qui s'installa dans le presbytère. — L'avant-garde fut postée en avant, jusqu'au village de

Dinard , sur la Rance, d'où elle se retira, à nuit tombante, pour retourner au camp.

Tous étaient, selon que nous l'avons déjà rapporté, sous le commandement du général Bligh , qui avait succédé à Malborough dans la noble mission de ravager les côtes du royaume, et ils avaient avec eux le jeune prince Edouard-Auguste , duc d'Yorck , petit-fils du roi Georges II , alors régnant (1).

Dans l'après-dîner de ce jour et les suivants , une partie de cette force battit l'estrade dans tous les environs, et y fit le dégât. — Elle mit particulièrement en cendres la dîme de M. Hardy, recteur de Saint-Briac , fit personnellement à ce pasteur mille outrages, endommagea considérablement son presbytère et son église , et le força d'abandonner sa paroisse, où il y eut plus de quarante maisons consumées. M. Frère, recteur de Trégon , éprouva un sort à peu près semblable, ainsi que MM. de Pontual, de la Ville-ès-Comte, de la Menardais , de Courville , et plusieurs autres gentils-hommes des alentours. — Pour ce qui est de M. Aillet, recteur de Saint-Enogat , il s'en tira mieux ; il fut se présenter directement au prince, et réclamer sa protection ; ce qui lui fut promis sous la condition que lui et son troupeau fourniraient des vivres; enfin, au commencement de la nuit, furent brûlés 22 barques et bateaux de Saint-Briac, que leurs maîtres avaient , à l'aide de la marée, fait remonter jusqu'à la digue de Pont-Briand.

(1) Ce jeune homme, qui avait voulu servir comme volontaire à bord du vaisseau l'*Essex* , dans l'expédition de Cherbourg et dans celle-ci, était né le 25 mars 1739 , de Frédéric-Louis, prince de Galles , troisième fils du monarque précité. — Georges-Guillaume III , son frère aîné, monta sur le trône d'Angleterre le 25 octobre 1760. — Lui mourut à Monaco, dans sa 29e année , le 17 septembre 1767. — (Voyez l'art de vérifier les dates, édit. de 1770 , page 799 , col. 1 , et p. 80, col. 2. Voyez aussi la continuation de l'*Abrégé de l'Histoire de France* du président Hénault , par Fantin des Odoards , édit. de 1800 , p. 330.) (M.)

Quoique en débarquant dans l'endroit qu'ils avaient choisi, les Anglais se fussent mis hors de cas de faire aucune entreprise sérieuse et prudente sur Saint-Malo, qui était séparé d'eux par la Rance et la rade, Bligh, dans sa lettre à M. Pitt, avoue néanmoins que son dessein avait été d'attaquer cette place (V. *État polit. de l'Ang.*, n° 41, p. 74.), ce qui prouve que son plan de campagne était assez mal combiné. — Malgré ce motif d'assurance pour les Malouins, M. le marquis de la Châtre, commandant en la Haute-Bretagne, et dans nos murs en particulier, crut qu'il était de la sagesse de pourvoir à la sûreté de notre ville. A cet effet, il y fit entrer le régiment de Boulonnois, qu'on logea sous le rempart Saint-Vincent ; le bataillon de milice de Fontenay-le-Comte, qui fut mis au Jeu-de-Paume, dans l'emplacement de la comédie actuelle ; et les capitaineries des gardes-côtes de Dinan et de Dol qu'on distribua partie dans la rue de Toulouse, partie dans le grand magasin de St-François, à la réserve de la première compagnie, commandée par M. de Lesquen de La Menardais, qui demeura affectée à la garde de la tour des Ebihens. — Il enjoignit en outre aux corsaires la *Duchesse de Fitz-James*, la *Mimi*, le *Comte de la Rivière*, le *Moras*, et la *Comtesse de Bentheim*, d'aller occuper l'embouchure de la rivière et la rade, sous les ordres de M. du Chilleau, commandant la frégate du roi la *Renoncule*, mouillée en Dinard.

Cette disposition avait deux objets : le premier, était d'écarter des bords de la côte tous les ingénieurs et crayonneurs qui auraient pu y venir ; comme il en vint, en effet, lever des plans ; le second était de nous assurer une communication libre avec Dinan, où nous avions beaucoup de provisions de guerre et de bouche.

Il fut le même jour, par ordre de M. de la Châtre, encore armé en notre port, un petit senau, monté par M.

Postel, l'un de nos négociants, pour divers services sur la Rance ; et, de leur côté, Messieurs de Mazin, ingénieur en chef, de Souville, directeur de l'artillerie, Guillot, commissaire ordonnateur de la marine, etc., travaillèrent, chacun dans leur partie, à perfectionner les ouvrages déjà commencés.

Le mardi 5, à 4 heures du matin, plusieurs détachements ennemis poussèrent de rechef jusqu'à la pointe de *Saint-Dinard* (comme la qualifiait Bligh), d'où le feu de nos vaisseaux les obligea bientôt de déloger ; mais avant de se retirer, ils y firent quelques pilleries, surtout chez M. Littant, à la Ville-ès-Méniers ; ils y causèrent aussi une belle peur au pauvre prieur de Dinard, qui n'avait pas quitté son monastère, situé près de la grève. Quelques officiers ayant descendu chez lui et lui ayant demandé à se rafraîchir, le hasard en voulut que l'un d'eux se trouvât mal immédiatement après avoir vidé son verre ; ses camarades le crurent empoisonné, et des menaces de mort contre le bon religieux s'ensuivirent. Celui-ci ne perdit pas cependant la tête : afin de prouver à ses hôtes qu'ils n'avaient rien à craindre, il avala de suite une copieuse lampée de vin contenu dans cette même bouteille. L'Anglais, d'une autre part, ne tarda pas à revenir de sa syncope, et l'on se quitta en riant de l'aventure.

Ce jour-là, M. le comte de la Tour d'Auvergne, colonel du régiment de Boulonnois, reçut injonction de faire sortir de la place des grenadiers, pour observer la marche des susdits détachements. M. le comte de Robien, lieutenant des Mousquetaires, le comte du Bois-de-la-Motte, capitaine des vaisseaux du Roi, le marquis de Montaigu, colonel retiré, d'Assy, capitaine d'invalides et chevalier de S.-Louis, de Narbonne et de Caux, gardes-corps du Roi, de Boiseauvoyer et des Tullays-Tranchand, mousquetaires,

de Fournier , de Kerguzec , de la Cornillière , de Montmuran , de Scott , Pean de Ponphilly , de Launay-Danican , de Grout , père et fils , tous gentilshommes bretons ,
qui , au premier bruit de la descente , s'étaient rendus à S.-
Malo de différents endroits de la province , eurent la permission de se joindre , en qualité de volontaires , à ces braves. Toute cette troupe fut employée jusqu'au 10 à faire la
petite guerre , et ramena avec elle plusieurs prisonniers.

Le mercredi 6 , l'armée et la flotte restèrent tout le matin dans la même position; mais sur le midi, les vents ayant
fraichi de la partie de l'ouest , et la houle étant devenue
très-forte, l'escadre, qui ne pouvait rester sans un extrême
danger sur cette portion de la côte , leva l'ancre et appareilla. — Après quelques bordées , elle vint mouiller , partie en avant de la rivière d'Arguenon ou du Guildo, et partie vers la pointe de Saint-Cast.

Ce fut pour lors qu'un senau, armé de pierriers, qui avait
à sa suite un bateau plat , armé de soldats , voulut tenter
de mettre à terre, dans l'île des Ebihens , pour en faire sau-
ter la tour. M. de la Menardais qui , selon que nous l'avons
dit , commandait dans ce poste , fit tirer , de la pointe de
l'île, sur ce bâtiment , deux coups de canon , dont l'un lui
emporta son vibord et son grand foc. — Le senau lui répondit d'une volée de pierriers et fut essayer de nouveau
de débarquer son monde dans le port de la Chapelle ; mais
le courageux breton l'y suivit avec ses gardes-côtes , et dirigea si à propos une décharge sur les troupes de transport,
qu'elles virèrent à l'instant de bord avec le senau et furent
rejoindre le gros de la flotte.

Pendant ce temps, les divers pelotons ennemis continuèrent toujours de rôder sur le terrain , où ils observèrent
constamment une discipline incomparablement moins sévère que ceux du duc de Malboroug , leurs devanciers ,

qui n'avaient exercé de rigueurs que celles que les lois de la guerre autorisent (1).

Le jeudi 7, l'armée et l'escadre demeurèrent encore chacune dans la position du jour précédent. — L'infanterie se contenta de faire l'exercice aux environs de son camp, entre les hameaux de la Villemarqué, de le Négrais et de la Villebilly. — Cependant le général Bligh, qui se voyait toute communication coupée avec les vaisseaux destinés à lui fournir des subsistances, fit pousser en avant un détachement de 200 fantassins et de 12 à 15 dragons, pour reconnaître le Guildo, dont, comme nous l'avons raconté ailleurs, le gué périlleux a fait donner au village le sobriquet latin de *Guedum dolosum*. — Ce détachement y arriva vers les trois heures de l'après-midi. — Son commandant, après avoir pris langue avec les religieux Carmes, dont le couvent dominait la rivière, la fit sonder par ses dragons en différents endroits, et repartit aussitôt avec les siens pour rejoindre le quartier général.

Le vendredi 8, on entendit battre la générale dans le

(1) Le droit de la guerre, dit l'*Ecole du gentilhomme*, condamne à être saccagée toute place prise d'assaut. — Il permet de ravager de toutes les façons un pays d'où l'ennemi tirerait sa subsistance, ou qui lui donnerait des quartiers d'hiver. — Il autorise à rançonner une ville prise de force, et à refuser quartier à ceux qui y sont pris les armes à la main, etc.; mais le bourgeois qui n'a pas eu de part à la défense, peut-il être coupable d'être né dans sa patrie? Le sexe doit-il être puni de l'opiniâtreté du soldat? Peut-on, sans cruauté, incendier l'habitant tranquille, ou lui ravir le fruit de ses travaux? désoler une église et les autres lieux de la paix, violer l'asile des tombeaux, etc.? Certes, il est diamétralement éloigné de mériter le titre de héros, tout guerrier qui ne se montre pas économe du sang de ses ennemis mêmes, lorsqu'ils sont désarmés, et à plus forte raison quand il exerce contre l'innocence suppliante des fureurs inutiles! M. Bligh pouvait, j'y consens, avoir sur d'autres points des idées élevées et des qualités louables; mais, je le répète, il me paraît démontré qu'en cette circonstance spéciale il aida beaucoup trop aux passions viles des enfants de la terre.

(M.)

camp ennemi , dès 3 heures du matin. — Néanmoins, tout était encore au jour dans la même position.

Sur les 7 heures, les Anglais baissèrent leurs tentes , et restèrent en bataille au même lieu , jusqu'à midi. — Alors se repliant par leur droite, ils prirent la route du château de Pontbriand , et gagnèrent de là le grand chemin.

Ils traversèrent le bourg de Ploubalay , où ils firent halte (1); et leur avant-garde fut reconnue à la hauteur des marais de Drouët, par un détachement de volontaires de Plancoët et de Lamballe , commandés par M. Rioust des Villes-Audrains , qu'on y avait envoyé pour éclairer leur marche. — A leur approche, ce détachement se replia de l'autre côté de la rivière de l'Arguenon , où il alla joindre M. de la Motte-Ville-ès-Comte , qui , avec M. le chevalier de Prémorvan et M. de la Planche , s'était mis à la tête d'un autre détachement de volontaires , composé de notables de Matignon , de Saint-Germain , de Saint-Pôtan et d'autres lieux , à dessein de disputer à l'ennemi le passage.

L'armée était arrivée au Guildo , et en ayant occupé tout le défilé, M. de la Ville-ès-Comte , qui avait bordé tous les jardins environnants , fit faire plusieurs décharges dont l'ennemi ne laissa pas que d'être incommodé, et plus encore intimidé , car il soupçonnait quelque embuscade. — Bligh lui envoya aussitôt un religieux pour l'empêcher de tirer, avec menace de mettre le feu au village si on opposait davantage résistance. — Le député ayant été accueilli à

(1) Extrait d'une lettre écrite par M l'abbé Briot, curé de Ploubalay , à M. Hermans, procureur du Roi, à Dinan, son beau-frère. «Grâce à Dieu , Messieurs les Anglois sont époussetés ; presque la moitié sont morts ou prisonniers , selon le rapport des soldats, et même plusieurs capitaines distingués m'en ont assuré en revenant du combat ; j'espère vous aller voir dans ce mois, mais je vous prie d'attendre que nous soyons un peu remis, car je vous assure que tout est bouleversé dans le pays et que la misère y est bien grande.—12 septembre 1758.»

coups de fusil, le général le renvoya une seconde fois, accompagné du prieur du couvent; mais on ne leur donna seulement pas le temps d'ouvrir la bouche, et la fusillade continua d'une manière fort bien soutenue.

Outré de ce qu'on eût osé ainsi lui barrer le chemin, Bligh prit le parti d'établir son camp au Guildo même, et à l'ouvert de la presqu'île de Saint-Jacut, sa gauche appuyée au marais de la Marre-Amiraud. — Pendant cet intervalle, il fit occuper quelques maisons de la rive droite de la rivière; et, des fenêtres, il fit faire feu sur les jardins d'où on l'attaquait. — Il fit aussi approcher deux pièces de campagne, l'une desquelles fut mise en batterie à la Croix-des-Carmes d'où elle tirait à mitraille sur les jardins de la rive opposée, et l'autre sur la hauteur proche le vieux corps-de-garde pour balayer à boulet le bois du Val.

Malgré le feu de cette artillerie, qui commença sur les 6 heures du soir, et qui cessa à la nuit tombante, M. de la Ville-ès-Comte tint ferme avec ceux de sa suite. Il fit border tous les gués par où l'ennemi pouvait déboucher, et l'amusa en escarmouchant continuellement, jusqu'à ce que ces mêmes gués n'aient été rompus par l'entrée de la mer. — Il fit de plus coucher sa troupe au bivouac pour intercepter tous les bateaux qui, à l'aide de la marée, auraient pu remonter la rivière, et lorsque le gué se fit, il reprit les mêmes postes qu'il avait occupés la veille.

Il répéta encore la même opération au flux suivant, en sorte qu'il n'abandonna la partie qu'au troisième gué, lorsqu'il vit faire un mouvement général à l'armée. — Par cette belle manœuvre il eut la gloire d'avoir retardé pendant près de 26 heures la marche des ennemis, ce qui donna le temps à M. Emmanuel–Armand Duplessis-Richelieu, duc d'Aiguillon, commandant en chef dans toute la province , depuis l'an 1754 , de les joindre dans leur retraite, comme nous le dirons bientôt.

Ce duc, qui était le 5 à Saint-Matthieu, proche Brest , ayant été informé par M. de la Châtre de la descente que les Anglais venaient d'effectuer , et des diverses manœuvres , tant de leur armée que de leur escadre , avait , sur le premier avis , fait mettre en marche une partie des troupes qui étaient à ses ordres en Bretagne. Lui-même se porta en diligence , le 6 , à Lamballe , où il avait fixé le principal point de réunion (1). Un bataillon de volontaires étrangers y étant arrivé en deux marches forcées , fut envoyé à Dinan avec un escadron de dragons de Marbeuf , sous le commandement du comte d'Aubigny , maréchal de camp ; cette ville étant doublement intéressante par les magasins que nous y avions et parce qu'elle était le rendez-vous de l'une de nos colonnes qui venait de la partie de Nantes. Le prince , de son côté , à la tête de deux escadrons de dragons et de 800 gardes-côtes , se rendit à Plancoët , distant d'environ une lieue 1|2 du passage dont l'ennemi occupait encore la droite.

Dès qu'il y fut arrivé et qu'il fut instruit au juste de la position des Anglais, il envoya ordre à M. d'Aubigny de quitter Dinan et de s'avancer vers Plouër , avec le régiment de Brie, le premier bataillon de volontaires étrangers, celui de miliciens de Marmande , trois de gardes-côtes et deux escadrons de dragons , et de pousser, avec le chevalier de Polignac, jusqu'à Pleurtuit. M. de la Châtre eut lui-même commandement de faire sortir de Saint-Malo M. de Bréon , lieutenant-colonel des régiments de Boulonnois , avec un

---

1) Il logea à la communauté des Augustins. Il passa en revue, le même jour, sur le champ-de-foire de cette ville , les troupes et les milices-gardes-côtes qui, à son appel , s'y étaient rendus en toute hâte , au nombre de 4,500 hommes.

autre détachement de 5oo hommes , pour se porter sur Ploubalay, à la droite de M. de Polignac. Tous ces différents corps avaient pour objet d'inquiéter l'ennemi sur leur gauche : c'était une image de ces nues qu'un tourbillon rassemble, par un temps d'orage , et dans lesquelles se forme la foudre.

Le samedi 9 , à la pointe du jour , le feu recommença sur les deux rives et dura jusqu'à 4 heures du soir , que les ennemis trouvèrent moyen de faire reconnaître notre petite troupe par un espion qui échappa à la surveillance de M. des Villes-Audrains. — Ce traître était un nommé Grumellon , de la paroisse de Saint-Lormel , qui s'était laissé gagner par argent , et qui leur enseigna en sus les points les plus faciles du passage.

A l'instant l'armée déboucha sur trois colonnes.—La première , à la suite de laquelle était l'artillerie, passa le gué au Guildo même, en faisant un grand feu de mousquet.— La deuxième le passa sous la Ville-Gicquel, ayant en face le bois du château du Val et les Quatre-Vaux , et en faisant également de nombreuses décharges de fusil sur le bois.— Enfin la troisième passa le gué même des Quatre-Vaux , le plus rapproché de Saint-Jacut et du Haut-Saint-Jaguel. — Toutes les trois firent leur jonction aux Croix-Ouies , après avoir préalablement fait le dégât à Beaulieu , près de Sainte-Brigitte , saccagé quelques autres lieux entièrement inoffensifs , et avoir brûlé , au Guildo même , 31 maisons du côté où on leur avait résisté (1). Enfin , des Croix-Ouies , elles furent asseoir leur troisième camp , toujours sans retran-

_____

(1) Dans un dernier endroit , ils tuèrent spécialement , à coups de baïonnettes, un pauvre sourd qui n'avait pu les entendre , et le nommé Villoreux-Grumellon, capitaine de Saint-Lormel , oncle du traître ci-dessus mentionné.   (M.)

chements , entre Matignon et le moulin de la Basse-Lande , où elles ne s'établirent néanmoins que le lendemain.

Tandis que les étrangers avaient été les maîtres sur le terrain à l'Est de l'Arguenon , ils n'avaient pas négligé de visiter, entre autres , les monastères du Guildo et de Saint-Jacut ; mais, en retour de la bonne chère faite aux chefs dans ces deux couvents, les religieux n'en avaient eu aucun dommage. — Divers particuliers , habitant les mêmes parages , outre ceux déjà énumérés , ne devaient pas être aussi heureux ; et les pillards, encore plus que le gros de l'armée, avaient , sur plusieurs points , promené parmi eux l'incendie et la désolation. — En revanche de tant d'excès , quelques-uns de leurs gens étaient devenus nos prisonniers , et 26 autres , avec un de leurs principaux officiers , avaient péri dans le passage de nos Thermopyles , je veux dire celui du Guildo.

Durant le court séjour qu'ils firent au-delà de cette rivière , ils continuèrent d'y déployer tous les mêmes caractères d'une guerre de pirates; et l'histoire doit dire, à la honte éternelle de leur général , qu'il laissa volontairement de braves soldats dégénérer en vils braconniers , et s'en retourner chargés beaucoup plus d'opprobre que de butin

Matignon, Saint-Germain , Saint-Pôtan , etc., devinrent le théâtre de nouvelles horreurs. — Une partie du château du Val, en particulier, fut livré aux flammes, ainsi que trois fermes et un moulin , appartenant à M. Du Hallay , lieutenant au régiment du Roi. Le château de Galinée surtout (propriété de M. Locquet de Grandville), après en avoir vidé tous les fûts de vin et de cidre , ils mirent le feu aux écuries , et à plus de 25 charretées de foin , essayèrent d'en faire autant dans plusieurs des appartements, brisèrent tous les meubles, massacrèrent le gardien et trois paysans des alentours , et auraient probablement porté plus loin la violence , sans une compagnie de nos troupes qui ayant passé fort à propos par là , fusilla quatre de ces maraudeurs , et en fit sept autres prisonniers. — Disons pourtant , à la louange d'un de leur chefs dont le nom est demeuré inconnu , qu'étant arrivé chez Madame de Ville-cadre , en Pléboule , à l'instant où ses gens venaient de défoncer tous les tonneaux de cette respectable femme , il fit pendre de suite , sans autre formalité , à l'un des chênes voisins, le principal auteur de ce désordre inexcusable.

Ce même jour 9 , Plancoët se trouvant découvert, le troisième bataillon des volontaires étrangers y fut posté à la brune , et pendant la nuit , M. le chevalier de Saint-Pern fut détaché avec 6 ou 800 braves , pour prendre poste à S.-Pôtan. — D'une autre part , M. du Lauret , capitaine au ré-giment de Boulonnois , à la tête d'un piquet de 50 hommes, ne cessa d'inquiéter les ailes ennemies auxquelles il fit une soixantaine de prisonniers.

Le Dimanche 10 , à la pointe du jour, une partie de leurs forces se répandit dans Matignon même et autres paroisses adjacentes , et perça jusqu'à Saint-Cast , où 25 de leurs ma-raudeurs se ruèrent , vers les 11 heures , comme autant de loups affamés , dans le presbytère , demandant des vivres, des hardes , de tout ; ce qui fut mis à leur discrétion. M. Jacques Maurice, alors recteur de cette commune , se mon-tra dans cette circonstance un homme de tête , et il nous a conservé plusieurs détails de cette journée dans la relation qui en a été imprimée postérieurement (1).

---

(1) Cet écrit, qui porte un grand caractère de franchise et d'originalité , est fort incomplet , surtout en ce qui concerne la stratégie ; quoiqu'il en soit, c'est un des documents les moins fautifs de tous ceux qui ont été publiés depuis sur le même sujet. — Le bon curé qui l'avait dressé sur une feuille volante, le joignit

Environ les trois heures de l'après-midi , survinrent , dans le même bourg, quatre compagnies de grenadiers ennemis bien montés ; tous dans l'intention de jeter nos canons de côtes à la mer, et de brûler le village de l'Isle , consistant en plus de cent maisons. — A force de prières, le digne pasteur eut la satisfaction d'obtenir d'eux l'effet de sa demande , et même une sauve-garde pour sa demeure et son église.

Vers les 5 heures , quatre autres mille hommes, détachés du camp d'auprès de Matignon , vinrent à leur tour , dans la plaine du moulin d'Anne , dont il sera parlé ci-après , et y établirent plus de 3oo tentes à dessein d'y passer la nuit. — Leur commandant fit sommer après cela M. Maurice de disposer un souper pour 25 officiers, festin où , faute de viande de boucherie , figurèrent 12 canards et 20 poulets. — Pendant le repas , ces messieurs ne cessèrent d'exalter la supériorité maritime qu'ils avaient sur nous , et de jurer qu'en 1759 ils seraient maîtres de Saint-Malo.

Comme ces forfanteries ne tiraient pas à conséquence , l'habile ecclésiastique leur accorda tout ce qu'ils voulurent, et , la fête finie , la plus grande partie des convives se retira au camp , tandis que les autres restèrent au presbytère toute la nuit, à jouer au piquet avec la prétendue sœur du recteur , Mademoiselle Légué , qui l'avait prié de lui donner asile pendant ce temps critique.

au registre mortuaire de sa paroisse pour l'année 1756 ; mais depuis ce temps-là , cette pièce avait été consultée tant de fois par les curieux venus visiter le champ de bataille que son état de délabrement obligea de la faire recoler et cartonner à Dinan, en 1834.— Pour ce qui est du registre lui-même, on n'y trouve nominativement mentionné comme mort des suites du combat , que le sieur Claude Roy , originaire de Raon-en-Franche-Comté et grenadier dans le régiment de Brie , lequel fut inhumé dans le cimetière neuf, avec plusieurs autres soldats inconnus.   (M.)

Pendant que ceci se passait, nos régiments de Bourbon, de Brissac, de Bresse, et de Quercy, arrivés la veille de Lamballe, s'avancèrent à Hénanbihen. M. de Balleroy en eut le commandement et celui de deux escadrons de dragons de Marbœuf.— Le second bataillon de Penthièvre accourut de Jugon à Plancouët. — M. Daubigny et M. de la Châtre joignirent leurs troupes respectives. — M. le duc d'Aiguillon marcha sur Saint-Pôtan, où le marquis de Brock était déjà rendu avec 8 compagnies de grenadiers, 12 piquets et 200 dragons. En un mot, le surplus de nos forces s'établit à Pluduno, à l'exception du régiment de Royal-des-Vaisseaux, qui n'arriva que la nuit à Henan, avec une division d'artillerie.

Le lundi 11, vers quatre heures du matin, le duc d'Aiguillon fut informé que les ennemis effectuaient, depuis une heure, leur retraite, et que déjà un grand nombre dès leurs venaient de brûler à Saint-Cast la petite chapelle de Sainte-Blanche, située au village de l'Isle. Cette paroisse est, comme on sait, sur la côte, à 8 lieues Est-Nord-Est de Saint-Brieuc, son évéché ancien et actuel, et à 8,964 toises à l'Ouest de Saint-Malo. Elle offre à la vue de très-beaux coteaux sur lesquels se font spécialement remarquer deux moulins à vent d'où l'on découvre de fort loin; l'un, appelé le Moulin-du-Chêne, à peu près au Nord du bourg; l'autre, dit le Moulin-d'Anne ou des Dunes, vers le Sud (1).

(1) Pendant l'affaire, qui ne tarda pas à s'engager, disent les fastes de Louis XV, M. le duc d'Aiguillon se tint proche du dernier de ces moulins : observatoire parfaitement choisi pour la raison qu'il dominait toute la plage, qu'il était le premier emplacement de nos batteries contre le canon des vaisseaux, et que, de là, les ordres pouvaient être donnés partout avec précision. Néanmoins, les envieux de la gloire du général firent valoir cette circonstance comme injurieuse à la valeur de ce héros; ils prétendirent qu'il avait fait de ce poste un Mont-Pagnote, où hors de la portée de l'artillerie anglaise, il voulait voir le combat sans danger; et

Ces dunes ou mielles, selon l'expression du pays, vont en s'abaissant assez doucement jusqu'au rivage, et l'on voyait alors une longue rabine de chênes verts qui formaient avenue du vieux château.

Aussitôt qu'il eut reçu l'avertissement précité, M. le duc d'Aiguillon mit tout en mouvement autour de lui. — Après avoir ordonné aux troupes de MM. d'Aubigny et de Balleroy de se porter en toute diligence sur les hauteurs qu'on vient de dire, lui-même s'achemina en grande hâte, et y arriva vers les 9 heures, avec les dragons de Marbeuf, à qui il fit mettre pied à terre, le lieu ne leur permettant pas suffisamment de manœuvrer à cheval.

Dans ce moment, la flotte ennemie était en ligne, et ses bateaux plats travaillaient de leur mieux à recueillir son monde (1). L'aspect de nos gens lui fit exécuter diverses

---

le procureur général de La Chalotais en particulier, dans un souper où on exaltait la bravoure du commandant, s'oublia jusqu'à dire, du ton le plus caustique, « qu'il ne s'y était couvert que de farine. » — Ce mauvais rebus passa de bouche en bouche et fut chanté par tous les ennemis du vainqueur. Mais la postérité, plus équitable, en a fait complète justice, ainsi que de la prétendue et absurde aventure du guerrier avec la jolie meunière, et tout le monde convient aujourd'hui qu'en pareille occasion, Bonaparte lui-même n'aurait pas mieux fait.   (M.)

(1) On prétend que M. Clerk, lieutenant-colonel et quartier-maître-général de l'armée, chargé des détails de ce rembarquement (*Dict. des siéges et Bat.*), avait tant pris plaisir dans la lecture d'une brochure française, sur l'état politique de l'Angleterre, que cette distraction lui fit oublier ce qu'il devait à la prudence, et différer ce qui ne souffrait aucun délai. On ajoute que M. Bligh avait ordonné que chaque troupe rentrât dans le vaisseau auquel elle était attachée; exactitude minutieuse en cas pareil, laquelle ne pouvait manquer d'entraîner des lenteurs fatales. On assure encore que les ennemis aimèrent mieux exposer à nos coups leur arrière-garde, que d'abandonner sur le rivage quelques dépouilles plus pesantes que précieuses, qu'ils avaient enlevées. On dit enfin qu'ils avaient eu la maladresse de négliger un rocher derrière lequel leurs gens auraient pu trouver un abri, jusqu'au moment où ils auraient sauté dans les barques; mais, en ces sortes d'événements, encore plus que dans bien d'autres, que ne dit-on pas ?   (M.)

évolutions qui marquaient bien sa vive inquiétude pour son arrière-garde (1), composée de trois mille hommes laquelle était encore tout entière sur la plage.

C'était pour la plupart, dit M. Maurice, des soldats de 5 pieds 6 à 8 pouces, et faits au tour. Ce corps occupait le fond de l'*anse*, et présentait le plusbelordre de bataille derrière des retranchements de trois pieds d'élévation, qui favorisaient sa retraite. Ces retranchements n'étaient point son ouvrage ; car, malgré ce qu'en a publié la relation imprimée, il est certain que les Anglais, quand ils en auraient eu la volonté, n'avaient pas eu le temps de faire d'aussi grandes levées de terre ; ils étaient de la façon de nos gardes-côtes, qui les avaient construits en 1740, et tout au plus les Anglais les avaient réparés à la hâte.

Sur les 9 heures 1|2, notre infanterie acheva d'accourir avec une vitesse inconcevable ; et la flotte de s'embosser le plus près de terre possible, en vomissant un feu très-vif. De son côté, l'artillerie, qui suivait nos régiments, ne tarda pas elle-même à se présenter en bon ordre, et le curé *Maurice*, en particulier, qui s'était approché de cette scène de carnage pour secourir au besoin les blessés, entendit lui passer rapidement sur la tête plus de 500 boulets, dont deux seulement atteignirent son église.

L'opinion populaire, dit M. de Sacy (*Honn. Fr.*, t. 2, p. 403), accusa, dans le temps, la mousqueterie ennemie d'avoir tiré avec des balles empoisonnées par ses morsures ; mais, ajoute-t-il, il est démontré qu'il est impossible que la salive de l'homme, ou l'impression de sa dent, produise

---

(1) Cette division, formée en partie de la brigade du général *Dury*, était aux ordres du colonel *Griffin*. Elle contenait une portion de la maison du Roi, et en quelque sorte l'élite des meilleures troupes d'Angleterre. — Nous en redirons un mot plus bas.　　　　　　　　　　　　　　　　　　　　(M.)

cet effet, et que c'est par les angles qui se forment à la balle, quand elle traverse des haies et des buissons, que ses blessures deviennent dangereuses et d'une guérison difficile.

Huit de nos canons, placés proche le *Moulin-d'Anne*, étaient commandés avec la valeur et le génie qui caractérisaient *M. Tabouraux de Villepatour*, lieutenant-général des armées du Roi et inspecteur-général de l'artillerie française. Cet illustre officier eut pour premier succès de retenir dans leurs retranchements les Anglais, qui paraissaient vouloir se former en colonne par leur centre, et marcher à nous sur la grève ; il leur coula ensuite trois bateaux chargés de monde.

D'un autre côté, le *duc d'Aiguillon* était occupé à reconnaître les différents débouchés qui pouvaient conduire nos gens à l'attaque des retranchements ennemis. — En conséquence de ces dispositions, M. le comte *de Balleroy*, à la tête de deux bataillons du régiment de *Bourbon*, deux de *Brissac*, un de *Bresse*, un de *Quercy* et deux de *Royal-des-Vaisseaux*, eut ordre de se porter sur la droite de la plage, du côté de la *Pointe-de-la-Garde*, et en suivant la trace qu'avaient suivie eux-mêmes les ennemis par la champagne du *Moulin-d'Anne*. M. le comte *d'Aubigny* tint la gauche par le village *des Lesrats*, du côté de la *Pointe-de-l'Isle*, avec un bataillon du régiment de *Boulonnois*, un de *Brie*, un de *Fontenay-le-Comte*, un de *Marmande* et un des *Volontaires étrangers* ; M. le marquis *de Broch* fut chargé de former la colonne du centre, avec six compagnies de grenadiers, 400 dragons de *Marbeuf* à pied et 11 piquets d'infanterie. M. le chevalier de *Saint-Pern*, avec le second bataillon de *Penthièvre* et le troisième de *Volontaires étrangers*, demeura en réserve sur la hauteur. M. *de la Châtre*, qui n'était attaché à aucune colonne, se porta également partout. Enfin notre artillerie, tant celle venue de Brest avec M. de Villepatour que celle partie de Saint-Malo avec M. d'Utruby, eut son dernier emplacement aussi sur les hauteurs, entre le bourg de Saint-Cast et la grève.

Les gardes-côtes occupèrent les environs du village de la Garde et quelques autres points. Le plan de notre général était que toutes ses forces donnassent ensemble. Mais soit que M. d'Aubigny jugeât ses troupes capables d'enfoncer seules les ennemis, soit qu'il craignît de voir ceux-ci se rembarquer sans avoir eu la gloire de les combattre, il commanda à sa colonne de charger, ce qui s'exécuta sur les 11 heures 1|2, avec toute la promptitude et le courage qu'on pouvait désirer. Les deux autres colonnes suivirent avec la même intrépidité, malgré le feu prodigieux de la flotte, dont quelques bâtiments s'étaient assez rapprochés de terre pour tirer à mitraille sur nos flancs.

Tous les Français, sans exception, semblèrent en ce moment entendre au fond de leur cœur ce beau mot d'un soldat du régiment de Navarre à ses compagnons dans une circonstance presque semblable : *Mes amis, le Roy vous paye dix ans pour le servir un seul jour, et ce jour est arrivé !* Tous alors se précipitent de concert, se mêlent, culbutent, enfoncent ; et bientôt, aux cris joyeux de Victoire ! victoire ! se mêlent ces autres cris lamentables : Miséricorde ! quartier ! brave France ! A l'exception de quelques soldats qui défendirent pendant peu de temps, à la baïonnette, l'entrée de leurs retranchements, le reste jeta ses armes et ne chercha plus qu'à se sauver, soit en gagnant les extrémités de l'anse où étaient ses chaloupes, soit en se jetant dans la mer pour se rendre à la nage aux vaisseaux ; mais les vainqueurs en entrant dans l'eau jusqu'à la gorge, leur coupèrent promptement tout espoir de fuite. Le feu ne cessa que vers les deux heures de l'après-midi , où l'escadre s'éloigna de la côte.

On peut assurer sans vanité , que tous nos gens montrèrent en cette rencontre une bravoure dont on ne peut guère citer d'exemples. Les régiments de *Boulonnois*, de *Brie* et de *Fontenay-le-Comte* y firent surtout des prodiges de valeur.

D'après le rapport que le général Bligh en envoya, le 13, à *Lord Chatam Guillaume Pitt*, ministre de Georges II , la perte de ses compatriotes ne fut que de *quelques officiers et de 6 à 700 hommes, tant tués que noyés et faits prisonniers.* La vérité est que, de trois mille hommes au moins qui étaient à terre, 1,160 furent tués sur place, parmi lesquels plusieurs seigneurs de marque, tels que le colonel et le lieutenant-colonel des *gardes-à-pied*, et *MM. Wilkinson , Walner, Coks , Wiliamson, Edmonstone , Sandys , Moore, Wells , Drummond , Ralt , etc.* ; que 8 à 900 périrent dans l'eau , au nombre desquels fut le général-major *Dury*, cité plus haut ; que 732 autres, comptés un à un par *M. Mazik,* restèrent prisonniers ; enfin que si , dans cette débâcle , en ne leur prit aucuns drapeaux , c'est qu'ils avaient eu soin de les rembarquer avec leurs chevaux avant l'action.

Parmi ces prisonniers se trouvèrent 3 officiers, dont quelques-uns des premières maisons d'Angleterre (1) et 4 ca-

---

(1) La liste qui en fut publiée dans le temps porte ce qui suit :

Régiment du Roi.. . .	Lord Frédéric Cawendisk , frère du duc de Devonshire, capitaine des grenadiers de ce régiment, avec rang de colonel.
	Le chevalier de Gilmore , enseigne.
1er Régiment des Gardes.	Person , capitaine.
	Lambert , id.
	Bridgman , lieutenant , avec rang de capitaine.

*

pitaines de vaisseaux qui étaient demeurés sur la plage pour la manœuvre du rembarquement. Ces derniers étaient MM. *Rowlay*, capitaine du vaisseau le *Mortagne*, de 6o canons ; *Paston*, capitaine du *Jason*, percé de 54 canons et destiné au transport des troupes ; *Mapleston*, capitaine du *Port-laud*, de 5o canons ; et *Elphinston*, capitaine de la frégate le *Tamundel*, de même force.

Ce qui est encore certain, d'après la relation anglaise elle-même (*Impartial narration of the last*, etc.), c'est que le feu des vaisseaux n'eut pas plutôt cessé, «que les Fran-» çais portèrent tous les secours imaginables à leurs enne-

2e Régiment des Gardes.	Mathews, lieutenant. Caswale, id.
5e Régiment des Gardes.	Heattorote, capitaine des grenadiers. Dickenson, capitaine. Phearing, lieutenant. Hyde, id. Pownal, id.
Régiment de Wolf. . .	Mayers, capitaine. Roze, lieutenant.
Régiment des fusiliers. .	I Grault, capitaine.
Régiment de Landon. .	I Pyrce, lieutenant.
Régiment de Richemont.	I Pyrce, id.
24e Régiment.	I Tompson, lieutenant.
34e Régiment. . . . 4	Brom-Head, capitaine. Wylie, lieutenant des grenadiers. Dershire, idem.
68e Régiment.	Revel, capitaine des grenadiers. Grant, lieutenant.
5e Régiment.	I Phearing, lieutenant des grenadiers.
Régim. de lord Effingham.	I Jean Wglie, lieutenant.
Régim. de lord Manner.	André Naper, capitaine. Roudde, volontaire, mort à Saint-Malo quelques jours après le combat. Trois autres volontaires encore, décédés de leurs blessures, à Matignon et à Dinan. Le fils du duc de Newcastle. (M.)

» mis blessés , et à ceux qui étaient sur le point de périr
» dans les flots ».

M. Smolett , continuateur de l'*Histoire Hume* (ch. 14 ,
p. 675-682 , de l'édition anglaise, en 1 vol. in-8°, Londres,
1812), ne rend pas moins de justice à la grande modération des vainqueurs , qu'il trouve d'autant plus admirable ,
que, dans le cours de cette expédition , ses compatriotes ,
dit-il, s'étaient honteusement rendus coupables de pillage ,
d'incendie, et d'autres excès. *The ennemy* (ce sont ses termes) *exhibited a noble exemple of moderation and humanity,
in greating immediate quarter and protection to the vainqui-
shed , the clemency of the victor was the more remarkable
as the British troops in this expedition had been shamefully
guilty in rending , pillaging , burning , and other exces-
ses.*

Nos troupes , immédiatement après la bataille, se formèrent sur la montagne , où le duc d'Aiguillon ne laissa
que 600 hommes pour enterrer les morts (1) , et 200 , sous
le commandement de Beon , pour observer la flotte. Les
autres eurent ordre de rentrer sur-le-champ dans leurs
quartiers , et de se rapprocher des postes où ils pouvaient
être nécessaires. L'escadre anglaise étant encore puissante ,

----

(1) La tradition seule désigne l'endroit où furent inhumés les Anglais. Ce fut
le lieu même qui avait bu leur sang. Un temps arrivera , pouvons-nous dire de ce
théâtre de notre vaillance à peu près comme Virgile (Georg. I., 1. v. 493) le disait
en parlant des champs de la Macédoine , un temps arrivera où le laboureur , tra-
çant de profonds sillons dans ces plaines, heurtera, en remuant la terre , les
dards et les casques rouillés de ces guerriers , et ne verra pas sans étonnement ,
couchés dans leurs sépulcres, ces squelettes qui furent plutôt des hommes grands
que des grands hommes.

>   Scilicet et tempus veniet , cum finibus illis
>   Agricola , incurvo terram molitus aratro,
>   Exesa inveniet scabra rubigine pila ,
>   Aut gravibus rostris galeas pulsabit inanes
>   Grandia que effossis mirabitur ossa sepulcris.   (M.)

il était à craindre que, sachant les environs de Brest dé-garnis, elle ne se hâtât d'y courir ; ce fut ce qui détermina les vainqueurs à revenir à leurs cantonnements presque avec la même vitesse qu'ils s'en étaient écartés.

Cette flotte, toutefois, resta dans la même position les mardi et mercredi. Il s'en détacha seulement quelques frégates pour sonder aux environs de la *Conchée*, mais en dehors de la portée du canon.

Dès lors, le presbytère devint la caserne de nos officiers, auxquels le recteur tint table ouverte durant plus de huit jours. Pendant six mois même, cette maison fut en quelque sorte une auberge banale, pour une multitude d'étrangers, curieux de venir visiter le lieu où l'orgueil anglais avait été si fort humilié.

On estime que, dans cette lutte, l'ennemi nous lança plus de dix mille boulets et autres projectiles, dont la plupart ne produisirent aucun effet, et dont quelques-uns sont encore aujourd'hui gardés dans une petite cour du presbytère, en mémoire de cette journée, qui consola un peu la France des nombreux désastres que lui fit éprouver la guerre de 1756 à 1763.

Le mardi, ceux des prisonniers qui furent conduits à St-Malo, obtinrent qu'on envoyât une corvette au commandant de la flotte, pour demander leurs malles ; mais le navire parlementaire ne rapporta qu'un refus positif.

Le jeudi 14, à la pointe du jour, quelques-uns des vaisseaux de l'escadre commencèrent à déferler leurs voiles, et quelques heures après, ils mirent le cap sur Jersey. Vers les 11 heures, le reste en fit de même, et à 2 heures de l'après-midi, tout avait disparu.

C'était le temps où l'Eglise Romaine, qui célèbre ce jour-là la fête de l'*Exaltation de la sainte Croix*, chantait, dans les Antiennes de Vêpres, ces paroles : *Eccè Crucem*

Domini, fugite partes adversæ! qui veulent dire : *Voici la croix du Seigneur, fuyez, vous tous qui êtes ses ennemis!* Et il faut avouer que l'application de ce texte convenait parfaitement à l'armée que conduisait M. Bligh ; car, nous le répétons, autant le duc de Malborough, lors de sa descente à Cancale , avait fait respecter les ministres de la religion , et tout ce qui avait rapport au culte divin , autant son successeur avait laissé commettre à ses soldats toutes sortes d'indignités sur cet article. Quelques-uns des prêtres des paroisses où ils s'étaient répandus , *étaient venus le saluer dans un esprit de paix* , en le supliant de ne pas toucher au temple du Seigneur (1. Machab., ch. 7, ℣. 33-34). Mais le nouveau Nicanor les méprisa , en les raillant , les traita comme des personnes profanes, et ne fit aucun exemple des vols sacriléges que ses gens commirent , surtout dans les communes de Saint-Lunaire , Saint-Briac (1) , Saint-Jacut , Créhen , Trégon et Saint- ôtan.

Le dessein ultérieur de ce chef sans entrailles , était, dit-on , de pousser directement de Matignon à Lamballe, et de Lamballe à Saint-Brieuc , où son escadre devait l'aller joindre ; mais l'affaire de Saint-Cast mit fin heureusement à ses brigandages sur nos côtes ; ce qu'il y a de sûr, c'est que le lord Falconbridge , gentilhomme de la Chambre , eut ordre de ne pas le présenter au Roi, s'il eût osé se présenter à la cour , et qu'il finit , à proprement parler , sa carrière militaire par cette mémorable catastrophe.

Le 8 octobre suivant , qui était un Dimanche , fut

(1) D'après le procès-verbal , signé par les recteurs de ces deux premières paroisses, pièce que nous avons lue , les pillards emportèrent de Saint-Lunaire le Saint-Ciboire, et le soleil ou ostensoir ; de Saint-Briac, le ciboire également, un calice , deux ampoules d'argent, le dais , la bannière , les chapes et chasubles, en un mot, tout ce qu'ils purent trouver de linge , tant profane que sacré , et ainsi des autres lieux où ils passèrent.   (M.)

chanté dans la cathédrale de Saint-Malo , après Vêpres , un *Te Deum* solennel , en action de grâces de notre victoire. Immédiatement après , ou passa aux réjouissances , qui furent accompagnées du feu de l'artillerie de tous les forts ; celle de la ville seule ne tira pas , à cause des blessés qu'on avait transportés dans nos murs. La Conchée termina la fête par le jet de deux bombes lumineuses qui éclatèrent à mi-chemin de ce fort à celui de la rade , et, le soir, il y eut, à Saint-Servan , chez M. de la Châtre , un magnifique souper , suivi d'un bal , qui dura jusqu'à cinq heures du matin.

Le mardi 10 octobre , Messieurs du Chapitre célébrèrent , avec toute la pompe possible , pour tous nos officiers et soldats morts sur le champ de bataille , un service funèbre , auquel toute la population assista.

Le jeudi 12 , le duc d'Aiguillon arriva ici sur les six heures du soir , et il fut reçu avec toutes les acclamations dues à un libérateur ; la garde bourgeoise bordait la haie depuis la porte Saint-Vincent jusqu'au château où il descendit.— Plus de cent petits garçons furent au devant de lui avec des lauriers , jusque sur le quai de la Grande-Porte , en criant : Vive le Roi et Monseigneur d'Aiguillon, notre sauveur ! ovation qui parut lui faire beaucoup de plaisir.

Son premier soin fut d'aller voir M. le comte de la Tour-d'Auvergne et M. le chevalier de Polignac , qui avaient été blessés au milieu même de leur triomphe. — Il apprit avec sensibilité la mort de MM. de Burgat , de Montaigne et de Cucé. Il soupa chez M. de Scott , lieutenant du Roi , avec une nombreuse et brillante assemblée. — Le lord Frédéric Cawendesh , cité précédemment, qui avait rendu son épée à M. des Tullays-Tranchant , fut invité à ce souper ; ce seigneur était du nombre des principaux prisonniers qu'on avait envoyés à Rennes : les autres l'avaient été ici, à Dinan et à Lamballe.

Le lendemain, lui et le chevalier de Gilmore, partirent sur leur parole pour retourner en Angleterre sur la frégate la *Renoncule*, commandée par M. du Chilleau.

Le vendredi 13, fut fait l'enterrement de M. Anonyme de Boisgeslin, marquis de Cucé, mentionné ci-dessus, mort de ses blessures. — Toutes les autorités ecclésiastiques, militaires et civiles y assistèrent.

Le Dimanche 15, le duc d'Aiguillon fit assembler la maison de ville sur les 11 heures du matin, pour régler le service de la place et de la bourgeoisie. — Le sieur Le Couffle, ancien syndic et trésorier en charge de l'église de Saint-Servan, fut convoqué à cette réunion, pour recevoir des mains du général en personne, la médaille d'or que celui-ci avait obtenue du monarque, en récompense des bons service rendus par ce digne citoyen à sa commune, au mois de juin précédent.

Le lundi 16, M. de Fogasses de la Bastie, évêque de Saint-Malo, alors en son château de Baignon, publia un mandement par lequel il ordonnait, pour le Dimanche 22, une procession générale d'action de grâces à l'église Saint-Sauveur, et un service le lendemain, dans la cathédrale, pour tous les officiers, soldats et volontaires, morts au combat de Saint-Cast, ou par suite des blessures qu'ils y avaient reçues : ce qui fut exécuté. — Le pontife prescrivit en sus un service et un salut pour le même objet, dans chacune des autres églises de la ville ; il termina par exhorter tous les fidèles de joindre à leurs prières des aumônes proportionnées à leurs facultés, en faveur des paroisses qui avaient le plus souffert des ravages de l'ennemi.

Les chanoines de Saint-Malo, ne croyant pas en avoir encore eux-mêmes assez fait pour témoigner la part qu'ils prenaient à cet événement, fondèrent à jamais un service solennel pour en perpétuer le souvenir ; fondation digne de remarque et qui fit honneur à ce corps ecclésiastique. De son côté, le recteur de St-Cast obtint de son évêqne qu'une procession commémorative eût lieu tous les ans dans sa commune au 11 septembre.

Dès les premiers jours d'octobre, ce bon pasteur avait été honoré d'une visite de son Prélat, qui, le croyant tout-à-fait ruiné, lui avait apporté de fortes provisions. — Sur la fin du mois de décembre suivant, les Etats, séant à S.-Brieuc, l'appelèrent à leur tour dans leur sein, pour le féliciter de son dévouement ; et, outre force louanges, il en reçut trois bourses de 5o louis chaque ; savoir : 1,2oo livres pour ses pauvres; 1,2oo pour ceux qui avaient été pillés, et 1,2oo pour lui, qu'en l'année 176o il distribua en bled aux plus indigents de ses paroissiens.

. . . .

Il n'y eut pas jusqu'aux dernières classes du peuple qui ne s'empressassent de signaler à leur manière, leur joie, soit par des chansons plus ou moins spirituelles à la gloire des vainqueurs soit par de piquants quolibets à la honte des vaincus (1). Tout enfin, jusqu'aux éventails et aux contredanses fut, pendant quelques années, à la S.-Cast, comme de nos jours, tout a été longtemps à la Giraffe.

Le 5 décembre, mourut en nos murs M. Denis-Auguste de Polignac, chevalier de Saint-Jean de Jérusalem, sus-

(1) Celui-ci particulièrement eut beaucoup de vogue parmi le petit peuple de nos environs :

> Dans leurs frénétiques transports ,
> Les Anglais ravageaient nos ports :
> Mais à la fin ils ont reçu
> Des coups d'Aiguillon dans le C........   (M.)

mentionné. Il fut enterré le lendemain avec le plus grand appareil.

Nous passons ici bien volontiers sous silence l'anecdote de cet officier anglais, qui, nouveau Dom Quichotte, l'épée à la main au fort de la mêlée, défia, dit-on, tous nos soldats ensemble ou séparément : celle des lâches de la même nation, qui se voyant en pleine déroute, se jetèrent à l'envi à genoux et se couvrirent de chapelets pour obtenir plus sûrement miséricorde ; l'aventure d'une compagnie de Bas-Bretons des environs de Saint-Pol-de-Léon et de Tréguier, qui, marchant à la rencontre d'un détachement de Montagnards Gallois, se reconnurent au langage pour frères, et au lieu de se battre, chantèrent de concert les exploits de leurs ancêtres communs, je veux dire des héros de Cambrie et des preux de la vieille Armorique. La méprise d'autres pelotons de gardes-côtes, qui ayant perdu dans les ténèbres de la nuit précédente, le fil de leur colonne, se fusillèrent réciproquement et tuèrent en outre plusieurs dragons de Marbeuf, en croyant tirer sur les ennemis, qu'on ne leur avait signalés que sous le sobriquet d'*habits rouges*, etc. Tous ces contes et autres nous paraissent devoir être rangés sur la même ligne que l'étrange distraction de M. Ernest Fouinet qui, dans la *Revue de Bretagne*, a fait (T. 3, p. 63, année 1833) parler bas-breton aux paysans de Saint-Cast, de Saint-Briac et de Pleurtuit, chez lesquels il est constant que la langue celtique est entièrement éteinte depuis près de mille ans.

Nous nous reprocherions, au contraire, beaucoup de ne pas transmettre à la postérité au moins les noms de ceux de nos compatriotes qui signalèrent le plus dans cette journée leur dévouement à la patrie. En voici donc, sauf à nous répéter un peu, la liste telle que l'histoire nous l'a laissée :

M. Emmanuel-Armand Duplessis–Richelieu duc d'Aiguillon et pair de France, commandant en chef dans notre province. M. le marquis de la Châtre, commandant en la Haute-Bretagne et en nos murs en particulier, blessé à la jambe. M. le chevalier de Richemont, maréchal de camp, ayant reçu une forte contusion à la main. Le marquis de Montaigu, ancien colonel de cavalerie, décédé à Saint-Malo, le 11 octobre, d'une jambe cassée. M. de la Bretonnière, gouverneur de Dinan, blessé d'une contusion au côté. M. le marquis du Bois-de-la-Motte, capitaine de vaisseau. M. le comte de Robien, sous-lieutenant des grenadiers à cheval. M. le comte de Kerguézec-Péan–de-Ponphily, blessé d'un coup de fusil au bras gauche, et ayant reçu une contusion considérable au ventre. M. de Scott de Martinville, neveu du lieutenant du Roi, de Saint-Malo, blessé. D'Assy, capitaine d'invalides et chevalier de Saint-Louis, qui, avec un bras de moins, était venu offrir l'autre à son prince. De Launay–Danican, blessé. Le baron de Pontual. De Grout, père et fils. De la Cornillière Narbonne, blessé. De la Vigne-Saint-Germain, ancien lieutenant de cavalerie. M. de Beauvais, volontaire malouin, mort de ses blessures, le 6 octobre. Le marquis de Montmuran. De Fournier, mousquetaire. M. de Melesse, général-prévôt. De Scott, lieutenant du Roi, à Saint-Malo. De la Planche, volontaire. Le Ch^r de Prémorvan, volontaire. M. de Queslen, exempt des gardes-du-corps. Colas de la Baronnais. Baudran de Maupertuis. Bédée de la Boisetardais, père et fils. M. de Boishardy, ancien mousquetaire noir. Le Ch^r de Boishue. De Châteaubriand. Blanchard, médecin à Dinan. Sapatrie, grenadier volontaire (1). Vildé de la Choue. De Couessin. Di-

____

(1) Ce brave Dinannais, qui s'était distingué particulièrement parmi les grenadiers de Boulonnois, refusa généreusement une pension de 200 francs,

bart de la Villetanet. Ferron du Chêne. Le Gibien de Kervers. De Troussier. De la Barre de Langegu. De Langourla. De la Villebrune. De la Villedeneu. De la Motte. Du Lesnage. Nouail de la Villegiller. Magon de la Villehuchet. Menard. Minet fils. Minet de Villepage. Kerdu de Boisgelin. De Castan. De L'Aumosne. De la Marre-Colas. Quetier de Saint-Eloy. Hengant de Toullan. Ferdinand de Champenillet, ancien capitaine au régiment de Médoc, retiré. Deslandes-Daniel, de Saint-Malo. Davy de Villée, avocat au parlement de Rennes. De Locquet de Château-d'Assy. De Langourla-Sanglais. De Viremont, ci-devant maréchal-des-logis du régiment de la garde. Le comte de Saint-Pern du Lattay. Le comte de Saint-Pern Ligouyer, commandant un corps de milice qu'il ne faut pas confondre avec son frère, le chevalier de Saint-Pern, précité (1). De Chanterelle, officier de marine de Saint-Malo. Le chevalier de Launay-Le-Corgne. Du Rocher de Boisonan. Carlac de Saint-Père, capitaine de la compagnie de Dol, blessé. Villéon de Villevalio, garde-pavillon. De Mongo. De Nobelle. De Lanhuron-Bobet, volontaire aux grenadiers de Brie, tué, et une multitude d'autres, tant nobles que roturiers de tous nos environs.

qui lui fut offerte par les Etats. — M. Hercouet, précité, son compatriote, qui s'était signalé encore davantage, refusa également la croix de Saint-Louis, qu'on avait l'intention de lui donner, s'il eût voulu renoncer au commerce de tapisserie qui lui procurait une grande aisance ; mais il accepta en échange une pension de 100 écus, qu'il consacra en bonnes œuvres. Cet honorable citoyen s'était déjà immortalisé à Cancale, au mois de juin précédent ; relégué, avec dix-huit hommes, dans un moulin à vent, défendu par quelques fascines, il contraria beaucoup quelques-unes des opérations de l'ennemi, leur tua plusieurs maraudeurs et démonta spécialement un officier supérieur, dont il fit vendre le cheval et l'équipage au profit des soldats de sa petite compagnie. (M.)

(1) Celui-ci, en récompense de sa valeur, reçut, le 15 octobre, le grade de brigadier d'infanterie. (M.)

On évalue en général à 160 tués et 346 blessés ceux de nos provinciaux et extra-provinciaux qui se trouvèrent à cette mêlée (1).

Il existe encore aujourd'hui dans les archives du dépôt de la guerre à Paris, de très-beaux plans du combat de S.-Cast; mais on assure qu'on n'y en trouve plus la relation; cependant nous y avions envoyé, il y a quelques années, une copie à peu près complète du présent article.

Entre toutes les cartes géométriques et détaillées de la côte Ouest de Saint-Malo jusqu'au cap Fréhel, il faut distinguer surtout celle que fit graver, en 1760, M. de Lespinasse de Villiers : on y suit aisément les marches et contre-marches de l'ennemi, depuis le lieu de sa descente jusqu'à celui de sa défaite.

Cette déroute, dit avec raison M. de Saint-Pern Couëllan, page 43 de sa brochure, eut pour la France des résultats plus avantageux que la plupart des grandes batailles gagnées pendant la guerre de sept ans, puisqu'elle fit renoncer entièrement les Anglais au vaste système d'invasion et de saccagement qu'ils avaient formé contre cette lisière du royaume. Elle fut surtout un terrible démenti donné à l'insolente jactance de M. Clerk, précité, qui s'était hautement vanté plusieurs fois « qu'avec une poignée de grenadiers il se serait fait fort de traverser telles de nos provinces qu'il aurait voulu. »

En 1820, les cantons de Matignon et de Plancoët demandèrent au gouvernement de faire ériger, sur le champ où s'était donnée la bataille, un monument commémora-

---

(1) Ici M. Manet donne la liste des officiers et soldats tués et blessés que nous avons reproduite, p. 25 et 26 du présent volume.

tif de ce grand exploit militaire ; mais cette pétition est restée jusqu'à présent sans réponse.

Puisse cette notice, tout imparfaite qu'elle est, suppléer à cette espèce d'injure faite à notre gloire nationale dans un temps où s'élevait, sur une de nos places publiques, aux frais de l'Etat, une statue à Agnès Sorel, dont plus d'une mère sera embarrassée d'expliquer l'histoire à sa jeune fille !

L'Abbé Manet.

MELLINET [1].

« Les petits Etats de Bretagne se trouvaient à Nantes lorsque la nouvelle de la victoire de Saint-Cast y fut connue. On en profita pour rendre plus brillante la fête qu'on lui consacra. Elle commença par une représentation *gratis* dans la salle de spectacle, où l'on chanta des couplets et où on lut un poème de M. Roche, improvisé pour la circonstance. « Le soir, un souper splendide rassembla la noblesse et les notables bourgeois de l'un et l'autre sexe. » Les santés au duc d'Aiguillon et à ses troupes n'y furent pas ménagées. La fête se termina par un grand bal « qui ne finit qu'à huit heures du matin, et tout le monde n'en sortit qu'à regret, tant on était satisfait de l'ordonnance, de la beauté et de l'élégance de la fête.

» L'enthousiasme se manifesta bien plus vivement encore à l'arrivée du régiment de Brie (2), qui avait pris part à la bataille de Saint-Cast, et venait tenir garnison à Nantes. Toute la milice bourgeoise alla au-devant du régiment, le

---

(1) Extrait de son ouvrage intitulé : *La milice et la commune de Nantes.*

(2) Nous donnons, à la fin de ce volume, parmi les poésies populaires répandues à cette époque, une chanson qui fut composée à Nantes en l'honneur du régiment de Brie.

peuple l'accompagna jusqu'à Nantes avec des acclamations sans cesse renouvelées ; et lorsqu'un *Te Deum* fut célébré dans la cathédrale pour l'heureux succès des armées du roi dans le Canada , le régiment de Brie s'y trouvait encore auprès de la milice bourgeoise. « Il y eut une grande affluence de tous les Etats , et tout retentit de mille cris d'allégresse ; à l'aspect de ces braves guerriers qui venaient de verser leur sang pour le salut de la patrie , tout le monde était saisi d'une joie mêlée de vénération.

» Sur l'avis que Monseigneur le duc d'Aiguillon devait arriver à Nantes , il fut arrêté qu'on irait au-devant de lui pour le féliciter de sa victoire de Saint-Cast. Le régiment de Brie et la milice bourgeoise étaient sous les armes sur la place du Port-Communeau , où un arc de triomphe attendait le vainqueur de Saint-Cast , avec cette inscription :

HOC

GRATI ANIMI MONUMENTUM

AIGUILLONIS DUCI

ANGLORUM VICTORI

IN ARMORICA

CUM PLAUSU PUBLICO

OFFEREBANT MAJOR ET ÆDILES NANNETENSES

DIE XXVIII OCTOBRIS MDCCLVIII.

» Le corps de ville , qui avait été à sa rencontre et qui l'attendait auprès de l'arc de triomphe , eut l'honneur de le complimenter , et , au milieu des acclamations publiques , il se rendit à l'hôtel de ville , où on lui avait préparé un logement.

» Le lendemain , jour destiné pour l'exécution des fêtes qui avaient été préparées , il se rendit , sur les quatre heures du soir , accompagné de plusieurs messieurs et dames de la première distinction et des maires et échevins , à l'ancien pont de la poissonnerie , où il posa la première pierre du nouveau pont qui doit porter à l'avenir le nom de *d'Ai-*

guillon. Il traversa ensuite la place du Port-au-vin, au milieu de laquelle on avait élevé une pyramide allégorique, et, dans les quatre coins de la place, plusieurs amphithéâtres sur quelques-uns desquels on avait placé plusieurs joueurs d'instruments; d'autres étaient remplis de viandes cuites et de pains, qui furent distribués en abondance au peuple; d'autres étaient garnis de gens ornés de lauriers et de pampre, qui versaient et distribuaient le vin avec tout l'ordre possible. Il se rendit ensuite à la salle des spectacles qui était remplie de peuple à qui la ville faisait donner la comédie *gratis*. A son arrivée, tout retentit des cris redoublés de *Vive le Roi et M. le duc d'Aiguillon!* et on eut beaucoup de peine à faire cesser ces cris de joie pour entendre les compliments qu'un des comédiens eut l'honneur de lui débiter sur ses glorieux succès, et qui fut généralement applaudi. Il revint à l'hôtel de la Bourse et il assista au concert, à l'issue duquel il vit, des fenêtres dudit hôtel, l'exécution du feu d'artifice qui avait été dressé en face. Il se rendit ensuite à l'hôtel de *Rosmadec*, où le souper était préparé, et auquel toutes les personnes de distinction et notables bourgeois de la ville de l'un et l'autre sexe avaient été invités. Il y eut plusieurs tables servies avec autant de goût que de profusion. A l'issue du souper, le bal fut ouvert par des contre-danses, et on dansa dans plusieurs salles, jusqu'au lendemain huit heures du matin; les rafraîchissements de toutes espèces y furent servis avec prodigalité. Malgré le grand nombre des conviés et l'affluence des masques, tout s'y passa dans le plus grand ordre, par les sages dispositions et les soins continuels de Messieurs les Maire et Echevins. Monseigneur le duc d'Aiguillon visita, à plusieurs reprises, toutes les salles, avec cet air de bonté et de douceur qui le caractérise et qui lui attire tous les cœurs. La diversité des danses et des plaisirs,

la richesse des habits , le goût des parures , l'illumination
des salles , tout , en un mot, offrait le plus beau spectacle,
et on était saisi de ce doux ravissement qui naît de la joie
et qui fait le principal ornement des grandes fêtes. »

» Les promotions qui suivirent la bataille de Saint-Cast ,
furent adressées à Nantes même à M. le duc d'Aiguillon ;
on y retrouvait avec bonheur plusieurs Bretons : M. le chevalier de Saint-Pern était fait brigadier d'infanterie , ainsi
que le chevalier de La Tour d'Auvergne.

L'Université de Nantes tint sa séance publique annuelle
le 5 novembre. M. Dupas , recteur, prononça un discours
latin dans lequel il rappela la vieille gloire bretonne ; c'é-
tait se préparer une allusion à la victoire de Saint-Cast et
au duc d'Aiguillon. D'après une chronique de l'époque ,
« l'orateur, en consacrant son travail à la gloire de la nation
bretonne et à celle du héros qui la commandait , s'en ac-
quit beaucoup pour lui-même (1). »

(1) Nous avons vainement cherché et mis à contribution la complaisance de
nos amis qui habitent la ville de Nantes, et qui sont très au courant de la bi-
bliographie nantaise , pour retrouver le poème de M. Roche et le discours latin
de M. Dupas ; ces deux pièces n'eussent pas été les moins intéressantes de celles
que nous avons pu réunir.   G. du M.

DUCLOS.

« L'amiral Anson parut sur les côtes de France, avec une flotte de vingt-six vaisseaux de ligne, douze frégates, une quantité de brûlots et de galiotes à bombes, et cent vaisseaux de transport qui portoient seize mille hommes de débarquement commandés par le lord Marlborough. Anson, avec vingt vaisseaux, bloqua le port de Brest, et Marlborough, avec le reste de la flotte, vint débarquer à Cancale, le 7 juin, s'avança vers Saint-Malo, et, le 7, s'empara du faubourg de Saint-Servan, qui n'est séparé de la ville que par le port. Il brûla les corderies, les magasins, et près de quatre-vingts bâtiments marchands ou corsaires ; mais il n'osa attaquer la ville ; et, sur la nouvelle que les troupes de la province s'avançoient au secours, il se rembarqua (10 juin), fut retenu par les vents jusqu'au 22 à Cancale, et repassa en Angleterre.

La même flotte repartit d'Angleterre peu de temps après (30 juillet). Anson bloqua une seconde fois le port de Brest, et l'amiral Howe vint mouiller (6 août) devant Cherbourg, commença par bombarder la ville, et le lendemain débarqua ses troupes, sous le commandement de Bligh, qui avoit succédé dans ce poste au lord Marlborough. Bligh entra sans obstacle dans une ville ouverte, enleva ce qu'il y y avoit de canons, brûla vingt-cinq à trente vaisseaux marchands, obligea la ville de se racheter du pillage par une forte contribution, ravagea les campagnes voisines, et se rembarqua le 4 septembre à Saint-Lunaire, à deux lieues de la ville, dont ils étoient séparés par la rivière de Rance. Les forts avancés empêchant les Anglois de rien tenter contre la place, ils pillèrent et ravagèrent les campagnes avec férocité. Marlborough avoit exercé des rigueurs que la guerre autorise; mais Bligh se conduisit en brigand, et il acheva dans sa fuite d'en montrer le caractère.

Quoiqu'il eût dans une forte armée l'élite des troupes angloises, un corps de volontaires de la première qualité, parmi lesquels se trouvoit même le prince Edouard, frère du roi d'aujourd'hui, Georges III, il prit l'épouvante aux approches de quelques régimens et des milices formées de gardes-côtes, de paysans ramassés à la hâte, et conduites par des gentilshommes bretons, et ne songea plus qu'à se rembarquer précipitamment. Si le duc d'Aiguillon, commandant en chef dans la province, eût répondu au zèle des habitans, il ne se seroit pas rembarqué un Anglois. Il craignit de se commettre dans une occasion où une gloire facile venoit s'offrir d'elle-même. Je n'ai jamais eu qu'à me louer de lui : je voudrois avoir à lui rendre une justice plus favorable; mais je dois encore davantage à la vérité et à la patrie. Quand il fut à portée de combattre, il ne vouloit profiter de la terreur de l'ennemi que pour en hâter la retraite. Il ignoroit combien une attaque audacieuse peut augmenter la frayeur d'un ennemi qui, se croyant une ressource pour la fuite dans ses vaisseaux, y court en désordre, et ne cherche pas son salut dans le désespoir.

Les Anglois se pressoient de s'embarquer, et les Bretons frémissoient de voir échapper de leurs mains la vengeance qu'ils pouvoient tirer de leurs ennemis. M. d'Aubigny, qui servoit sous le duc d'Aiguillon , las de demander et impatient de ne point recevoir l'ordre d'attaquer, engagea l'action en faisant marcher en avant le régiment de Boulonnois. Les gentilshommes bretons , qui formoient un corps de volontaires , se joignirent au premier rang des grenadiers.

Le chevalier de la Tour-d'Auvergne , colonel de Boulonnois , voyant la manœuvre des gentilshommes , quitta son poste du centre , et vint leur demander la permission de se mettre à leur tête. Les régimens de Brie , de Marbœuf, le bataillon de milice accourent. Les François , attaquant les Anglois dans leurs retranchemens , malgré le feu de la mousqueterie et celui du canon de la flotte , les dépostent, les poussent jusque dans la mer, y entrent jusqu'à la ceinture, où l'on combat corps à corps. Le carnage y fut grand ; plus de vingt mille Anglois furent tués ou noyés (1) ; un pareil nombre , qui ne put regagner la flotte, cherchoit à fuir en grimpant à travers les rochers et fut pris après le combat.

On vit , dans cette occasion , ce que peut la persuasion la plus légère d'avoir une patrie.

Les Anglois, dans leur descente en Normandie , province qui fournit autant qu'aucune autre d'excellens soldats, ne trouvèrent aucune défense de la part des habitans. En Bretagne, les paysans s'assemblent ; quarante-cinq embusqués dans des haies arrêtent un corps de troupes angloises à un passage , coupent ou retardent leur retraite , donnent le temps aux nôtres d'arriver, et contribuent à la victoire. Des écoliers de droit, à Rennes, forment une compagnie de volontaires , engagent un ancien officier retiré du service à les commander, et marchent à l'ennemi. Des bourgeois , des gens de robe se firent tuer en combattant. »

____

(1) Duclos exagère évidemment , dans ce passage, le nombre de nos ennemis.

SMOLETT.

« Le 10 septembre, le général Bligh entra dans le village de Matignon. Là, après quelques escarmouches, les avant-gardes françaises se montrèrent en bon ordre, au nombre d'environ deux bataillons. On leur tira quelques coups de pièces de campagne et l'on fit avancer les grenadiers. Aussitôt, l'ennemi disparut. Le général, continuant donc sa route, traversa le village et vint camper en rase campagne, à environ trois milles de la baie de Saint-Cast, qu'il fit reconnaître, afin de s'assurer si elle était propre à un réembarquement. En effet, on avait appris, d'une façon irrécusable, que le duc d'Aiguillon s'était avancé de Brest jusqu'à Lamballe, c'est-à-dire à six milles du camp anglais, à la tête de douze bataillons de troupes régulières, six escadrons et deux régiments de milice, conduisant huit mortiers et dix pièces de canon.

» La baie de Saint-Cast était protégée par un retranchement élevé pour s'opposer à un débarquement. Au dehors de ce retranchement, la baie est sillonnée en long par de petites collines de sable, qui eussent pu mettre l'ennemi à couvert et l'aider à nuire à nos troupes pendant le réembarquement. On proposa donc au général de choisir, pour cette opération, une baie ouverte qui était à sa gauche, entre Saint-Cast et le Guildo. Cet avis fut repoussé, et la suite ne montre que trop quelle aveugle présomption avait dicté cette décision. Si les troupes eussent décampé sans bruit, pendant la nuit, il est plus que probable qu'elles fussent arrivées à cette baie avant que l'ennemi eût eu connaissance de leur mouvement ; et, dans ce cas, toute l'armée, forte d'environ 6,000 hommes, eût pu se rembarquer sans la moindre précipitation. Au lieu d'agir avec prudence, on fit battre les tambours à deux heures du matin, comme si l'on eût voulu prévenir les Français qu'on se mettait en marche ; aussi, entendit-on bientôt le même signal répété de leur côté. Les troupes partirent vers trois heures, mais les haltes et les temps d'arrêt furent si fréquents que, quoique la distance à parcourir ne fût pas de plus de trois milles, il était neuf heures passées quand elles arrivèrent à la baie de Saint-Cast.

» Alors seulement on commença le réembarquement ; et il eût encore été terminé heureusement, si les transports eussent été amenés jusqu'au rivage, et s'ils eussent pris les hommes pour les conduire rapidement, et sans choix, à bord des vaisseaux de la flotte. Au lieu de cela, beaucoup de bâtiments coururent des bordées loin de la plage, et les embarcations s'amusèrent à conduire chaque homme à bord des transports dont ils faisaient partie, disposition minutieuse qui fit gaspiller un temps précieux.

» Les plus petits navires et les bombardières avaient été rapprochés du rivage autant que possible, pour protéger l'embarquement, et un grand nombre d'officiers de marine se tenaient sur la baie pour diriger les équipages des embarcations et maintenir le bon ordre dans le service. Il faut le reconnaître cependant, malgré leur zèle et leur intervention, quelques canots furent employés à toute autre chose qu'à porter à bord nos malheureux soldats. Et pourtant , si tous les cutters et les petits bâtiments eussent été appliqués à ce service , le désastre de cette journée eût été probablement évité.

» Les troupes anglaises avaient escarmouché pendant toute leur marche , mais aucun corps ennemi un peu considérable ne s'était encore montré quand l'embarquement commença. Ce fut alors seulement que les Français s'établirent sur une éminence couronnée par un moulin à vent, et découvrirent une batterie de dix pièces de canon et de huit mortiers. Cette batterie ouvrit de suite un feu meurtrier sur les troupes de la baie et sur les embarcations qui les transportaient à bord des vaisseaux.

» Alors aussi les troupes françaises commencèrent à descendre de la colline qu'elles avaient occupée. Protégées, en partie, par une route creuse qui s'étendait à leur gauche, leur dessein était de gagner un bois où elles eussent pu se former et se développer parallèlement au front de l'armée anglaise, qu'elles eussent attaquée en s'abritant derrière les monticules de sable. Le feu des mortiers et des canons qui partait des vaisseaux anglais les maltraita beaucoup pendant qu'elles exécutaient ce mouvement. Le ravage causé par cette artillerie les mit dans un grand désordre, et , pendant un moment, leur marche devint hésitante ou comme suspendue. Enfin, l'ennemi prit le parti de converser sur sa gauche, en prolongeant une colline , et de gagner un chemin creux d'où , tout-à-coup , il déboucha et s'élança contre nous.

» A ce moment, la plus grande partie des troupes anglaises étaient embarquées. Cependant , l'arrière-garde, formée de tout le corps des grenadiers et du demi-régiment des gardes , en tout 1,500 hommes , commandés par le major-général Dury, était encore sur le rivage. Cet officier, voyant arriver les Français , ordonna à ses hommes de se former en grandes divisions, de se jeter en dehors des lignes qui les protégeaient, et de charger l'ennemi avant qu'il pût se reformer dans la plaine. Si le major Dury avait pris ce parti dès qu'il lui avait été conseillé, c'est-à-dire, avant que les Français ne fussent sortis du chemin creux où ils s'étaient jetés, peut-être eût-il réussi à les déconcerter et à les jeter dans l'embarras. Mais, pendant qu'on hésitait, l'ennemi avait eu le temps de se développer sur un front tellement formidable, qu'il ne fallait plus songer à tenir tête à une force si supérieure en nombre. Au lieu donc de se mettre en ligne contre cette force inégale, la seule chose qu'il y eût à faire était de battre en retraite tout le long de la baie, en se dirigeant vers un rocher situé à la gauche de l'armée anglaise. Dans ce mouvement, la droite se fût trouvée protégée par les retranchements, en même temps que l'ennemi n'eût pu se jeter sur le rivage à la suite du corps en retraite, sans s'exposer en plein au feu des vaisseaux que, probablement, il n'eût pu soutenir. On ouvrit également ce nouvel avis à M. Dury, mais il semblait sous l'impression d'une incroyable infatuation de son mérite militaire, et il ne s'y rangea pas.

» Les Anglais, jetés en ligne dans un terrain accidenté, engagèrent l'action ; mais, sur tout leur front, le feu était irrégulier, de leur droite à leur gauche, et l'ennemi riposta. Mais, le courage habituel et la résolution de ces braves gens semblèrent aussi leur faire défaut en ce moment : ils se voyaient menacés d'être enveloppés et taillés en pièces ; de toutes parts, les officiers tombaient, et la retraite était coupée sans ressource. Alors, leur courage les abandonna : une panique les saisit ; ils faiblirent, plièrent, et l'engagement n'avait pas duré cinq minutes quand ils s'enfuirent dans le plus incroyable désordre, serrés de près par les ennemis qui, les voyant lâcher pied, se précipitèrent sur eux à la baïonnette , et en firent un horrible carnage. Le général Dury, dangereusement blessé , se jeta à la mer, où il périt , ainsi que bon nombre d'officiers et de soldats. Quelques-uns gagnèrent à la nage les embarcations et les petits bâtiments , qui avaient ordre de leur prodiguer les secours ; mais le plus grand nombre furent, ou massacrés sur la baie , ou noyés. Cependant, un petit corps , au lieu de se jeter à la mer, gagna le rocher qui était à la gauche , et y tint bon jusqu'à ce qu'il eût épuisé ses munitions. Alors, il se rendit à discrétion.

» Le feu des batteries que l'ennemi avait élevées sur la colline , couronnée par un moulin à vent , fut surtout meurtrier. Mais, il faut le dire , le massacre aurait été moins grand , si les soldats français n'eussent pas été exaspérés par le tir de nos frégates , qui continua même après la complète déroute des Anglais. Aussi, à peine le commodore eut-il hissé le signal de cesser le feu, que les Français , donnant un noble exemple de modération et d'humanité , accordèrent immédiatement quartier aux vaincus.

» Environ mille de nos meilleurs soldats périrent ou furent faits prisonniers dans cette affaire ; mais , cet avantage fut chèrement payé par les troupes françaises , que les boulets lancés par les frégates maltraitèrent cruellement.

» La clémence de ceux-ci est d'autant plus remarquable que , durant leur expédition à terre , les troupes anglaises s'étaient honteusement souillées par le maraudage , le pillage , l'incendie, et cent autres excès.....

» Le succès de l'entreprise contre Cherbourg avait causé au peuple anglais une joie vraiment puérile , et le gouvernement se prêta à cette exaltation pétulante , en exposant vingt-une pièces de canon françaises dans Hyde-Parck, d'où elles furent traînées triomphalement à la tour de Londres, aux acclamations de la populace.

» La nouvelle de la déroute de Saint-Cast précipita les esprits, du comble de l'orgueil et de l'infatuation, dans un abîme d'humilité et d'abattement, en même temps qu'elle éleva, en sens contraire, les esprits français..... » (1)

(1) Extrait de la nouvelle édition du *Dictionnaire géographique* d'Ogée, art. Saint-Cast.

NOTE

SUR LES GARDE-COTES.

Les milices garde-côtes de la province de Bretagne
avaient été réorganisées par ordonnance du Roi datée du
23 février 1756. Une autre ordonnance, du 10 août suivant, les divisa en vingt capitaineries de cinq cents hommes (1), subdivisées chacune en dix compagnies, dites détachées, de cinquante hommes, commandées par un capitaine et un lieutenant. Ces vingt capitaineries assuraient
ainsi au littoral breton un effectif de dix mille hommes,
actifs et aguerris, toujours prêts à se porter vers les points
menacés par l'ennemi.

Un inspecteur général, ayant rang de colonel, était tenu
de les passer fréquemment en revue.

(1) Ces capitaineries portaient le nom des villes où elles s'assemblaient d'ordinaire, c'est-à-dire, de Saint-Nazaire,—de La Roche-Bernard,—de Vannes,
—du Port-Louis,—de Quimperlé,—de Quimper,—de Pont-Croix,—de Camaret,—de Landerneau,—de Brest,—de Lesneven,—de St-Pol-de-Léon,—
de Morlaix,—de Tréguier,—de Pontrieux,—de Saint-Brieuc,—de Matignon,
—de Dinan et de Dol.

Chaque capitainerie possédait un état-major, composé d'un capitaine général, d'un major et d'un aide-major (1). Ces officiers jouissaient, comme ceux qui commandaient les compagnies détachées, de diverses immunités relativement aux impôts.

Indépendamment d'un capitaine et d'un lieutenant, il y avait, dans chaque compagnie, deux sergents, trois caporaux, trois ampessades et un tambour ; le reste se composait de quarante-un fusiliers. La moitié au moins des hommes de la compagnie recevait une éducation spéciale pour la manœuvre de l'artillerie garnissant les batteries de la côte.

Les militaires qui formaient les milices garde-côtes étaient choisis dans chaque paroisse située dans un rayon de deux lieues de la mer, parmi les hommes de 18 à 35 ans. Des règlements particuliers déterminaient la quantité d'hommes à fournir par chaque paroisse et le mode de leur recrutement. La durée de service était de cinq années, après lesquelles les gardes-côtes rentraient chez eux, sans cesser toutefois d'être soumis à l'appel jusqu'à l'âge de 60 ans.

Les officiers étaient pris spécialement parmi les militaires du pays qui avaient servi et obtenu un grade dans les troupes réglées. Ils ne pouvaient s'absenter de la circonscription de leur capitainerie, dans laquelle ils habitaient toujours, sans l'autorisation du gouverneur de la province ; ils recevaient directement du roi leur brevet de commandement, sur la présentation de ce même gouverneur.

On a vu que les milices garde-côtes avaient figuré d'une

(1) Le traitement de l'inspecteur général était de 3,600 livres ; — du capitaine général, de 480 liv. ; — du major, de 420 liv. ; — de l'aide-major, de 360 liv. — Ces traitements étaient pris sur des fonds votés à cet effet par les États de la province.

manière brillante à la bataille de Saint-Cast. La capitainerie
de Matignon, surtout, se trouva très-engagée au fort de la
mêlée. Nous avons pu reconstituer, au moyen des registres
de l'ancienne cour de l'Amirauté, que l'on a bien voulu
nous communiquer (1), l'état de cette glorieuse capitainerie, avec le nom de ses officiers et la liste des paroisses
appelées à la former ; elle était ainsi composée :

ÉTAT-MAJOR.

Capitaine général, M. GOUYON DU VAUROUAULT.
Major, Le chevalier DE MAUNY.
Aide-major, LE VICOMTE DE LA VILLE-GOURIO.

1ʳᵉ COMPAGNIE, dite de *Ploufragan.*

M. LE FRUGLAYS, capitaine.

La Méaugon fournissait 10 hommes.
St-Julien de la Coste, 11 h.   } 50 hommes.
Ploufragan, 29 h. (2)

2ᵉ COMPAGNIE, dite de *Trégueux.*

M. GUILLEMOT DE LA ROSELAYS, capitaine.

Ploufragan, 10 h.
Cesson, 8
Langueux, 17   } 50 hommes.
Trégueux, 14
Plédran, 1

(1) *Archives de la Chambre de commerce de Saint-Brieuc* — Les lieutenants
ne faisant pas enregistrer leurs brevets au greffe de l'Amirauté, nous n'avons pu
connaître leurs noms. — Nous prenons la liste des paroisses et leur contingent
dans l'ordonnance du 10 août 1756.

(2) En examinant cet état, on remarquera sans doute que souvent deux sec-
tions de la même commune faisaient partie de compagnies différentes ; la forma-
tion des cadres de chaque compagnie nécessitait cette mesure.

3e COMPAGNIE , dite de *Pommeret*.

M. Trévou de la Ville-Ménéac , capitaine.

Plédran ,	33 h.	
Trégenestre ,	2	5o hommes.
Meslin ,	9	
Pommeret ,	6	

4e COMPAGNIE , dite de *Hillion*.

M. Micault de la Vieuville , capitaine.

Pommeret ,	6 h.	
Yffiniac ,	17	5o hommes.
Hillion ,	22	
Morieux ,	5	

5e COMPAGNIE , dite de *Planguenoual*.

M. de Kergu , capitaine.

Coetmieux ,	6 h.	
Andel ,	7	
Saint-Aaron ,	9	5o hommes.
Planguenoual ,	18	
Saint-Alban ,	10	

6e COMPAGNIE, dite d'*Erquy*.

M. Desvignes–Henry , capitaine.

Saint-Alban ,	4 h.	
Pléneuf ,	11	
Erquy ,	14	5o hommes.
La Bouillie ,	9	
Plurien ,	12	

7e COMPAGNIE , dite de *Pléboulle*.

Le chevalier Gouyon du Vaurouault , capitaine.

Plurien ,	4 h.	
Pléhérel ,	10	
Plévenon ,	8	} 5o hommes.
Plébotlle ,	15	
St-Germain-de-la-Mer ,	13	

8ᵉ COMPAGNIE , dite de *Matignon*.

M. DE CHATEAUBRIANT, capitaine.

Saint-Cast ,	15 h.	
Saint-Pôtan ,	17	} 5o hommes.
Ruca ,	10	
Hénanbihen ,	8	

9ᶜ COMPAGNIE , dite de *Hénanbihen*.

Hénanbihen ,	14 h.	
Hénansal ,	17	
Quintenic ,	5	} 5o hommes.
Saint-Denoual ,	7	
Pluduno ,	7	

10ᶜ COMPAGNIE , dite de *Plorec*.

M. DE L'EVINAIS-TRANCHANT , capitaine.

Pluduno ,	20 h.	
Saint-Lormel ,	4	} 5o hommes.
Plorec ,	23	
Plancoet ,	3 (1)	

(1) La partie de Plancoët située sur la rive droite de l'Arguenon dépendait de Corseul. Cette paroisse formait à elle seule une compagnie dépendant de la capitainerie de Dinan.

La capitainerie de Matignon s'assemblait ordinairement à Lamballe , point central des paroisses qui la composaient. Cette réunion avait lieu tous les mois ; elle ne se bornait pas à une simple revue, et l'on faisait exécuter à la milice garde-côte toutes les manœuvres qu'elle était tenue de connaître.

J. Gaultier du Mottay.

SAINT-CAST.

QUATRIÈME PARTIE.

POÉSIES

ET

CHANSONS.

POÉSIES HÉROIQUES.

ODE

Sur la défaite des Anglais à Saint-Cast.

Ils disoient dans leur folle ivresse,
Et les transports d'un vain espoir :
France, reconnois ta foiblesse,
Et redoute notre pouvoir.
Bientôt des fruits de nos conquêtes,
Ensanglantés par tes défaites,
Tu verras nos vaisseaux chargés ;
Sous tes murs et devant tes portes,
A nos triomphantes cohortes,
Tes trésors seront partagés.

Peuples des plaines armoriques,
Revoyez, plus grands qu'autrefois,
Revivre de vos Ducs antiques
Les noms, et le sang, et les droits.

La Bretagne enfin reconquise
Des souverains de la Tamise
Va subir le joug glorieux.
Maîtres de vos superbes villes,
Nous rentrerons dans ces asyles
Que possédèrent nos ayeux.

Ainsi les séduisoient, et l'orgueil, et la haine,
Quand, sur l'aile des vents, la fureur les ramène
Sous les murs qu'ils ont menacés.
Déjà, pour les abattre, ils rallument la foudre ;
Mais aux pieds de ces murs qu'ils veulent mettre en poudre,
Eux-mêmes seront terrassés.

Emporté sur le char de l'ardente victoire,
Aiguillon vole aux bords où la voix de la gloire
Appelle son noble courroux.
Son glaive menaçant dans les airs étincelle :
Il arrive ; le sang de toutes parts ruisselle,
L'Anglois disparoît sous ses coups.

Intrépide Aiguillon, rivaux de ton courage,
D'Auvergne, Polignac renversent sur la plage
Ces insulaires orgueilleux.
Et nos braves guerriers, sur tes traces sanglantes,
Immolent à l'envi les légions tremblantes
De ces pirates odieux.

En vain chercheront-ils leur salut dans la fuite,
La mer arrêtera leurs pas ;
Là, poursuivis par nos soldats,
Dans des gouffres profonds la peur les précipite.
Effroyable destin, mais trop bien mérité !
Albion dans les flots voit rouler leurs cadavres ;
Et les vents indignés ne poussent dans ses hâvres
Que cet horrible prix de sa témérité.

Où sont ces bataillons , de qui les mains vaillantes
    Devoient cueillir tant de lauriers ?
Leurs chefs , pour les sauver de nos foudres brûlantes
    Et de nos glaives meurtriers ,
Ont dans le sein obscur de leurs nefs chancelantes ,
    Caché leur honte et leurs guerriers.

    Confuse , immobile , éperdue ,
    Leur flotte , à l'aspect de nos bords ,
    Gémit et maudit les transports
    De son audace confondue.
    Ose-t-elle sur nos remparts
    Porter encore ses regards ?
    Elle voit , quel nouvel outrage !
    Son sang , ses dépouilles , ses morts ,
    Lui reprocher les vains efforts
    De son orgueil et de sa rage.

Instruits par vos malheurs , pressez votre retour ,
Anglois : les Aquilons suspendent leurs haleines ;
    Revolez vers votre séjour ,
    A travers les liquides plaines.
    Allez de vos succès amers
Reporter la douleur au sein de la Tamise :
Elle , qui prétendoit à l'empire des mers ,
    Déjà frémit d'une entreprise
Que suivent les mépris , la honte et les revers.

De Saulx ,

Chanoine de l'Eglise de Rheims et chancelier de l'Université.

(*Mercure de France* , Novembre 1758.) (1)

----

(1) La direction du *Mercure de France* crut devoir retrancher quelques strophes de l'ode du chanoine de Saulx. Nos lecteurs en éprouveront, sans doute, le
même regret que nous.

SUR LA VICTOIRE

DE M. LE DUC D'AIGUILLON.

Quoi ! Le fier Albion fixé dans sa carrière,
Du rivage armorique a mordu la poussière,
Et son sang, à grands flots, coulant dans nos sillons,
Rougit l'onde où flottoient ses nombreux pavillons,
Sans que la lyre encore ait sur notre Parnasse,
Célébré d'*Aiguillon* la généreuse audace,
Et chanté ces guerriers qui, sous son étendard,
Ont plongé dans les eaux l'orgueilleux léopard !

C'est trop longtemps garder un coupable silence ;
J'ose le rompre enfin, et mon zèle s'élance
Vers ces bords triomphants ou de fameux exploits
Viennent de signaler la valeur des François ;
Où d'un héros actif le rapide courage
Presque dans sa naissance a dissipé l'orage.
De ses faits glorieux, ô vous, tyrans des mers,
Voulez-vous des témoins ? Vos chefs sont dans les fers.
Interrogez encor ces troupes égarées,
Qui par grâce auront pu regagner vos contrées ;
Qu'elles disent comment nos bataillons épars,
Réunis, et brûlant d'affronter les hasards,

Quoiqu'en nombre inégal , ont , malgré vos escortes ;
Ainsi qu'à Fontenoy, foudroyé vos cohortes ,
Qui , pleines de terreur, et n'osant résister ,
Trouvent partout la mort en voulant l'éviter !
Voulez-vous mieux connoître encore votre infortune ?
Anglois , interrogez les troupeaux de Neptune ;
Ils vous diront combien vos compagnons flottants
De son vaste domaine ont nourri d'habitants.
Vous , fidèles Bretons , quelle fut votre joie ,
Quand du fer et du feu vous les vîtes la proie ,
Et que cédant partout à vos nobles efforts ,
De cadavres infects vous purgeâtes vos ports !

Ces voisins dangereux , perfides insulaires,
Avides de vos biens , moins guerriers que corsaires ,
Auront enfin appris , en fuyant devant vous ,
Ce qu'il en coûte à ceux qui s'offrent à vos coups.
Ils sçauront respecter un peuple magnanime ,
Que l'amour de son maître incessamment anime ;
Ils sçauront..... Mais où tend ce vol ambitieux ?
Qui suis-je , pour m'asseoir à la table des dieux ?
Je n'ai, pour célébrer le sujet qui m'emporte ,
Ni l'haleine qu'il faut , ni la voix assez forte ;
Mon dessein ne fut pas d'affronter cet écueil ,
J'irois de nos Anglois habiter le cercueil.
Arrêtons-nous. Laissons à ces fameux génies
Sur qui Phœbus versa ses grâces infinies ,
Le soin de couronner d'un laurier immortel
Le héros à qui j'offre un hommage éternel.

(TANNEVOT. 1758.)

LE COMBAT DE SAINT-CAST

EN BRETAGNE.

ODE A MONSEIGNEUR LE DUC D'AIGUILLON,

Chevalier des ordres du Roi, Commandant en Bretagne,

Par M. DESFORGES-MAILLARD (1).

Arrêtez , insensés ; où courez-vous , perfides ?
N'avez-vous point encore assez commis d'horreurs ?
Et croyez-vous partout trouver des cœurs timides ,
    Epouvantés de vos fureurs ?

Yvres insolemment des moindres avantages ,
Vous vous précipitez dans les plus noirs excès ,

---

(1) Des académies des sciences et belles-lettres d'Angers , Caen , La Rochelle ;
des sociétés littéraires d'Orléans et de Chalons-sur-Marne ; de la société royale
de Nancy, et des académies des *Rixorati* de Padoue et des *Rinnovati* d'Asolo.—
A Nantes , chez la veuve de Joseph Vatar, imp. du Roi, 1758.

Comme cette ode est trop longue pour trouver place ici dans toute son étendue , nous nous contenterons d'en donner quelques strophes.
    (Journal historique sur les affaires du temps.)

t d'un bourg démoli le bruit sur vos rivages
      Annonce un illustre succès.

(L'auteur continue de reprocher aux Anglois l'injustice de leurs
rocédés, et cette fureur aveugle qui les entraîne dans toutes sortes
'excès.)

Quand on a des vaisseaux il faut être pirate,
el est l'avare instinct qui nous vient occuper;
t la paix n'est pour vous, cette paix qui nous flatte,
      Que l'art et l'espoir de tromper.

n prévient dans les bois et la force et la ruse
l'un brigand qui s'immole à la nécessité;
lais votre fourbe atroce aura-t-elle une excuse
      Auprès de la postérité?

(M. Desforges-Maillard s'est aussi ressouvenu de la part que les
nglois ont eue à l'infraction honteuse de la convention de *Closter-
ven*. Puis, jetant tout-à-coup ses regards sur les côtes de France
'il voit exposées aux brigandages des flottes angloises, il s'écrie :)

iel ! quel affreux spectacle au sein de l'Armorique !
es temples abattus, des villages fumans,
n foible sexe en proie à la fureur lubrique
      Des loups de luxure écumans.

es mères tout en pleurs, qui dérobent les restes
e leurs fils massacrés, palpitant dans leurs bras;
t de meubles noircis quelques débris funestes
      Echappés aux mains des soldats.

e carnage et la mort frappent partout ma vue;
es chemins sont pavés d'ossemens d'animaux,
ont leurs ventres profonds, de leur chair demi-crue
      Furent les infâmes tombeaux.

Quel énorme butin dont la rive est couverte !
Leur flotte attend en vain leur horrible moisson ;
Leurs compagnons tremblans ont déjà lu leur perte
    Dans les regards de D'AIGUILLON.

Ce héros réunit, à la fleur de son âge,
La douceur de l'Amour, la fierté du Dieu Mars ;
Saint-Malo, ne crains plus, compte sur son courage,
    Il est l'appui de tes remparts.

Cet hercule françois, tu le vois qui s'avance,
L'orage, les torrens, rien ne peut l'arrêter ;
C'est un torrent lui-même, à qui la résistance
    Est un appas pour le dompter.

Il vole avec ardeur reconnoître la place
Des Anglois retranchés, et que la mer secourt.
Si les cœurs sont charmés de sa guerrière audace,
    Ils tremblent des périls qu'il court.

Rien ne peut l'ébranler, nul danger ne l'étonne ;
Il n'entend que LOUIS qui parle dans son cœur,
Et ne voit dans les feux dont l'horreur l'environne
    Que le sûr flambeau de l'honneur.

De *Saint-Cast* alarmé la plaine sablonneuse
Le reçoit à travers des pointes de rochers ;
O combat ! les enfers et leur peinture affreuse
    Suffisent-ils pour t'ébaucher ?

Au bruit de cent vaisseaux qui lancent le salpêtre
Dont l'épaisse fumée obscurcit le soleil,
D'Aiguillon s'affermit ; *d'Aiguillon* seul peut être
    Capable d'un effort pareil.

(La description de ce fameux combat occupe un grand nombre de strophes. Le poëte y peint dans certains endroits, avec des couleurs assez fortes, l'intrépidité des soldats et la bravoure des chefs.)

Tels que deux fiers lions, hérissant leur crinière,
Fondent sur les chasseurs, vengent leur flanc percé,
Tels *La Tour, Polignac*, blessés dans la carrière,
    Vengent leur sang qu'on a versé.

Terribles moissonneurs, leur vaillance guerrière
Abat les bataillons comme un monceau d'épis ;
Et malgré la douleur, leur âme est tout entière
    Au beau feu dont ils sont remplis.

(Le poëte représente ici son héros à la tête des troupes, animant ainsi leur courage :)

Fidèles compagnons, liés à ma fortune,
Lavons, dit mon héros, l'affront de tous les Rois ;
Aujourd'hui, notre cause est la cause commune
    Des dieux, du monde et de ses lois.

Cédez, amis, cédez à vos nobles envies ;
Aigles impétueux, fondons sur ces vautours.
Et ce jour éclatant, s'il doit borner nos vies,
    Qu'il soit le plus beau de nos jours !

   » M. Desforges-Maillard n'a oublié personne des principaux officiers qui se sont distingués dans cette célèbre action ; il paye à tous le tribut de louange qui leur est dû.

   » La déroute totale des Anglois qui sont forcés, par la valeur françoise, de regagner en désordre leurs vaisseaux ;

le carnage affreux que nos braves soldats font de ces té-
méraires ennemis ; enfin , cette multitude de malheureux
qui périt au milieu des flots en voulant se sauver, sont des
objets qui se prêtent trop bien à un pinceau poétique, pour
que l'auteur ait négligé d'en faire usage. Nous ne mettrons
pas sous les yeux des lecteurs toutes ces images ; il vaut
mieux les voir dans la pièce même (1). »

(1) Malheureusement , il est impossible de se procurer maintenant cette pièce,
et nous le regrettons sincèrement. Nous savons seulement qu'elle se composait
d'environ 27 strophes, car l'auteur relève, dans le *Journal de Verdun*, une faute
d'impression commise dans cette 27ᵉ strophe.   (G. ᴅᴜ M.)

EPITRE

A

M. LE DUC D'AIGUILLON,

A l'occasion de la victoire qu'il a remportée sur les An-
glois à Saint-Cast, coste de Bretagne, le 11 novembre
1758, et de la prodigieuse quantité de complimens, vers,
chansons, etc., que cet événement glorieux a produits en
cette province et surtout à Nantes.

Que je vous plains, Monsieur le Commandant !
Depuis qu'avés si mal menés ces hostes
Qui prétendoient s'établir sur nos costes,
A chaque pas ce n'est que compliment ;
Chacun vous veut faire un remerciment.
Le Tiers-Etat, la Noblesse et l'Eglise
Vont vous contant votre haute entreprise.
Arrivés-vous dans le plus chétif lieu,
De prime abord l'orateur du village
(Quel guet apens !) vous arreste au passage.
Armant, *Saint-Cast, Portmahon, Richelieu,*
Sont le refrain de tout panégyrique.

Autant vaudroit pour vous être à l'assaut !

Pestant tout bas. . . . . (1)

Vous fait soufrir le flux de rhétorique

Qui dégénère en mal épidémique.

La charge doit aller avec l'employ :

Est-on pour rien bon serviteur du Roy ?

Quel passetemps pour qui voyage en poste

D'être arresté , puis harangué partout !

Job y verroit sa patience à bout.

Que n'avés-vous en main une riposte ?

Je leur dirois : pour Dieu , cessés , Messieurs ;

Je vous rends grâce , et lis dans tous vos cœurs ;

Mais permettés du moins que je respire.

Ce mien avis est bon sans contredit ;

Bien sûr, tout autre en feroit son profit.

Je vous connois , vous n'oseriés pas dire

Le moindre mot qui pût facher les gens.

De vos propos gracieux , obligeans ,

Partout ainsi portant la folle enchère ,

En aucun lieu vous n'avés de repos.

Avec la gloire , ah ! qu'on a de misère !

Le dur métier que celui de héros !

Que n'êtes-vous semblable à ces gros moines ,

Ou mieux encore à nos heureux chanoines !

Ces gens de Dieu , sans travail , frais et gras ,

N'ont nul soucy des choses d'ici-bas.

Mais c'est bien pis au païs du Parnasse :

Cela prend l'air de conjuration ;

C'est un déluge , une inondation.

Aucun rimeur ne vous veut faire grâce :

---

(1) La fin de ce vers est illisible dans le manuscrit original qui nous a été communiqué par M. le conservateur de la bibliothèque de Nantes.

Onc ne s'est vu telle vexation.

Mais laissons là les propos de province.

Allés, seigneur, volés vers notre prince.

Là vous aurés le meilleur compliment :

Sa belle lettre en est un sûr garant.

Les envieux en creveront de rage ;

Laissés-les faire et prenez bon courage ,

Ou plustôt eux : car bien certainement

Vous donnerés à tels gens de l'ouvrage.

Des Richelieu c'est assés là l'usage ;

Combien voudroient qu'on leur en dit autant.

Que je vous plains, Monsieur le Commandant !

(Attribué à Chevaye (1).*—* 1758.)

(1) René Chevaye était auditeur à la chambre des comptes de Nantes. Il eut de nombreuses relations avec les célébrités littéraires de son temps, notamment avec Louis Racine. La *Revue des Provinces de l'Ouest* publie en ce moment une série de lettres qui furent adressées à Chevaye par ce dernier, pendant un espace de 14 ans, de 1743 à 1757.

III.

CHANSONS.

CHANSON

Sur la victoire remportée sur les Anglois par les troupes françoises, commandées par Monseigneur le Duc D'AIGUILLON, à Saint-Cast, Evéché de Saint-Brieuc, sur la côte de Bretagne, le 11 Septembre 1758,

Le tout en forme de Pot-pourri, à la mode du Pont-Neuf (1).

AIR : *Or, écoutez, petits et grands.*

Accourez tous pour écouter
L'histoire que je vais chanter.
Elle est nouvelle et véritable ;
J'ai de l'honneur et hais la fable.
Tous ces Milords, nos prisonniers,
En sont les témoins les premiers.

AIR : *Attendez-moi sous l'orme.*

Dans ce jour de victoire,
Nous faut en vrais Bretons,
Chanter haut et bien boire,
Comme nous combattons.
Ils s'étoient mis en tête,
Ces fiers tyrans des mers,
Que, sûrs de leurs conquêtes,
Ils nous mettroient aux fers.

AIR : *Qui veut savoir l'histoire.*

Après avoir fait grand tapage,
Pillé, brûlé dans maint village,
Ils croyoient se rembarquer tous
Comme ils étoient venus chez nous.

(1) A Saint-Brieuc, de l'imprimerie de Jean-Louis Mahé, 1758.

AIR.

Air : *Oh ça , v'la qu'est donc baclé !*

Mais notre duc d'Aiguillon
Dit : ce n'est pas mon compte ;
Ça qu'à double carillon
On leur donne leur décompte.
Commandant , officier, soldat ,
Comme aux noces vont au combat.

Air : *Par un tonton.*

Pour mettre fin à l'aventure
Il vole de tout côté ;
Je crois qu'en la conjecture
Il n'eût pas été tenté
Par un tonton , tontaine , tontaine ,
Par un tonton , tontaine , tonton.

Air : *Que j'estime , mon cher voisin.*

Un galant homme comme lui
Entend le mot pour rire.
Les soldats de César ainsi
Osoient de lui médire.

Air : *Malgré la bataille.*

Vous que rien n'étonne
Au fort du danger ,
Noblesse bretonne ,
On vous voit charger.
Boulonnois et Brie ,
Braves régimens ,
Forcent en furie
Les retranchemens.

Air : *Lanlaire.*

Pêle-mêle sont culbutés
Ces fiers Anglois épouvantés ;
On les suit jusqu'en la rivière ,
Laire-la ,
Laire lanlaire ,
Laire-la , laire lanla.

Air : *Je suis un bon soldat.*

Polignac et La Tour ,
Tout le jour ,
Sont ardens à combattre ;
Dignes de leurs régimens ,
Patapan ,
Ils font le diable à quatre.

Air : *L'amant frivole.*

De Broc , commandant au centre ,
Marche droit à l'ennemi ;
Comme dans le beurre il entre
Et n'en fait point à demi.
Saint-Pern , D'Aubigny, Fontette ;
Bousquet , Robien , de Redmon ,
Vous hâtates la défaite
Qu'annonçait notre canon.

Air : *Quand je tiens de ce jus d'octobre.*

Il donna si chaude l'aubade
Aux Anglois qu'il n'y manquoit rien.
Ma foi , pour telle sérénade ,
Ville-Patour, tu t'entends bien.

Air : *Réveillez-vous , belle endormie.*

Sur terre du Bois de la Motte
Sçait, tout comme en mer, guerroyer ;
Et Montaigu quitte la botte
Pour n'être plus que grenadier.

Air : *Je ne suis né ni roi , ni prince.*

Kergnezec, dit-on, ne voit goutte ;
Sans tatonner pourtant en route ,
Partout il frappe comme un sourd.
Un Breton se bat sans lunettes ;
Quand c'est au feu qu'on lui dit : cours,
Ses visières sont toujours nettes.

Air : *Orléans , Beaugenci.*

Peut-on louer assez
Balleroy, Châtre , Cucé ,
Tant d'autres ,
Tant d'autres ?

Air : *Tes beaux yeux , &.*

De l'éclat d'une bombe ,
Marbœuf reste enterré ;
Comme sous une tombe ,
Il étoit ignoré.
Mais sortant de sous terre
Il frappe encore plus fort ,
Et prouve à l'Angleterre
Qu'il n'est pas encor mort.

AIR : *Dans le bel âge.*

Dieux ! quel carnage !
Le soldat furieux
Tue à la nage
Ce qui s'offre à ses yeux.
Chacun se dit courage ,
Egorge à qui mieux , mieux.
Tous vengent le pillage
Que l'on a fait chez eux.
Dieu ! quel carnage !

AIR : *Charmante Gabrielle.*

Monarque d'Angleterre ,
Tes gardes ne sont plus ;
On les a mis par terre ,
Nous danserons dessus.
Ta flotte a vu la danse ,
    N'en pouvant mais :
Loin des bords de la France
    Qu'elle aille en paix.

AIR : *des Triolets.*

On vous doit , Milords et Messieurs ,
Plus que les honneurs de la guerre ;
Consolez-vous dans vos malheurs.
On vous doit , Milords et Messieurs ,
Table ouverte et des vins meilleurs.
Seriez-vous mieux en Angleterre ?
On vous doit , Milords et Messieurs ,
Plus que les honneurs de la guerre.

AIR : *M. le Prévôt des Marchands.*

N'oublions pas dans la chanson
Ce Monsieur le duc d'Aiguillon.
Il loue assez maint capitaine
Mais sur lui garde le *tacet* ;
Ainsi faisoit le grand Turenne
Quand sa victoire il racontoit.

AIR : *Du haut en bas.*

    En in-promptu ,
J'ai fait ces couplets après boire
    En in-promptu ,
Mon Apollon est peu connu.
D'Aiguillon gagne une victoire
Plus vite qu'on en fait l'histoire ,
    En in-promptu.

AUTRE CHANSON.

AIR : *A la revenue de Noël.*

Dans leurs frénétiques transports ,
Les Anglois ravageoient nos ports ;
Mais à la fin ils ont reçu
Des coups d'Aiguillon dans le c..

Ils vouloient exclusivement
Régner sur l'humide élément ,
Y trafiquer en vrais brigands ;
Mais ils en sont mauvais marchands.

Quand on étrilloit ces vauriens ,
Quoiqu'ils ne soient pas bons chrétiens,
Ils crioient en regagnant l'eau :
God ! *libera nos à malo.*

AUTRE.

Notre feu , notre fer et l'onde
Ont dévoré leurs bataillons ,
Et rediront au bout du monde
L'intrépidité des Bretons.
Ce jour, en vengeant la Patrie
Et punissant leurs attentats ,
Les guérira tous de l'envie
De nous provoquer aux combats.

Cucé , Saint-Pern , Bretonnière
Leur prouvèrent , à leur façon ,
Que leur tactique meurtrière
Valoit bien celle d'Albion.
Emportés par l'ardeur guerrière ,
D'Aubigny, Foutette, de Broc ,
En les taillant sur leur derrière
Ont fort bien soutenu le choc.

Carousin défend nos rivages ,
Comme il défendit la beauté ;
Dans les rangs anglois ses ravages
Sont rappelés de tous côtés.
L'Etranger gardera mémoire
Des sables rougis par son sang ,
Et nos preux vivront dans l'histoire ,
Cités près d'Aiguillon-le-Grand.

Ami , vois-tu la troupe rouge
Dormir là dans ses bateaux plats ?
Tout est fini , plus rien ne bouge,
Je n'ai plus où porter mon bras.
Ce jour a vengé la Patrie
Et puni les hordes du Nord ;
Il les guérira de l'envie
De jamais toucher notre bord.

CANTATILLE.

Paroles de M. DE LA VILLÉON-MACÉ.
Musique de BARTHELEMY (1).

RÉCIT.

Aux rives de Saint-Cast , quel mortel intrépide
Vient combattre nos ennemis ?
C'est d'Aiguillon , nouvel Alcide ,
O Tamise , à ton tour, lamente-toi , gémis '
Par le secours de ton tonnerre ,
Tu crois que tes guerriers reverront leurs vaisseaux ,
Ils n'auront que le temps de choisir leurs tombeaux.
Ce fils de Mars , dans son ardeur guerrière ,
Fera périr leur troupe entière
Sur le rivage et dans les flots.

(1) Gravée à Paris , par Ciron.

INVOCATION.

O Minerve ! de ton égide
Daigne couvrir tous nos guerriers ,
Que l'Anglois de leur sang avide
N'en arrose pas leurs lauriers.
Ils s'arment, c'est pour la justice ;
Et ce peuple infracteur des lois ,
Dans la force et dans l'artifice
Ne craint pas de puiser ses droits.

(BRUIT DES COMBATTANS.)

Quel fracas ! quelle horreur ! au bruit de cent tonnerres ,
Les bombes sans relâche unissent leurs éclats.
Grondez , tonnez , frappez , machines meurtrières ,
Vomissez en tous lieux le fer et le trépas.

RONDE A DANSER

ou

CHANSON POPULAIRE

Dans les hameaux de Saint-Cast et autres communes des bords de l'Arguenon , à l'endroit de la brossée donnée aux Anglais en 1758.

AIR : *V'la c'que c'est que d'aller au bois.*

1er COUPLET.

L'Angleterre est toute en mouv'ment
Et prépare un grand armement.
Elle a choisi pour commander
Howe un grand guerrier ,
Qu'on dit Sans-Quartier ,
Et nous montrer l'art des combats.
C'est pour c'la qu'il vient à Saint-Cast.

2.

Bligh pendant plus d'six mois entiers
Avait dressé ses mariniers.
Il leur dit : hissez vos huniers ,
Allons en Bretagne ,
Boire le Champagne ,
Dans un clin d'œil de c'vent d'norrois ,
Nous débarquerons à Saint-Cast.

3.

A la Montbran , l'quatorze de c'mois ,
Ils croyaient bien plumer nos ouas (oies) ;
Mais j'leur avons servi d'nos plats.
Les troupes de France
Ont fait diligence ;
L'Anglais resta bien étonné
De se voir ainsi moucher l'nez.

4.

Grâce et quartier nous vous d'mandons.
Point d'quartier nous n'te donnerons.
Tu voulais nous bailler des l'çons,
    Il faut que tu la danses,
    A la m'sur de France,
Tu la danseras tout au long,
A notr' fusil, à notr' canon.

5.

Tout' l'Angleterre oyait parler
Des grands projets de Sans-Quartier.
Quand ell' vit les siens débarquer,
    Et tout' son escadre
    Gisant sur le cadre,
Ell' dit : c'était bien d'l'embarras
Pour nous fair' rosser à Saint-Cast.

6.

Voilà Sans-Quartier revenu ;
Quand le Roi Georg's l'eut aperçu,
Il s'écria comme un perdu :

    Ah ! grand misérable,
    Mais c'est incroyable,
D'avoir laissé tous nos drapeaux
Traîner comm' torchons dans les flots.

7.

Ah ! Sir', mille et mille pardons,
Si je vous cause ces affrens.
Les Français sont d'fiers compagnons.
    Il est impossible
    D'attaquer leur ville ;
Ils nous ont tous coulés à fond
A coups de sabres et d'canons.

8. *Réflexion morale.*

Si la France joint Albion,
C'n'est pas mariage d'inclination ;
Ell's n'se donneront jamais de bonbons.
    Mais dam l'Angleterre,
    Par mer et par terre,
F'ra bien de ne songer jamais
A s'frotter avec les Français.

CHANSON NOUVELLE (1).

AIR : *Malgré la bataille.*

Dans ce jour de fête,
Nous faut réjouir ;
Que chacun s'apprête
A s'épanouir.
En telle occurrence,
Les sages sont fous ;
Le bien de la France
Fait le bien de tous.

Si l'envie en gronde,
Laissons-la crier ;
Ce démon du monde
N'est bon qu'à noyer.

Par l'œuvre on peut croire
Quel est l'ouvrier,
Et par la victoire
Jugeons du guerrier.

L'Anglois sur nos rives
Vouloit nous mater,
Nos muses captives
N'osoient plus chanter.
Grâce au grand courage
Des soldats françois,
De ville en village
On entend nos voix.

(1) Composée par votre serviteur ROBINEAU, très-digne maître savetier du commerce, suivant la bourse, à l'occasion de la fête donnée par Messieurs les Maire et Echevins de la ville de Nantes, à MONSEIGNEUR LE DUC D'AIGUILLON, vainqueur des Anglois à Saint-Cast. — Publiée à Nantes avec autorisation, mais sans nom d'imprimeur.— 1758.

Nantes la jolie ,
Offre tes foyers
Aux héros de *Brie*
Couverts de lauriers.
Par reconnaissance ,
Fais comme ils ont fait.
Saint-Cast à la France
Promet le bienfait.

Quoi donc , sans rien faire ,
Messieurs du Bureau ,
Restez-vous derrière
En chemin si beau ?
Chacun en attente
Aux lieux d'alentour ,
Se dit pourquoi Nantes
N'a-t-il pas son tour ?

Vraiment si , la ville ,
Par de grands apprêts ,
De façon civile
Va se mettre en frais.
Plaint-on la dépense
Pour son bienfaiteur ?
Dans la circonstance
Faut se faire honneur.

Milice bourgeoise ,
Il fait beau vous voir ,
Droits comme une toise
Faire le devoir.
Puis la ville en pompe
Avec ses archers ;
Gaspard de sa trompe
Sonnant airs guerriers.

Monsieur notre Maire
Pour faire sa cour
Au héros modeste
Ne dit que deux mots.
Ma muse grivoise
En Amphigouri ,
Fait ces vers sans rime ,
Mais non sans raison.

Comme à la gripaille ,
Sont jetés en l'air
Gigots et volaille ,
Mais rien ne s'en perd.

Ah ! quelle partie
Pour toi , Robineau !
Jamais de ta vie
Eus-tu tel cadeau ?

Le vin en fontaines
Coule comme l'eau ,
Tous à tasses pleines
Vont boire au tonneau.
Quel plaisir ! je pense
Etre à Mardi-gras.
Que n'a-t-on en France
Toujours tels repas.

Là les symphonies
Ravissent les sens ,
Puis les comédies
Qu'on donne aux passans.
Qui veut les voir entre ,
Et grands et petits ,
Les gueux dans leur centre
Y sont tous gratis.

J'y vois la poissarde
Avec le laquais ,
Manger la poularde
Et boire à longs traits.
Dans sa loge Annette
A califourchon ,
Appelle Jeannette
Qui carde un chignon.

Dans cette journée ,
Partout jeux et ris ;
Mais dans la nuitée ,
C'est encore bien pis.
Où donna Boissière
L'autre jour grand bal ,
Est la joye entière ,
Banquet général.

Quels mets , quel vin coule ,
C'est pour les messieurs ;
Les beautés en foule
Y gagnent les cœurs.
Mais dans cette fête
Quel est le meilleur ?
On y voit en tête
Qui ? vous , Monseigneur.

Nantois, point de plainte
Sur vos murs et tours,
Leur épaisse enceinte
Vous ôtoit les jours.
La Fosse et la ville
Ne feront plus qu'un,
C'est un trait habile
D'esprit peu commun.

Entre des murailles,
Que sert le couvert ?
Le gain de bataille
Se trouve au grand air.
Saint-Cast sur sa plage
Dans ce jour apprend
Qu'aux gens de courage
Sied bien le plein vent.

Toi que la victoire
Couronne en ce jour,
Souffre qu'à ta gloire
Je chante à mon tour.
Reçois nos hommages,
Et lis dans nos yeux
Les vrais témoignages
De nos cœurs joyeux.

Pétards et fusées,
Font bruit un instant ;
Ces billevezées
Sont le jeu du vent.
D'Aiguillon, ta gloire
Est tout au rebours,
Dans notre mémoire
Tu vivras toujours.

La victoire est belle,
Mais *la paix* vaut mieux ;
Bientôt puisse-t-elle
Descendre des cieux.
Nantes, ton navire
Alors voguera ;
Pour nous faire rire
Le commerce ira.

En ville on s'étonne
De voir Robineau
Qui rime et chansonne,
C'est du fruit nouveau.
Or son secrétaire,
Franc, simple et non sot,
Est homme à tout faire,
Mais il n'a dit mot.

Quittant la sellette,
Le gai Robineau
Fit la chansonnette
Dessus un tonneau.
Remplissant sa panse
Du soir au matin,
Qu'on a d'éloquence
Avec du bon vin !

FIN.

(*Fœcundi calices quem non fecere
disertum ?* — HORAT.)

CHANSON

SUR LA VICTOIRE DE SAINT-CAST,

PAR UN GRENADIER DU RÉGIMENT DE BRIE.

Sur l'air : *Enfin v'la donc qu'est bâclé.*

1.

Si nous savons remporter, } *bis.*
Sachons chanter la victoire ,
Ne nous laissons rien ôter
Amis de toute notre gloire.
Qui peut cueillir les lauriers
Doit seul couronner les guerriers. (*bis.*)

2.

Que pour peindre nos grands coups } *bis.*
Par le vin d'autres s'agitent ;
Quel honteux secours pour nous !
Que nos hauts faits seuls nous excitent.
Quand nous aurons réussi ,
Bacchus aura son tour aussi. (*bis.*)

3.

Ainsi qu'un vent furieux } *bis.*
Porte partout le ravage ,
Les Anglois impétueux
Se répandent sur le rivage.
Et l'on voit bien qu'à *Saint-Cas*
Armand ils ne t'attendoient pas. (*bis.*)

4.

Enfin instruits du dessein } *bis.*
De ta brave vigilance ,
Bientôt ce timide essaim
Comme un trait vers le nord s'élance.
Mais , morbleu , nous l'attrapons ,
Sur les ailes de tes griffons. (*bis.*)

5.

En vain pour nous arrêter } *bis.*
Cent foudres brûlans éclatent ,
Loin de nous épouvanter ,
Les périls les plus grands nous flattent.
C'est le fruit de ta leçon
Et de ton digne nourrisson. (*bis.*)

6.

De même qu'Hercule en l'air } *bis.*
Etouffa certain Antée ,
Leur troupe hors de la mer
De même tombe épouvantée ,
Et par nous mise aux abois
Ne peut gagner ses murs de bois. (*bis.*)

7.

Les barbares ! dans leur sang } *bis.*
Qu'à bon droit chacun se baigne.
L'ardeur méconnoît le rang ,
Et l'honneur est sa seule enseigne.
Nous n'avons plus d'officiers ,
Tous sont devenus grenadiers. (*bis.*)

8.

Pas de pleurs à contre-temps , } *bis.*
Nos palmes seroient tachées ,
Si parmi nos combattans
Des têtes chères sont fauchées ,
N'est-ce pas un grand bonheur ?
Ils sont morts au champ d'honneur. (*bis.*)

9.

Que notre cher colonel,
S'il m'en croit, pourtant, diffère ; } bis.
Sans doute on est bien au ciel,
Mais nous avons besoin d'un père :
Pour en trouver un pareil
Nous chercherions plus d'un soleil. (*bis.*)

10.

Par notre grand commandant
Terminons cette carrière. } bis.
Mais non, je suis trop prudent
Pour entamer cette matière.
Oh ! je n'en finirois point,.
Il est trop héros en tout point. (*bis.*)

11.

Vous qui voyez éclater
Ses qualités éminentes, } bis.
Vous devez bien le fêter,
O nobles citoyens de Nantes !
Songez qu'avec ses amis
Les plus grands excès sont permis. (*bis.*)

12.

Si quoiqu'un peu cavalier,
L'ouvrage a des traits peut-être, } bis.
Le cas n'est pas singulier ;
Outre que le zèle est bon maître,
Nous disposons d'Appollon (1),
De notre chef c'est le patron. (*bis.*)

FANFARONADE

SUR L'AFFAIRE SAINT-CAST,

PRÈS SAINT-MALO,

Où le bataillon de Fontenay fit merveille.

Anglois, je ne m'étonne point
Que malgré tout ton faste,
On ait épousté ton pourpoint
A l'anse de *Saint-Caste*.
De Fontenay le bataillon,
La faridondaine, la faridondon,
T'y caressoit de son fusi,
Biribi,
A la façon de barbari.

Enfans, disoient nos bons soudars,
Quiés coquins sont sur terre,
Souffrirons-j'y laux étendars
Regagner l'Angleterre ?

Hachons quiés maraux, quiés fripons,
La faridondaine, la faridondon,
Qui dau bon Dieu sont favori,
Biribi, &.

Allons, Jacquel, allons, Perot,
Courons les mettre en péces ;
Faute d'armes, prenez vos bot',
Et laux machez les fesses.
Brisons-les de coups de bâton,
La faridondaine, la faridondon,
Y les voirout s'étendre iqui,
Biribi, &.

(1 Allusion à M de Polignac, dont le nom primitif était Appollon. (*V.* Morery.)

A ton nom, fameux Fontenay,
On voit baisser la lance
Au général qui vient exprès
Pour ravager la France.
Il s'écrie : Ah ! fuyons, fuyons,
La faridondaine, la faridondon,
Le bas Poitou nous traite ici,
    Biribi, &.

Ainsi vit-on à l'île d'Aix
Trembler Hoke et sa flotte ;
Cet amiral, dormant en paix,
Prend vite sa culotte,
Quand on lui dit d'un certain ton,
La faridondaine, la faridondon,
Fontenay va paraître ici,
    Biribi, &.

La Durandrie, ardent guerrier,
Vient d'offrir ses services
Au maréchal, et le prier
D'accepter les offices
Des habitans de son canton,
La faridondaine, la faridondon,
Qui seront des héros aussi,
    Biribi, &.

Ce fut, dit-on, un Poitevin,
J'entends Galissonnière,
Qui de Bing régla le destin,
La campagne dernière.
Les Poitevins sont des gens bons,
La faridondaine, la faridondon,
A faire tout danser ici,
    Biribi, &.

Jadis les Fonteniacois,
Ayant un maire habile,
Chassèrent, dans un jour, deux fois
L'ennemi de leur ville.
Ah ! que c'étoient de bons garçons,
La faridondaine, la faridondon,
Ne les imitons pas ici,
    Biribi, &.

Courage donc, bons Poitevins,
Montrez autant de zèle
Pour défendre Cleron, Foussas,
L'Aiguillon, La Rochelle,
Que pour vider un bon flacon,
La faridondaine, la faridondon,
Car vous n'entendez pas ceci,
    Biribi,
A la façon de Barbari.   (1)

(1) Extrait d'un manuscrit intitulé : *Œuvres diverses* en vers et en prose, qui n'ont pas été imprimées, par M. F. G. P. D. D. (François Gusteau, prieur de Doix), in-4°.

LE COMBAT

Nous espérons qu'on nous excusera si après avoir transcrit quelques rimes échappées à la franche gaîté de nos pères, nous terminons notre livre par ce chant magnifique publié, il y a quelques années déjà, par M. Hersart de la Ville-marqué, qui a bien voulu nous autoriser à l'insérer dans ce volume. Mais nulle place, avons-nous pensé, ne pouvait mieux convenir à cette grave et majestueuse poésie qui, dirigeant son vol bien au-dessus des accords légers, fait si sensiblement vibrer dans les cœurs bretons tout ce qu'ils renferment d'amour pour le sol natal et de dévouement pour la patrie.

G. du M.

EMGANN SANT-KAST.

(IES KERNE.)

I.

Breiz ha Bro-zaoz enebourien ,
Evit-ho bout amezeien ,
A zo bet laket er bed-men
D'en emfibla da virviken.

Pa oann kousket , enn nozvez all ,
E kleviz son ar c'horn-buhal ,
Son ar c'horn-bual , e koat-sal :
— « Ho ! Saozon ! Saozon ! Saozon fall ! »

Ha dal' ma saviz antronoz ,
Gweliz oc'h erruout ar zaoz ;
Gweliz ho soudarded erru :
Sternou alaouret , dillad ru.

War ann od ha pa oant ledet ,
Gweliz o tont ar C'hallaoued ,
Dobigni gant-he 'r penn kenta ,
He glenv noaz enn he zorn gant-ha.

— Arog ! a lare Dobigni ,
Na dec'ho nekun ouz omp-ni !
Ai ta ! va fotred doc'htu !
Arog d'am heul ! ha pegomp du ! —

Ar C'hallaoued a respontaz
Holl war eunn dro , pa he glevaz :
— Deomp gand Dobigni troad-oc'h-troad ;
Denjentil eo kouls ha potr mad ! —

LE COMBAT DE SAINT-CAST.

(DIALECTE DE CORNOUAILLE.)

I.

Les Bretons et les Anglais voisins, mais pas moins ennemis, ont été créés et mis au monde pour s'entrebattre à tout jamais.

Comme je dormais, l'autre nuit, un son de trompe retentit, retentit, dans le bois de la Salle : « Saxons! Saxons ! maudits Saxons ! »

Le lendemain, en me levant, je vis les Anglais arriver, je vis arriver leurs soldats : harnois dorés et habits rouges.

Quand ils furent rangés sur la grève, en bataille, j'aperçus les Français allant à leur rencontre, d'Aubigny à leur tête, l'épée nue à la main.

En avant ! cria d'Aubigny ; il ne nous en échappera aucun ! Courage ! allons, mes braves enfants, en avant ! suivez-moi ! et ferme !

Les Français répondirent tous d'une voix à son appel : — Suivons d'Aubigny pied à pied ; il est gentilhomme et bon compagnon. —

Pe oa Dobigni en emgann ;
Ne oa den , na braz na bihan ,
Na zigore he zaoulagad
Oc'h he welet o leuskel goad.

He vleo , he zremm , hag he zillad
Ne oant penn-da-benn nemed goad
Distrinket demeuz ar Zaozon ,
Drema treuze d'he ar galon.

Hen a welet , war ann dachen ,
Reiz he galon , huel he benn ,
Heb muia van d'ar bolodou
Evel pa vijent bet stoufou.

II.

Potred Beiz-izel a gane ,
O tont war ann dachen neuze :
— « Neb en deux goneet teir gwech ,
» A c'honeo n'euz fors pet kwech !

» E Kamared , enn amzer-hon
» E oa diskennet ar Zaozon ;
» Bragal a reent , war ar mor ,
» Gant ho gweliou gwenn-kann digor ;

» Gant tennou kouezjont war ann od ,
» Evel ma vijent kudonod ;
» Deux pevar mil e oant eno ,
» Na zistroaz hini d'he vro.

» E Guidel e oent diskennet ,
» E Guidel e douar Gwennet ;
» E Guidel int bet douaret
» Evel ma oant e Kamaret.

Quand d'Aubigny en vint aux mains, il n'y eut personne, grand ou petit, qui n'ouvrît de grands yeux en le
voyant verser le sang.

Ses cheveux, son visage et ses habits étaient tout couverts de sang, de sang qu'il tirait aux Anglais en leur per-
çant le cœur.

On le voyait, sur le champ de bataille, le cœur calme,
la tête haute, pas plus ému par les boulets que s'ils eussent
été des bouchons.

II.

C'est alors que les hommes de la basse Bretagne venaient
au combat, en chantant : « Celui qui a vaincu trois fois
» vaincra toujours !

» A Camaret, dans ces temps-ci, les Anglais ont fait une
» descente ; ils se pavanaient sur la mer, sous leurs blan-
» ches voiles gonflées ;

» Ils tombèrent sur le rivage, abattus par nos balles,
» comme s'ils eussent été des ramiers ; de quatre mille qui
» débarquèrent, il n'en retourna pas un seul en Angleterre.

» Ils ont fait une descente à Guidel, à Guidel, au pays
» de Vannes ; à Guidel, ils sont enterrés, comme ils l'ont
» été à Camaret.

» E bro Leon , rag enez-c'hlaz ,
» Gwech-all , e oant diskennet c'hoaz ;
» Kemend a c'hoad defant losket
» Ken a oa ar mor glaz ruiet.

» N'euz , e Breiz, na boden , na bern
» E-lec'h na gaver ho eskern ;
» Koun ha brini oc'h ho sachat ,
» Glao hag avel oc'h ho c'hannat. » —

Arserien bro-Zaoz pa glevjont ,
Gand estlamm arzao a rejont ;
Ker kaer ann ton hag ar c'homzaou ,
Ken e oant bamet o selaou.

— Arserien Bro-Zaoz , leveret ,
Skuiz oc'h eta , pa chaned ? »
— N'ed omp ked skuiz , pa ehanomp ,
Kouls ha reont , Bretoned omp ! —

Oa ked ho c'homz peur-lavaret :
— Gwerzet omp ! tec'homp kuit , potred !
Hag ar Zozon prim d'ho listri ;
Hogen na dec'haz nemet tri.

III.

Er bloavez-ma mil-ha-seiz-kant
Hag eiz ouspenn hag hanter-kant ,
D'ann eil lun a viz gwengolo ,
Oa trec'het ar Zozon er vro.

Er bloavez-ma , evel a gent ,
Ema int bet laket enn ho hent.
Evel eur bar grizil er mor ,
Ar Zozon , bepred , enn Armor.

» Au pays de Léon , en face de l'île Verte , jadis ils des-
» cendirent aussi ; ils répandirent tant de sang , que la
» mer bleue en devint rouge.

» Il n'y a pas , en Bretagne , une butte , pas un tertre
» qui ne soient faits de leurs ossements , que les chiens et
» les corbeaux se sont disputés , que la pluie et les vents
» ont blanchis. » —

Les archers d'Angleterre, en entendant ces chants, restèrent immobiles d'étonnement ; si belles étaient la mélodie
et les paroles, qu'ils semblaient charmés.

— Archers d'Angleterre , dites-moi , vous êtes donc las,
que vous vous arrêtez ?

— Si nous nous arrêtons, nous ne sommes point las ;
nous sommes Bretons comme ceux-ci. —

Ils n'avaient pas fini de parler : — Nous sommes trahis !
fuyons ! soldats ! —

Et les Anglais de s'enfuir au plus vite vers leurs vaisseaux ; mais il n'en échappa que trois.

III.

En cette année mil sept cent cinquante-huit , le second
lundi du mois de la *paille blanche* (septembre) , les Anglais
ont été vaincus dans ce pays.

En cette année, comme devant, ils ont été mis au pas.
Toujours comme la grêle dans la mer, (fondent) les Anglais
en Bretagne.

18

On remarquera, sans doute, que dans le chant qui précède,
le nom d'Aubigny est répété quatre fois, tandis que celui du
duc d'Aiguillon n'est aucunement prononcé. Il est à supposer
que le poëte breton aura subi l'influence de quelque volontaire
qui, comme un certain nombre de ceux qui prirent part au
combat, revint convaincu que le gain de la bataille était dû à
une manœuvre hardie que cet officier général aurait exécutée,
sans avoir reçu d'ordres du commandant en chef.

G. DU M.

TABLE DES MATIÈRES.

TROISIÈME PARTIE.

HISTORIENS.

QUATRIÈME PARTIE.

POÉSIES ET CHANSONS.

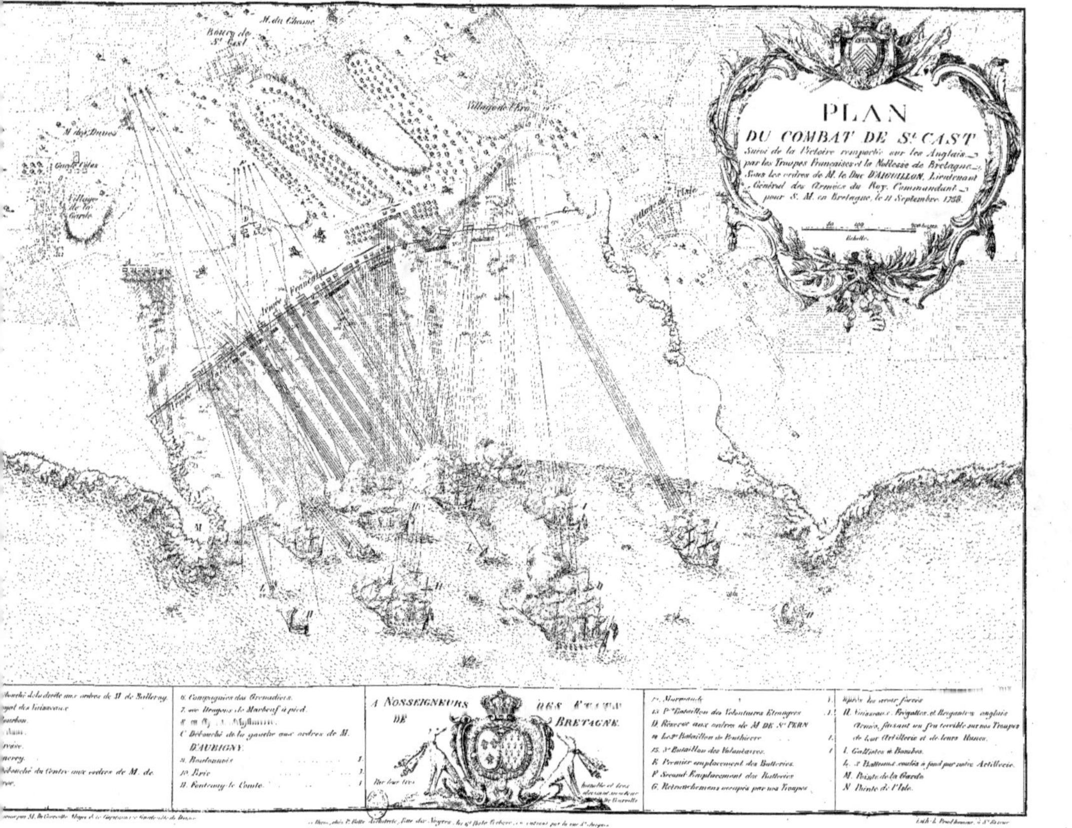

Levé et dessiné par M. de Courville

PLAN
DU COMBAT DE St CAST
Suivi de la Victoire remportée sur les Anglais
par les Troupes Françaises et la Noblesse de Bretagne
Sous les ordres de M. le Duc D'AIGUILLON, Lieutenant
Général des Armées du Roy, Commandant
pour S. M. en Bretagne, le 11 Septembre 1758.
Echelle.

M. du Chesne
Bourg de St Cast
M. des Dunes
Grand Villes
Village de la Garde
Village de l'Iris
Isle
Jersey Française

A Commandé de la droite aux ordres de M. de Balleroy.
Royal des Vaisseaux
Bourbon
D'Aubigny
Amerey
B Débouché du Centre aux ordres de M. de

6. Compagnies des Grenadiers.
7. aux Troupes de Marbœuf à pied.
8. au Régiment de Myllemin.
C Débouché de la gauche aux ordres de M.
D'AUBIGNY
9. Boulonnois
10. Brie
11. Fontenay le Comte

A NOSSEIGNEURS DES ÉTATS DE BRETAGNE.
Par leur très

12. Marmande
13. Pr Bataillon des Volontaires Étrangers
D. Réserve aux ordres de M. DE St PERN
14. Le 2e Bataillon de Penthièvre
15. 2e Bataillon des Volontaires.
E Premier emplacement des Batteries
F Second Emplacement des Batteries
G Retranchemens occupés par nos Troupes

après les avoir forcés
H. Vaisseaux, Frégates et Brigantins anglais
Armée, faisant un feu terrible sur nos Troupes
de leur Artillerie et de leurs Hunes.
I. Galliotes à Bombes.
L. 5 Batteaux coulés à fond par notre Artillerie
M. Pointe de la Garde
N Pointe de l'Isle.

COMBAT DE St CAST

FAC - SIMILE

de la Carte de la Coste & du Combat de St Cast

par M. l'Abbé de Laspinasse de Villiers, Premier Géographe du Roy—.

Lithographie L. Prud'homme, à St Brieuc.